■■■■■■■■■■■■■■■■■■■■■■■■■■■

DAS FLIEGENDE AUGE

DAS FLIEGENDE AUGE

MICHAEL BALLHAUS

Director of Photography

*Im Gespräch
mit Tom Tykwer*

Bearbeitung: Thomas Binotto

Berlin Verlag

Der Verlag dankt KODAK GMBH GB Entertainment Imaging Stuttgart für die freundliche Unterstützung.

2. Auflage 2003

ISBN 3-8270-0460-8

■■■■■■■■■■■■■■■■■■■■■■■■■■■■■■■■■

Inhalt

■ ■

Vorwort

Als mich Michael Ballhaus vor zwei Jahren fragte, ob ich Lust hätte, gemeinsam mit ihm ein Buch über sein Leben und seine Arbeit zu machen, war das für mich in jener Zeit wie ein Angebot, auf einen anderen Planeten zu fliegen. Ich befand mich mitten zwischen zwei Filmen – der eine war noch nicht ganz fertig, der andere schon in Vorbereitung –, und die Vorstellung, gleichzeitig noch ein Filmbuch, und dazu noch ein so ambitioniertes, mitzugestalten, erschien mir so verlockend wie unrealistisch. Ich sagte also: Ja, natürlich hätte ich Lust – aber bin ich wirklich der Richtige für so ein Projekt? Und vor allem – wann? Ballhaus antwortete, entspannt wie immer: Wenn wir beide Zeit haben.

Ein gutes Jahr verstrich, Ballhaus drehte *Gangs of New York* in Rom, ich drehte *Heaven* in Turin, wir waren also Arbeitsnachbarn, telefonierten ab und zu und erinnerten einander an unser Vorhaben.

Während dieser Zeit hatte ich etwas mehr Gelegenheit, über das Ganze nachzudenken und meinen spontanen Lustreflex zu überprüfen. Ich erkannte, dass Ballhaus und sein Name für zwei ganz verschiedene Epochen und Filmerfahrungen stehen, die mir beide enorm viel bedeuteten und die mich durchaus zentral für meine eigene Arbeit und meine cineastische Entwicklung geprägt haben.

Als ich in den 70er Jahren das Kino für mich entdeckte, bestand es – bis etwa 1977 – in meiner Wahrnehmung zum überwiegenden Teil aus amerikanischen Filmen. Bis schließlich Europa mit Wucht in meinen Horizont trat.

Europa, das war eine andere, völlig neue Option des Filmeguckens, da waren plötzlich überall Berge von Filmen, die ich bisher nicht wahrgenommen hatte und für die ich wahrscheinlich vorher einfach zu jung gewesen war. Truffaut, Fellini, Saura, Bergman und all die anderen tauchten vor mir auf, verstrickten, verwirrten, verstörten mich. Und mittendrin ein Deutscher namens Fassbinder. Neben Wenders ist Fassbinder für mich der wichtigste deutsche Nachkriegsfilmregisseur geblieben, und seine stärksten Filme hat er fast alle mit dem gleichen Kameramann gemacht, nämlich mit Michael Ballhaus. So hat Ballhaus in einer der interessantesten Phasen des deutschen Kinos mitten im kreativen Zentrum gearbeitet und auf diese Weise sowohl mit Fassbinder als auch bei seinen Abstechern zu anderen Kollegen jene Phase entscheidend mitgestaltet.

Als dann das deutsche und mit ihm auch das europäische Kino in den frühen 80er Jahren in seine erste ernsthafte Krise seit den späten 50ern stürzte und die Filme immer idiosynkratischer, selbstverliebter, langweiliger wurden – da ging Ballhaus nach Amerika und arbeitete bald darauf nicht nur mit einigen der interessantesten neuen Independent-Regisseure, sondern wurde auch zum Lieblingskameramann von Martin Scorsese – ausgerechnet dem Filmemacher, der die Innovation und den Gestaltungswillen New Hollywoods bis heute am konsequentesten verkörpert.

Fassbinder und Scorsese sind die beiden zentralen Säulen, auf denen sich Ballhaus' künstlerische Entwicklung entfaltet hat. Und in ihrer Arbeit spiegelt sich am deutlichsten seine eigene Haltung zum Kino. Denn Ballhaus hat, wie diese beiden Regisseure, nie nachgelassen in seiner Neugier, filmsprachlich innovativ zu sein – und zugleich darüber nie vergessen, dass im Zentrum eines guten Films immer nur der Mensch und seine existenziellen Konflikte stehen können.

Ballhaus' Liebe zu den Schauspielern ist offensichtlich. Mit welcher Hingabe er sich bemüht hat, Hanna Schygulla, Margit Carstensen, Karlheinz Böhm oder Angela Winkler in Deutschland und Michelle Pfeiffer, Emma Thompson, Willem Dafoe oder Dustin Hoffman in Amerika immer gut *und* interessant aussehen zu lassen, wie es ihm gelang, ihnen Raum zu geben und sie gleichzeitig so sorgfältig im Bild zu platzieren, dass sie nie darin verloren gehen – darin ist Ballhaus einzigartig. Er hat die ausgesprochen teilnahmsvolle und niemals distanzierte Perspektive auf seine Filmfiguren auf faszinierende Weise mit technischer Komplexität in Einklang gebracht.

So saß ich also schließlich im September 2001 in Michael Ballhaus' Zehlendorfer Wohnung, zwischen uns ein Kassettenrekorder, hinter uns ein Videobeam, vor uns eine Leinwand und ein riesiger Stapel Videokassetten und DVDs. Die Wochen davor hatte ich mich durch sein wirklich sagenhaftes Œuvre geguckt – eine Reise durch meine eigene Kino-Sozialisation –, und nun galt es, diese rund 40 Jahre ganz eigenwilliger Filmgeschichte in ein Gespräch zu betten.

Ballhaus ist ein ganz und gar subjektiv gewichtender Erzähler, emotional und kritisch, anekdotenreich und präzise zugleich. Ich begriff umso direkter, dass seine größte Stärke nicht sein unbestrittenes technisches Können, nicht seine offensichtliche Besessenheit vom Medium Film und auch nicht sein Instinkt für den richtigen Karriereschritt ist, sondern seine ganz und gar aufrichtige Offenheit und Neugierde dem Menschen gegenüber.

Die Zeit verging wie im Flug. Etwa zwei Wochen und 50 Stunden Bandmaterial später erreichten wir die Gegenwart, die in Form von *Gangs of New York* den Kameramann nach New York beorderte, wo er eine erste Schnittfassung in Augenschein nehmen sollte.

Einigen Mitstreitern auf dem Weg zur Entstehung dieses Buchs gilt mein Dank:

Dr. Arnulf Conradi, dem Verleger des Berlin Verlags, der mit Michael Ballhaus zusammen das Ganze ausheckte. Ludger Ikas, der als Lektor das Projekt vom Verlag aus mit großer Sorgfalt, Geduld und Präzision betreute.

Milan Pavlovic, der schon seinen sehenswerten Dokumentarfilm über Ballhaus (aus dem Jahr 1993) *Das Fliegende Auge* taufte, aber nichts dagegen hatte, dass wir diese wirklich treffende Titelidee ebenso für unser Buch nutzen.

Helga Ballhaus, die immer zur Stelle war, wenn es galt, Details zu überprüfen, Fragen zu präzisieren, die darüber hinaus in den Wochen des Interviews eine tolle Gastgeberin war – und die ja sowieso nicht wegzudenken ist aus diesem Lebensweg, der immer auch ein gemeinsamer Liebesweg war.

Ganz besonderer Dank gilt Thomas Binotto, einem außerordentlich profunden Filmverrückten, der sich mit großer Hingabe und unermüdlicher Genauigkeit dem enormen Papierberg unseres Transkripts widmete, der bei der Bildrecherche und dem nicht unbeträchtlichen Anhang sowohl die angemessene Ausdauer als auch das richtige Auge hatte und auf diese Weise das eigentliche Buch herausdestillierte. Dem Arbeitsaufwand, der damit verbunden war, wäre ich, auf mich allein gestellt, niemals gewachsen gewesen, und unsere Zusammenarbeit war auch für mich eine sehr aufschlussreiche, schöne Erfahrung.

Tom Tykwer
Berlin, im Juli 2002

Ich möchte mich dem Dank, den Tom Tykwer allen Beteiligten ausgesprochen hat, von ganzem Herzen anschließen. Zur Vorgeschichte des Buches: Es gab Anfragen von Verlagen, die an einer Biografie interessiert waren, ich dachte aber mehr an ein Arbeitsbuch. Mein

Neffe Michael Maar, ebenfalls Autor im Berlin Verlag, brachte mich mit Dr. Conradi zusammen, der sofort von diesem Konzept überzeugt war. Zu einem Arbeitsbuch brauchte ich aber einen Gesprächspartner. Als ich zwei Jahre vorher Tom kennen gelernt hatte, war ich fasziniert, einen jungen Regisseur zu treffen, der so viel über meine Arbeit wusste und mich über Details befragte wie niemand zuvor. Meine Wahl war also klar, und als Tom dann zusagte und wir an die Arbeit gingen, wusste ich, dass das Buch durch ihn eine neue Dimension bekommen würde. Er war nicht nur ein interessierter Frager, er war ein Filmemacher, mit dem ein Austausch von Gedanken über meine Arbeit stattfand. Ohne Tom und seinen enormen Einsatz in der Postproduction, während ich in New York drehte, wäre dieses Buch nicht geworden, was es ist, und ich danke ihm dafür. Last but not least gilt mein Dank meiner Frau Helga, die in den letzten Wochen hier in New York unermüdlich ohne große Hilfe von mir mit Ludger Ikas an der Fertigstellung des Buches gearbeitet hat, was ihr allerdings nicht nur selbstverständlich war, wie sie mir versicherte, sondern auch große Freude bereitet hat.

New York im Juli 2002,
Michael Ballhaus

■■■■■■■■■■■■■■■■■■■■■■■■■■■

1

Ein Schlüsselerlebnis: Lola Montez ■ *Kindheit im Theatermilieu* ■ *Ich will Kameramann werden, was soll ich machen?* ■ *Eine uninteressante Siebzehnjährige* ■ *Assistent in* Traumland der Sehnsucht ■ *Für den Südwestfunk hinter der Kamera* ■ Der Klassenaufsatz ■ *Eine Begegnung mit Folgen: Peter Lilienthal* ■ *Dozent an der dffb* ■ *Holger Meins und Wolfgang Petersen als Schüler* ■ *Darf ich Sie zur Mutter machen?* ■ *Zwei Mal Schamoni* ■ *Deine Zärtlichkeiten* ■ *Wir zwei oder Eine Tasse ist nicht die Bucht von San Francisco* ■ *Ein folgenschwerer Anruf*

T.T. Wann haben Sie das Kino für sich entdeckt?

M.B. *Lola Montez* war der erste Film, bei dem ich überhaupt auf einem Set war. Ich war achtzehn, und meine Eltern kannten Max Ophüls, weil er mit einer Cousine meiner Mutter befreundet war. Wir erfuhren, dass er in Bamberg und in der Bavaria seinen neuen Film drehte, und da habe ich angefragt, ob ich mal zuschauen dürfte. So kam ich zum ersten Mal in ein Filmstudio.

Ich weiß noch genau, dass gerade ein riesiges Durcheinander herrschte. Ich fragte den Regieassistenten – Marcel, den Sohn von Max Ophüls –, was denn los sei, und er sagte: »Er hat gerade die Statisten gesehen und 300 von ihnen umschminken lassen – und zwar grün.« Weil ihm die Farben nicht passten, hat Ophüls einen halben Tag Dreharbeiten geopfert, obwohl der Film bereits über dem Budget lag. Das war das Erste, was ich in meinem Leben von Dreharbeiten mitbekommen habe.

Ansonsten habe ich mich immer nur staunend umgesehen, und da man den Regisseur beim Drehen weniger wahrnimmt als den Kameramann, hat mich dieser ganz besonders fasziniert. Es war Christian Matras, ein Franzose, der kein Wort Deutsch sprach. Sein Oberbeleuchter stammte aus Bayern und konnte kein Wort Französisch. Die beiden verständigten

Zirkusszene aus Max Ophüls Film Lola Montez.

sich ohne Worte, nur mit Gesten. Matras hat irgendwo hingedeutet und eine Handbewegung gemacht − schon wusste der Oberbeleuchter, jetzt will er 10 Kilowatt da oben haben. Das waren zwei Profis, die genau wussten, was sie wollten. Und die einen enormen Aufwand zu bewältigen hatten. Da hingen Hunderte von Lampen, und es war wahnsinnig heiß − sie drehten gerade die Zirkusszenen. Wie sie das dann mit den Farben hingekriegt haben, vor allem mit all dem farbigen Licht, das ist immer noch unglaublich. *Lola Montez* ist ein Film, der seiner Zeit weit voraus war, wirklich sagenhaft. Leider war er am Ende kein kommerzieller Erfolg.

T.T. Aber seine Intensität und Perfektion sind nach wie vor einzigartig. Und wie experimentell er ist, gerade im Visuell-Erzählerischen.

M.B. Was ich schon alles geklaut habe von diesem Film − bis ins Detail! Es gibt Einstellungen bei *The Age of Innocence*, die sich unmittelbar an *Lola Montez* orientieren.

T.T. Wurden Sie damals bei den Dreharbeiten auch den Filmemachern vorgestellt?

M.B. Ja, mein Vater kam mit, und so wurde ich Max Ophüls und auch Christian Matras vorgestellt.

T.T. Dank Matras sind Sie dann auf die Idee gekommen, Kameramann zu werden?

M.B. Nun, ich hatte zu der Zeit schon sehr viel fotografiert und war an Bildern interessiert − und an Licht. Ich bin im Theater groß geworden und wollte zunächst natürlich Schauspieler werden, aber meine Eltern, die beide selbst Schauspieler waren, sagten: »Wart erst mal ab.« Als ich anfing, mich für Fotografie zu interessieren, haben sie mir eine sehr schöne Kamera geschenkt, eine Rolleiflex, etwas ganz Tolles für die damalige Zeit. Und so habe ich begonnen, für den Theateraushang die Bühnenfotos zu machen, anfangs noch

etwas stümperhaft, aber mit der Zeit wurde ich besser. Später bekam ich ein eigenes Labor mit Vergrößerungsgerät und konnte selber Vergrößerungen machen. Ich habe angefangen, intensiv Schauspieler zu fotografieren. In der Folge habe ich mich sehr ins Fotografieren gestürzt, habe das Schauspielern vergessen, und nach dem Erlebnis mit *Lola Montez* hatte ich auch mit der Schule nur noch wenig am Hut.

T.T. Ich bin froh, dass wir mit diesem Film eingestiegen sind, weil er einerseits für Ihre Biografie wichtig ist, aber auch, weil er eine bestimmte Vision von Kino verkörpert.

Er zeigt großen Mut in seiner Darstellungsform, in der manchmal geradezu pathetischen Geste, die Dinge überspitzt zu zeichnen und ganz selbstverständlich eine Art Traumwelt in den Erzählfluss zu integrieren. Und doch besitzt er – vielleicht gerade dadurch – eine große Weisheit und Tiefe. Ich denke, das ist für viele, die sich dem Kino verschrieben haben, und ganz sicher auch für Sie, ein Grund dafür, überhaupt Kino zu machen: dass man sich in Filmen verlieren kann, dass sie einen einladen, eine Traumwelt zu betreten, und dass sie zugleich auch unseren intellektuellen Horizont erweitern können.

Lola Montez könnte gut und gerne als Motto über Ihrem ganzen Werk stehen: Die Sehnsucht, den Dingen in dieser Welt und vor allem den zwischenmenschlichen Beziehungen auf den Grund zu gehen, immer wieder von ihnen zu erzählen und sie so zu begreifen versuchen, ohne sie dadurch zu entzaubern, ohne ihnen ihr Geheimnis zu nehmen. Das ist bei Ophüls sehr präsent, und das entdecke ich genauso als Grundzug in Ihrer Arbeit.

T.T. Bevor wir zu Ihrer Karriere beim Film kommen, drehen wir das Zeitrad doch noch ein wenig zurück in das Jahr 1935, als Sie in Berlin geboren wurden, als Sohn von Oskar Ballhaus und Lena Hutter.

M.B. Meine Eltern arbeiteten beide als Schauspieler am Theater in Berlin. Als der Krieg ausbrach, wurde mein Vater eingezogen, und um 1942 wurde es in Berlin zu gefährlich. Wir hatten Verwandte in Bayern, genauer in Coburg, und sind schließlich dorthin gezogen.

T.T. Sie kannten also durch Ihre Eltern das Theater schon von klein auf.

M.B. Meine Mutter sagte immer, ich sei schon auf der Bühne gewesen, bevor ich geboren war; sie war nämlich mit mir schwanger, als sie gespielt hat. Mein Vater hat außerdem ein paar Filme gedreht, aber der wirklich erfolgreiche Schauspieler in unserer Familie war sein Bruder, Carl Balhaus, der sich mit einem l geschrieben hat, weil er nicht mit meinem Vater verwechselt werden wollte. Er war damals ziemlich bekannt und hat zum Beispiel in *M* und in *Der blaue Engel* mitgewirkt.

Als dann mein Vater aus dem Krieg zurückkam, erhielt er als einer der Ersten in Bayern von den Amerikanern eine Theaterlizenz. Das war möglich, weil meine Eltern nie mit den Nazis in Verbindung gestanden hatten und auch niemals in die Partei eingetreten waren. So gründeten meine Eltern 1947 das Theater »Der Coburger Kulturkreis«. Da taten sich also Schauspieler zusammen und spielten Theater, und manchmal holten sie sogar Orchester nach Coburg. Ich kann mich noch erinnern, wie ich für einen Dirigenten mein Zimmer räumen musste, damit er übernachten konnte – das war George Solti.

Irgendwann haben wir dann ein Haus gesucht, wo wir alle, also das ganze Ensemble, zusammen wohnen konnten, und meine Eltern fanden schließlich ein altes, ziemlich ramponiertes Schloss aus dem dreizehnten Jahrhundert – Schloss Wetzhausen, eine alte Wasserburg.

Es hatte ein paar kaputte Scheiben und war etwas verwahrlost, aber die Miete war billig, und es gab viele Zimmer. Also zogen meine Eltern mit der ganzen Truppe – um die 20 Personen – von Coburg weg und in dieses Schloss. Sie brachten es einigermaßen auf Vorder-

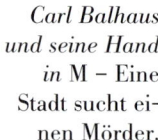

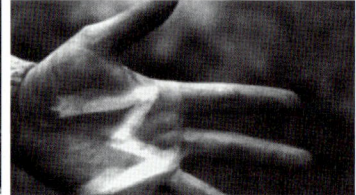

Carl Balhaus und seine Hand in M – Eine Stadt sucht einen Mörder.

mann und machten es zum neuen Sitz ihres Theaters. Einen großen Saal funktionierte man zum Theatersaal um, mit etwa 100 Plätzen. Ich habe einen Großteil meiner Jugend dort mit dieser Gruppe verbracht.

T.T. Klingt fast nach einer frühen Variante vom Leben in der Kommune.

M.B. Ja. Es gab zum Beispiel eine große Küche, in der wir gemeinsam gegessen haben, mit einer Köchin, die für uns alle gekocht hat.

T.T. Wie wurde das finanziert?

M.B. Dadurch, dass die Leute kamen und ein paar Mark für eine Vorstellung bezahlt haben. Manchmal bezahlten sie auch mit Eiern oder Speck.

T.T. Davon haben Sie gelebt?

M.B. Wir hatten kaum Ansprüche, aber alle, die mitmachten, besaßen eine ungeheure Begeisterung für ihre Arbeit.

T.T. Das erscheint alles so idyllisch und fantastisch. Fast wie in einem Film von Ophüls.

M.B. Ja. Ich habe es sehr genossen, dass meine Eltern so viel zu tun hatten und ich so in einer Großfamilie aufwuchs und von allen gemeinsam erzogen wurde. Außerdem gab es keine Schule in der Nähe. Mein Onkel, der vorher Rektor einer Schule gewesen war, hat mich zwei Jahre lang privat unterrichtet, in allen Fächern. Dann öffnete ein Internat in Wetzhausen, das ich als Externer besuchen durfte.

T.T. Es ist erstaunlich, wie Sie Ihre Kindheit beschreiben. So uneingeschränkt positiv. Immerhin sind Sie nur wenige Jahre vor dem Krieg geboren und in schwierigen Zeiten aufgewachsen. Ich nehme an, das hat viel mit Ihren Eltern zu tun. Auf mich wirken die beiden ein bisschen wie entrückte Idealbilder …

M.B. Sie waren ganz und gar nicht entrückt, sondern ziemlich handfest. Sie haben das Theater gemeinsam geleitet, und das hat sie zusammengehalten. Leider ist in dieser Zeit die Ehe meiner Eltern auseinander gegangen. Mein Vater hatte sich in eine Schauspielerin verliebt, die er am Ende auch heiratete. Meine Mutter verliebte sich später ebenfalls in einen Kollegen. Trotzdem blieben die beiden zusammen und haben weiter das Theater geleitet. Nun hatte ich auf einmal vier Eltern.

T.T. Die lebten als zwei Paare im selben Haus?

M.B. Ja, sie haben sich gut vertragen, irgendwie ging das alles. Das Theater war sozusagen die Klammer, die sie zusammenhielt.

T.T. Da muss ich jetzt an *Chinesisches Roulette* denken.

M.B. Nur dass bei uns alles ziemlich harmonisch verlief. Ich mochte die zweite Frau meines Vaters sehr gern und auch den zweiten Mann meiner Mutter.

Die Eltern: Lena Hutter und Oskar Ballhaus in dem Stück Die liebe Familie.

T.T. Eigentlich findet man es doch grauenhaft, wenn die Eltern sich trennen, erst recht wenn man fünfzehn oder sechzehn ist!

M.B. Sie blieben doch zusammen, nur eben mit neuen Partnern. Das haben sie mir und meiner Schwester erklärt, und damit schien die Sache in Ordnung. Ich glaube, ich habe äußerlich sehr viel Ähnlichkeit mit meinem Vater.

T.T. Und erkennen Sie sich auch sonst in ihm wieder?

M.B. Schon, er war sehr auf das Künstlerische bedacht, aber ich habe auch viel von meiner Mutter. Das Bodenständige, Pragmatische und Verlässliche, das stammt sicher von ihr. Ohne sie hätte das Theater nicht so lange bestanden. Sie war sehr energisch.

Dennoch bin ich durchs Abitur gefallen. Ich hatte nie Lust auf die Schule gehabt, war bis dahin aber immer irgendwie durchgekommen. Und dann fall ich durchs Abitur! Alle meinten: »Komm, du wiederholst jetzt das Jahr, und dann klappt es beim nächsten Mal.« Aber

18

ich sagte: »Nee, ich hab keine Lust mehr.« Ich wollte ja auch gar nicht studieren. Ich wuss-te, ich will Kameramann werden. Die Frage war nur: Was ist der schnellste Weg dorthin?

T.T. Wann haben Sie zum ersten Mal gedreht?

M.B. Ich habe mir eine kleine 8-mm-Kamera angeschafft und damit ein wenig herum-gespielt. Nicht im Theater, da war es zu dunkel für dieses unempfindliche Material, son-dern draußen: Freunde, Landleben – klassische Amateurmotive eben.

Ich wollte jedenfalls unbedingt Kameramann werden. Der bekannteste Kameramann in Deutschland war damals Helmuth Ashley, und der lebte in München. Also bin ich nach München gefahren, habe versucht, ihn zu treffen, und er hat mich tatsächlich empfangen. Auf meine Frage: »Ich will Kameramann werden, was soll ich machen?«, antwortete er: »Was haste bis jetzt gemacht?« – »Ich habe fotografiert.« – »Mach 'ne Fotolehre, da lernste 'ne Menge über Film. Lern Fotograf. Und wenn du fertig bist, kannste dich wieder melden.« Also habe ich eine Lehrstelle gesucht und in Würzburg gefunden.

In dieser Zeit habe ich auch meine Frau kennen gelernt. Damals kam sie an unser Theater. Sie ging noch zur Schule und hatte schon nebenbei Schauspielunterricht gehabt.

T.T. Nach Schloss Wetzhausen?

M.B. Ja. Unser beider Eltern kannten sich alle als junge Schauspieler. Helgas Mutter ist plötzlich und sehr jung gestorben, und da haben meine Eltern die Tochter eingeladen. Ich war zwanzig und anfangs überhaupt nicht an ihr interessiert. Für mich war sie viel zu klein und zu unerfahren. Damals war ich bevorzugt in Schauspielerinnen verliebt, die sieben, acht Jahre älter waren als ich.

T.T. Aber die meiste Zeit sind Sie in Würzburg gewesen und haben Ihre Lehre gemacht.

M.B. Im damals besten Haus am Platz, »Photo Selliers« hieß das. Die machten Porträtfoto-grafie, Hochzeiten in der Kirche, Architektur, Kunstbilder, eigentlich alles. Ich werde es nie vergessen: An meinem ersten Tag als Lehrling hat mir der Chef eine Kamera in die Hand gedrückt und mich in die Kirche geschickt, um eine Hochzeit zu fotografieren.

T.T. Alleine?

M.B. Alleine. Er hatte ja meine Theaterfotos gesehen und wusste, was ich konnte. Das war toll, denn so war ich nie sein Stift, sondern gleich Geselle und konnte direkt in der Praxis lernen. Bei der Porträtfotografie habe ich zugeschaut, wie er das ausgeleuchtet hat. Ich lernte Retuschieren, alle möglichen größeren Laborarbeiten und natürlich eine Menge Standardtricks. Dann habe ich, mit verkürzter Lehrzeit, nach zwei Jahren meine Prüfung abgelegt.

Ich bemühte mich um einen Job. Helmuth Ashley empfahl mich nun an Wolfgang Müller-

Helga Ballhaus als Viola in Was ihr wollt, *fotografiert von Michael Ballhaus.*

Sehn weiter, einen Kameramann und Dokumentarfilmregisseur. Dieser hat mich dann tatsächlich als Kameraassistent für seinen Dokumentarfilm *Traumland der Sehnsucht* engagiert, der in Griechenland gedreht wurde. Ich war allerdings ein schlechter Assistent. Einmal habe ich die Rollen vertauscht, so dass wir eine bereits belichtete nochmals belichtet haben. Das war natürlich eine Katastrophe! Und obwohl wir uns grundsätzlich gut verstanden haben, war er manchmal genervt, weil ich ihm immer vorgeschlagen habe, wie ich dies und das machen würde. Vor allem wollte ich unbedingt Kamerafahrten einbauen, damit sich etwas bewegte, während er mehr statische Kompositionen bevorzugte.

T.T. Und Sie haben tatsächlich schon bei Ihrem allerersten Film Schärfe gezogen? Wie vertraut waren Sie denn mit der 35-mm-Kamera?

M.B. Gar nicht. Es war ein Sprung ins kalte Wasser. Wir waren ein sehr kleines Team. Er, seine Frau und ich.

T.T. Erstaunlich, dass Sie schon damals die Kamera bewegen wollten, obwohl Sie doch von der Fotografie herkamen.

M.B. Ich dachte immer: Wenn es ein Film werden soll, muss sich doch etwas bewegen, sonst wird daraus ein Lichtbildervortrag.

T.T. Und dann sind Sie zum Fernsehen gekommen?

M.B. Zunächst bin ich mit Helga nach Karlsruhe gezogen, wo sie am Staatstheater engagiert wurde.

T.T. Moment, ich dachte, die war nicht interessant?

M.B. Ein Freund, der mit Helga flirtete, hatte mir irgendwann erzählt, sie würde so fantastisch küssen. Ich wollte es zunächst gar nicht glauben. Dann dachte ich: Musste auch mal probieren. Am Anfang war sie gar nicht angetan, aber irgendwie kamen wir schließlich doch zusammen. Am Ende haben wir uns richtig ineinander verliebt.

T.T. Es ist schon außergewöhnlich, dass man in diesem Alter tatsächlich den Menschen fürs Leben findet, obwohl man noch so unfertig ist.

M.B. Völlig unreif. Wir waren beide noch naiv und klein.

T.T. Dann sind Sie ja bald 50 Jahre zusammen!

M.B. Wir sind jetzt 42 Jahre verheiratet, und es ist nach wie vor eine wunderbare Beziehung. Ohne Helga wäre ich nicht das, was ich heute bin. Sie hat den entscheidenden Anteil an meinem Leben und auch an meiner Karriere. Und noch immer verbinden uns so viele Interessen, entdecken wir gemeinsam immer wieder von neuem die Welt und das Leben.

T.T. Abgesehen davon, dass Sie in Wetzhausen die Frau Ihres Lebens gefunden haben, sehe ich die entscheidende Prägung darin, dass Sie in einer Gruppe groß geworden sind und somit schon Teamerfahrung hatten, bevor Sie überhaupt zum Film gekommen sind.

M.B. Zumal es eine Großfamilie war, in der alle für denselben Traum gearbeitet haben, nämlich für das Theater. So ist es im Idealfall auch beim Film: ein Team, wo jeder sein Bestes für die Verwirklichung einer gemeinsamen Vision gibt. Dieses Teamwork ist für mich ungeheuer wichtig, und wenn ich mit jemandem gut harmoniere, möchte ich eigentlich immer wieder mit ihm zusammenarbeiten.

T.T. Und der Schritt hin zum Fernsehen?

M.B. In dieser Zeit fing in Baden-Baden der Südwestfunk mit Fernsehen an, also brauchte man Kameraleute. Ich bewarb mich und wurde schließlich vom Südwestfunk engagiert. Ich bekam 750 Mark im Monat, für uns damals eine Menge Geld. 1959 stand ich dann zum ersten Mal hinter einer dieser großen, fetten Fernsehkameras.

T.T. Auf welchem Material haben Sie damals gedreht?

M.B. Wir arbeiteten mit E-Kameras, riesigen Apparaten, mit denen wir anfangs die Fernsehspiele live gesendet haben.

T.T. In den Anfängen des Fernsehens wurde also live geschnitten?

M.B. Zunächst wurde natürlich drei Wochen lang mit dem Regisseur probiert, aber am Ende wurde das Fernsehspiel live gesendet und geschnitten.

Michael
Ballhaus als
Kameramann
an der
E-Kamera
beim SWF,
Baden-Baden.

T.T. So musste dann alles im Studio gedreht werden?

M.B. Ja. Das Spannende an dieser Zeit war, dass ich mit großartigen Theaterregisseuren zusammenarbeiten konnte – Boleslav Barlog, Heinz Hilpert, Rudolf Noelte, Hans Lietzau und anderen. Und ich habe gelernt zu schwenken. Allmählich bin ich dann aufgestiegen von der vierten, dritten, zweiten bis zur Hauptkamera. Die Anweisungen bekamen wir von der Bildregie über Kopfhörer. Ich kann mich an einen Bildregisseur erinnern, der sehr gut und unheimlich lässig war. Als ich bei unserem ersten Live-Fernsehspiel verzweifelt versuchte, die Schauspieler im Bild zu behalten, hatte ich plötzlich seine ruhige Stimme im Ohr: »Mach dir nichts draus, die kommen alle wieder.« Insgesamt waren das gute und für meine weitere Karriere sicher auch hilfreiche Erfahrungen.

Schließlich ging Helgas Engagement in Karlsruhe zu Ende, und wir mieteten uns eine Wohnung in Baden-Baden. Zu der Zeit erfuhr meine Laufbahn eine erste entscheidende Wende, als ein junger Regisseur aus Berlin in Baden-Baden auftauchte: Peter Lilienthal. Mit ihm habe ich mich auf Anhieb sehr gut verstanden, und es entwickelte sich eine meiner ersten intensiven Zusammenarbeiten mit einem Regisseur. Vorher habe ich allerdings noch einen Film mit Harald Bennisch gemacht – *Der Klassenaufsatz*. In Wien gedreht, auf 35 mm, ein Fernsehfilm, der aber noch sehr bühnenmäßig wirkte.

T.T. Aber auf Film gedreht?

M.B. Ja, mit einer geblimpten, also schallgedämpften Arriflex. Gott sei Dank hatte ich einen sehr guten Assistenten und einen versierten Oberbeleuchter, die mehr von Filmtechnik verstanden als ich. Denen sagte ich immer, was ich mir vorstellte, und sie haben es dann umgesetzt. Allmählich habe ich mich so ans Filmemachen herangetastet. Ich hatte ja nie einen Lehrer.

In dieser Zeit bin ich sehr sehr viel ins Kino gegangen und habe mir die Filme von Godard, Truffaut und Bergman angeschaut. *Le mépris* von Jean-Luc Godard habe ich sicher über zwanzig Mal gesehen. Immer wieder habe ich versucht dahinter zu kommen, wie Raoul Coutard die Kamera bewegt, wie er schwenkt, wie er beleuchtet. Das waren meine eigentlichen Lehrstunden.

T.T. Wie viele Projekte hatten Sie beim Südwestfunk im Jahr zu bewältigen?

M.B. Ich war fest angestellt. Wenn es also gerade keinen Fernsehfilm zu drehen gab, habe ich alles Mögliche andere gemacht: Ansagen, Unterhaltungsshows, Jazzsendungen – was gerade anstand. 1961 beschlossen wir, nach München zu ziehen, weil ich vom Bayerischen Rundfunk engagiert wurde. 1962 wurde unser Sohn Sebastian in München geboren. Der Bayerische Rundfunk hatte mir eine bessere Position und bessere Bezahlung angeboten, ich war sozusagen in die A-Klasse aufgestiegen. Aber plötzlich wollte man mich in Baden-Baden unbedingt zurückhaben. Schließlich bin ich 1963 dorthin zurückgekehrt, natürlich mit einem viel besseren Vertrag. Ich war jetzt Chefkameramann. Ab der Zeit habe ich sehr viele Fernsehfilme mit verschiedenen Regisseuren gedreht, nicht mehr nur elektronisch, sondern hauptsächlich auf Film – ein gutes Training.

1965 kam unser zweiter Sohn Florian zur Welt. Nun waren wir eine richtige Familie und ich ein etablierter Fernsehmacher.

T.T. Haben Sie aus diesen Anfangsjahren als Kameramann auch schwierige Arbeitssituationen in Erinnerung?

M.B. Einmal habe ich in Spanien eine Dokumentation auf Umkehrfilm gedreht. Dabei macht man kein Negativ, sondern dreht gleich das Positiv. Ich arbeite gern mit Überbelichtung, und so auch in diesem Fall. Der Effekt war aber genau gegenteilig: Wenn man einen Umkehrfilm zu stark belichtet, wird alles zu dunkel. Wir haben also vierzehn Tage gedreht, kommen zurück – und nach dem Entwickeln ist ein Drittel des Materials zu dunkel …

23

T.T. Zurück zu Peter Lilienthal. Wie hat sich diese Zusammenarbeit, die ja für Ihre Anfangsjahre beim Film so wichtig war, entwickelt?

M.B. Unser erstes gemeinsames Projekt waren *Die Nachbarskinder*, aber daran kann ich mich überhaupt nicht mehr erinnern. Ich weiß allerdings noch, dass mir Lilienthal 1964, bei der Arbeit an *Das Martyrium des Peter O'Hey*, eine Novelle in die Hand drückte und sagte: »Lies doch mal diese Geschichte.« Nachdem ich es gelesen hatte, meinte ich: »Ja, das ist eine gute Geschichte, wer könnte jetzt das Drehbuch schreiben?« So ging das immer weiter: Ich war von Anfang an einbezogen.

T.T. Sie haben an der Seite von Lilienthal alle Schritte von den ersten Ideen bis zum fertigen Film mitgemacht?

M.B. Das kann man so sagen. So etwas war natürlich sehr ungewöhnlich, denn normalerweise arbeiten Regie und Kamera nicht so früh zusammen. Aber bei diesem Film war ich wirklich immer dabei. Ich saß viel im Schneideraum und habe gelernt, wie die Bilder in der Montage für den Film zusammenkommen, wie wichtig der Rhythmus ist. Auch das war ein Lernprozess, der für einen Kameramann enorm wichtig ist. Ich konnte lernen, schon beim Drehen eine Bildfolge im Kopf zu haben und eine Vorstellung davon zu entwickeln, wie die Bilder beim Schneiden wieder zusammengesetzt werden.

T.T. Das ist in Ihrem Fall natürlich besonders wichtig, weil Sie die Kamera so gerne bewegen und es für den Schnitt dadurch noch wichtiger wird, an Übergänge und Verbindungen im Voraus zu denken. Sie sagen eben nicht: Okay, das »covern« wir alles, drehen also immer noch simultan alternative Einstellungen, damit wir nachher beliebig schneiden können. Diese Art zu drehen ist nicht gerade Ihre Idealvorstellung, oder?

M.B. Nein. Natürlich habe ich vor allem in Amerika mit Regisseuren gearbeitet, die genau so vorgehen. Aber Künstler wie Scorsese denken wie ich in Bildfolgen und haben den Rhythmus einer Szene schon vor dem Dreh genau im Kopf, da wird mehr oder weniger nur das gedreht, was schließlich auch gebraucht wird.

T.T. Benötigt man für diesen Arbeitsstil deshalb nicht eine ganz bestimmte Musikalität?

M.B. Ich glaube schon. Zur Musik hatte ich tatsächlich immer ein besonderes Verhältnis. Mit dem bekannten Grafiker Günter Kieser, der für uns das Storyboard zu *Das Martyrium des Peter O'Hey* gezeichnet hat, habe ich in meiner Zeit beim Südwestfunk viele Jazz-Sendungen gemacht, zu denen Günter Kieser die wundervollen Plakate entworfen hat. Auch in meinen Filmen werden die Bilder immer wieder zu Musik choreographiert, und ich habe eine ganze Reihe von Videoclips gedreht.

T.T. Aber damals waren Sie noch nicht beim Kino, sondern immer noch beim Fernsehen.

M.B. Ja, aber als Chefkameramann hatte ich mir im Vertrag immerhin Arbeitsurlaube ausgehandelt. Auf diese Weise konnte ich außerhalb des Senders einen Film mit Tom Toelle *(Ivo)* und einen mit Johannes Schaaf *(Große Liebe)* machen. Dadurch hatte sich mein Filmhorizont bereits etwas erweitert.

Schließlich kam das Jahr 1968. Der damalige Fernsehspielchef ging aus Baden-Baden weg, und sein Nachfolger war nicht so interessant. Da erzählte mir Peter Lilienthal, dass in Berlin eine Filmschule gegründet werden sollte, die Deutsche Film- und Fernsehakademie (dffb). Man habe ihm angeboten, dort als Dozent zu arbeiten, und ich solle doch mit nach Berlin kommen. Ich habe ihm geantwortet: »Hör mal, Peter, ich als Lehrer, wie stellst du dir das vor, wo ich doch gerade mal zehn Fernsehfilme gemacht habe.« – »Das ist doch egal, das sind junge Leute, wir gehen dahin, wir arbeiten zusammen, und es wird Spaß machen.« Und so gingen wir nach Berlin. Ich bekam eine feste Anstellung als Dozent an der dffb.

T.T. Mit 33?

M.B. Ja. Plötzlich waren wir aus dem verschlafenen Baden-Baden mitten ins bewegte Berlin von 1968 geraten.

T.T. Wie war das, gleichzeitig Dozent zu sein und diese Zeit als immer noch junger Mensch zu erleben?

M.B. Plötzlich hatte ich es mit jungen Studenten zu tun, die links waren, extrem links. Sie waren natürlich gegen das Establishment und teilweise auch gegen uns Dozenten eingestellt. Alles wurde hinterfragt. Wenn ich gesagt habe: »Nahaufnahmen macht man mit einer langen Brennweite«, dann kam gleich die Frage: »Warum? Wenn man einen Kapitalisten mit kurzer Brennweite filmt, kommt er doch schlechter weg.« Zum ersten Mal war ich gezwungen, darüber nachzudenken, weshalb ich Dinge so machte, wie ich sie machte. Bis dahin hatte ich das meiste intuitiv getan, jetzt aber musste ich Argumente dafür finden.

T.T. Und, hat Ihnen das Erklären Ihrer Bilder weitergeholfen?

M.B. Unbedingt. Vor allem später, als ich in den USA mit Debütanten wie James Foley oder Steve Kloves gearbeitet habe, habe ich enorm viel von dieser Erfahrung profitieren können.

T.T. Und die politischen Diskussionen?

M.B. Zu meinen Studenten gehörten einerseits Leute wie Wolfgang Petersen, die vor allem am Filmen interessiert waren, und andererseits solche wie Holger Meins, denen es je länger, je mehr ausschließlich um politische Botschaften ging. Mein Herz schlug zwar grundsätz-

*Michael
Ballhaus als
Dozent mit
heutigen Film-
studenten der
dffb in Berlin.*

lich für die Anliegen der Studenten – so wurde etwa kolportiert, ich sei mitverantwortlich für die Absetzung von Erwin Leiser als Direktor gewesen –, aber manchmal wurde ich auch in Dinge hineingezogen, die mir nicht mehr ganz geheuer waren. Einmal haben Studenten vom Schöneberger Rathaus eine rote Fahne heruntergerollt, natürlich alles gefilmt, und ich war der verantwortliche Dozent.

T.T. Wie sah ansonsten die ganz praktische Arbeit aus?

M.B. Wir haben viel experimentiert und ausprobiert, was beim Fernsehen ja gar nicht in dieser Ausführlichkeit und Radikalität möglich gewesen war. Insofern habe ich von dieser Zeit für mich selbst unheimlich viel profitiert. In einem Seminar ging es beispielsweise nur um Hauttöne und wie man diese am besten fotografieren könnte. Wir haben uns gesagt: Wenn es schon um Hauttöne geht, dann gleich richtig, also machen wir das nackt. Und so haben wir nackte Männer und Frauen fotografiert, in verschiedenem Licht, mit den unterschiedlichsten Filtern.

T.T. Wie ging das zusammen, einerseits zu unterrichten und andererseits zu drehen?

M.B. Dafür gab es Semesterferien. Ich war nur zwei Jahre fest bei der dffb angestellt, von 1968 bis 1970, und immer im Sommer habe ich gefilmt. In dieser Zeit entstand auch mein erster Spielfilm, *Darf ich Sie zur Mutter machen?* von Ralf Gregan …

T.T. … und Didi Hallervorden!

M.B. Gregan hatte mich gefragt, ob ich mit ihm und Hallervorden zusammen diese Komödie machen wolle. Daraufhin habe ich meine Studenten als Helfer und das Equipment von
der dffb mitgenommen, damit alles ein wenig billiger wurde. Und so habe ich meinen ersten
Kinofilm gedreht.

T.T. Natürlich im Kinoformat …

M.B. Klar. Als wir uns die Muster des ersten Tages angeschaut haben, stimmte etwas nicht.
Ich hatte die Bilder nicht richtig kadriert und im Fernsehformat 4:3, also 1:1,33, gedreht
anstatt dem üblichen 1:1,66. Wir mussten deswegen einige Einstellungen nachdrehen − das
war peinlich.

T.T. Haben Sie das vergessen zu besprechen, oder waren Sie es schlicht nicht gewohnt?

M.B. Ich hatte ganz einfach noch nie in 1:1,66 gedreht. Es war pure Schlamperei.

T.T. Wie ist das eigentlich, wenn man zehn Jahre lang Fernsehen macht – kann man dann bei der Bildgestaltung nur noch in diesem Format denken?

M.B. Die Umstellung ist sicher nicht leicht. So ist wahrscheinlich auch dieses Missgeschick passiert. Wir hatten offensichtlich die falsche Mattscheibe vor dem Sucher, auf der das Format 1:1,66 nicht eingezeichnet war, so dass ich den wirklichen Bildausschnitt gar nicht gesehen habe.

T.T. Haben Sie heute denn ein bevorzugtes Format?

M.B. Das Format sollte sich eigentlich nach der Geschichte richten. 1:1,66 kommt für mich aber letztlich nicht mehr in Frage. Die Entscheidung fällt zwischen 1:1,85, dem amerikanischen Standardformat, und Breitwand, also 1:2,35. Breitwand drehe ich im so genannten Super-35-Format, was zwar im Kino wie Cinemascope aussieht, aber anders aufgenommen wird. Für *The Legend of Bagger Vance* beispielsweise haben wir verschiedene Formate diskutiert, haben Tests gedreht, uns dann aber doch für 1:1,85 entschieden, weil es trotz der Aufnahmen vom Golfplatz für diese Story besser geeignet schien. Bei *Gangs of New York* wiederum war von Anfang an klar, dass nur Breitwand in Frage kam. »Echtes« Cinemascope ist für mich dagegen keine Option, niemals. Aber darauf können wir ja später nochmals zurückkommen.

T.T. Ich werde Sie daran erinnern. Zurück zu dem Film mit Gregan und Hallervorden. Wann man die Stabliste anschaut, erhält man den Eindruck, dass das eine richtige Familienproduktion gewesen sein muss.

M.B.: Das war auch so: Helga spielte mit, die Kinder, Hallervordens damalige Frau – es herrschte eine familiäre, ausgelassene Stimmung am Set. An der Kinokasse lief der Film zwar nicht sehr erfolgreich, aber im Fernsehen kam er gut an.

T.T. Im selben Jahr folgten noch zwei Schamoni-Filme – erst mit dem einen Schamoni und dann mit dem anderen. Der erste Film – mit Peter Schamoni – hieß *Deine Zärtlichkeiten*. Unter Regie wird allerdings neben Schamoni noch der Name Herbert Vesely genannt.

M.B. Durch Vesely kam letztlich der Kontakt mit Schamoni zu Stande, denn ich kannte ihn bereits aus meiner Zeit in Baden-Baden. Zunächst war auch vorgesehen, dass er Regie führen und Schamoni produzieren sollte. Aber dann traten Differenzen auf, Schamoni war unzufrieden. Den Film haben schließlich Peter, Heidi Genée – damals eine Star-Cutterin – und ich zu Ende gedreht.

T.T. Die Cutterin war am Set? Hat sie parallel zu den Dreharbeiten geschnitten?

M.B. Nein. Sie war dabei, um sich im Skript Notizen zu machen und um zu kontrollieren, dass alles nach Plan ablief. Wenn man sich das leisten kann, ist das eine gute Kombination.

Dreharbeiten zu Deine Zärtlich-keiten *auf Ibiza. Peter Schamoni (Produzent), Michael Ball-haus und (in der Ente sitzend) Herbert Vesely (Regisseur).*

T.T. Ich weiß nicht, ich glaube, das kommt auf die Situation an. Mathilde Bonnefoy bei-spielsweise, die Cutterin, mit der ich zusammenarbeite, weiß nichts über den Film, wenn sie sich ans Schnittpult setzt. Sie besucht auch niemals den Dreh, sondern geht ganz be-wusst mit einer völlig unbefangenen Kreativität an das Material heran, ganz im Gegensatz zu mir, der ich bereits alles zu wissen glaube und viel zu viel hineininterpretiere. Dadurch wird der Film im Grunde neu entdeckt und ein weiteres Mal »geschrieben«, wie sie betont.

M.B. Diese Methode hat natürlich auch etwas für sich. Aber Heidi Genée war klasse und für uns damals ein Glücksfall.

T.T. Es taucht hier noch ein Name auf, der für Sie später eine bedeutende Rolle gespielt hat: Ulli Lommel gehörte mit zur Besetzung von *Deine Zärtlichkeiten*.

M.B. Ja, da haben wir uns kennen gelernt.

T.T. Er war es doch, der Sie mit Fassbinder zusammengebracht hat?

29

M.B. Genau. Ulli Lommel spielte auch in *Whity* mit, meinem ersten Film mit Fassbinder.

T.T. Vorher kam aber noch der Film mit dem anderen Schamoni: *Wir zwei* von Ulrich Schamoni.

M.B. Eine der ganz wenigen Katastrophen, die ich in meiner Karriere erlebt habe. Mit Ulrich habe ich mich nicht so gut verstanden. Am liebsten hätte ich die Sache hingeschmissen, und am liebsten hätte Ulrich mich gefeuert, aber wir fanden keinen Ersatz, und so musste ich eben durchhalten. Er hatte eine völlig andere Bildsprache als ich. Seine Devise lautete: Man muss eine Tasse genau so fotografieren wie die Bucht von San Francisco. Ich dagegen fand immer, eine Tasse ist eine Tasse und die Bucht von San Francisco ist die Bucht von San Francisco.

T.T. Was meinte er konkret damit?

M.B. Jede Einstellung musste etwas Wahnsinniges haben, etwas ganz Besonderes.

T.T. Damit liegt er bei Ihnen doch gar nicht so falsch.

M.B. Schon. Aber das Buch war nicht visuell. Es gab einfach nichts, was die Kamera hätte spektakulär inszenieren können. Andererseits habe ich das so selten erlebt, dass es eigentlich okay ist, so etwas auch einmal durchgemacht zu haben.

T.T. Haben Sie damals die Leute, mit denen Sie zusammengearbeitet haben, unter die Lupe genommen oder einfach genommen, was gekommen ist?

M.B. Ich war glücklich, Arbeit zu haben. Mit Peter Schamoni hatte ich mich gut verstanden, also dachte ich: Wenn mir Peter den Ulrich empfiehlt, geht das schon in Ordnung. Außerdem hatte Ulrich bereits *Es* gemacht, ein interessanter Film, der mir gefallen hat.

T.T. Sind Sie in die »Ehe« mit Fassbinder genauso blauäugig hineingestolpert?

M.B. Das kann man wohl sagen. Ich war damals noch bei der dffb und drehte gerade mit zwei Studenten einen Dokumentarfilm in Irland. Ich sitze also in einem Hotel »in the middle of nowhere« und erhalte einen Telefonanruf von Ulli Lommel: »Micha, du musst kommen.« – »Warum?« – »Ich mache einen Film mit Fassbinder, und du musst unbedingt die Kamera übernehmen. In einer Woche fangen wir an.« – »Aber ich bin hier in Irland und muss erst mal meinen Film abdrehen.« – »Das ist egal, du musst kommen!« – »Gut, ich habe hier noch drei Tage, dann komme ich.« Und dann ging alles ganz schnell: abgedreht, nach Berlin zurück, Koffer gepackt und ab nach Spanien – zu Fassbinder.

■■■■■■■■■■■■■■■■■■■■■■■■■■■

2

Was ist denn mit dem los? ■ Whity ■ *Jimi Hendrix auf den Fersen* ■ *Was spricht gegen Cinemascope?* ■ *Zwei Minuten lang ohrfeigen* ■ Fassbinder produziert: Film Nr. 8 ■ Warnung vor einer heiligen Nutte ■ *Ein einsamer Rekord* ■ Die bitteren Tränen der Petra von Kant ■ *Kein Erfüllungsgehilfe*

M.B. Ich flog also nach Spanien zu den Dreharbeiten von *Whity*, und Helga kam mit den Kindern per Zug nach. Als ich dann Fassbinder kennen lernte, war dieser sehr distanziert, ziemlich unfreundlich, geradezu ablehnend. Und ich dachte: ›Was ist denn mit dem los?‹

T.T. Hatten Sie das Drehbuch gelesen?

M.B. Ja, und es hat mir gefallen. Außerdem kannte ich Ulli Lommel, und auch mit dem Produktionsleiter Peter Berling habe ich mich sehr gut verstanden. Der erschien mir damals geradezu als ein Magier, der einfach alles durchsetzen konnte, was er wollte. Aber mit Fassbinder selbst war es anfänglich sehr schwierig.

T.T. Inwiefern?

M.B. Dauernd kritisierte er meine Sprache. Ich hatte mir beim Fernsehen einen gewissen Jargon angewöhnt. Wenn es beispielsweise um ein Motiv ging, habe ich davon geredet, dass man das »verkaufen« müsse. Darauf meinte er ganz kühl: »Wie, was wollen Sie verkaufen? Wir verkaufen hier gar nichts!«

T.T. Sie haben sich gesiezt?

M.B. Ich glaube, die ersten paar Tage haben wir uns noch gesiezt. Aber sicher ging es dann bald ins Du über. Auf jeden Fall hatte er immer etwas rumzumeckern. Beispielsweise gab es eine Einstellung, wo er über die Achse gesprungen ist. Als ich sagte: »Da müssen wir auf die andere Seite, das ist ein Achsensprung«, rannte Fassbinder wie eine Rakete zum Produzenten und schrie herum: »Feuer den! Der macht nicht, was ich sage!«

T.T. Er hat im Büro herumgeschrien?

M.B. Nein, am Set – vor allen anderen! Ich habe mir nur gedacht, das halte ich nicht lange aus. Ich habe nicht einmal meinen Koffer ausgepackt, denn ich war mir sicher: In einer Woche bin ich hier wieder weg.

T.T. Das geschah ja ausgerechnet nach der schlechten Erfahrung mit Ulrich Schamoni! War das nicht ernüchternd?

M.B. Glücklicherweise durfte ich dazwischen eine äußerst spannende Erfahrung machen: Ich habe nämlich 1969 vier Tage lang Jimi Hendrix auf Tournee gefilmt.

T.T. Tatsächlich?

M.B. Ja. Eines Morgens bekam ich einen Anruf von der Konzertagentur Lippmann und Rau in Frankfurt, die anfragte, ob ich Hendrix filmen würde. Auf meine Frage »Wann?« hieß es »Heute Abend!«. Hinterher habe ich erfahren, dass bereits jemand in London gedreht hatte, dann aber rausgeworfen worden war. Ehe ich mich versah, saß ich also mittags in einer Maschine nach Saarbrücken, um dort ein Konzert mit Jimi Hendrix aufzunehmen. Ich wurde ihm vorgestellt, und irgendwie haben wir uns sofort verstanden. Schließlich habe ich wie wild mit meiner Handkamera gedreht: in der Garderobe, auf der Bühne, immer hinter Hendrix her. Von Saarbrücken ging's nach Berlin, von da nach Wien, und anschließend wollten sie mich auch wieder nach London mitnehmen, doch mir kam ein anderes Projekt dazwischen, das ich nicht absagen konnte.

T.T. Ist daraus je ein Film geworden?

M.B. Die Produktionsfirma ist offenbar Pleite gegangen, und das Material wurde nie freigegeben. Aber wie das Leben so spielt: Kürzlich treffe ich jemanden bei Dreharbeiten, der mir erzählt, dass er damals der Produzent gewesen sei. Das Material sei sehr gut und inzwischen auch wieder frei, so dass man es verwenden könnte. Heute ist das natürlich ein ungeheurer Schatz.

T.T. Als Einstimmung auf Fassbinder ist Hendrix im Grunde genau der Richtige – auch einer, der auf der Überholspur gelebt und ungeheure Energien freigesetzt hat.
Haben Sie eine Ahnung, woher Fassbinders Abwehrreaktion Ihnen gegenüber kam?

M.B. Am Beginn unserer Zusammenarbeit bestand das Problem vor allem darin, dass ich zehn Jahre älter war als er und schon viel mehr Filme gemacht hatte. Ich war ein Fremder, der in die Fassbinder-Familie eindrang, und am Anfang hatte er wohl Angst, seinen Stil bei mir nicht durchsetzen zu können. Ich dagegen war gerade bei den Dreharbeiten zu *Whity* unglaublich nervös, weil das belichtete Material jeweils von Spanien nach München geschickt wurde und die Muster erst lange danach wieder zurückkamen, so dass wir uns die ersten Resultate meiner Arbeit erst nach zwei Wochen Dreharbeit ansehen konnten. Zudem hatte ich das erste Mal in Cinemascope gedreht und mit einem spanischen Team zusammengearbeitet, das zwar professionell, aber mir nicht vertraut war.

Schließlich saßen wir also nach zwei langen Wochen in diesem grauenhaften Vorführraum – und die Muster sahen furchtbar aus. Die Vorführqualität war schrecklich, halb unscharf. Schließlich stapfte Fassbinder aus dem Vorführraum, ohne ein Wort zu sagen. Ich dachte für mich: ›Okay, das war's dann, jetzt feuert er mich.‹ Aber am nächsten Tag ging es weiter.

T.T. Fassbinder hat kein Wort zu Ihnen gesagt?

M.B. Die Dreharbeiten gingen weiter, als wäre nichts geschehen. Wir hatten glücklicherweise später noch eine bessere Vorführung, wo man sehen konnte, dass meine Arbeit schon in Ordnung war.

T.T. Für mich ist *Whity* der erste Film, bei dem man merkt, dass sich Fassbinder vom Theater löst und filmische Visionen entwickelt.

M.B. Nach ein paar schwierigen Tagen hat Fassbinder begonnen, mir seine Vorstellungen zu erklären, so dass ich seine visuellen Ideen auch umsetzen konnte. Es gab zum Beispiel eine ziemlich schwierige Szene, bei der fünf oder sechs Personen gemeinsam im Raum standen und miteinander redeten. Fassbinder hat mir genau erklärt, wer wann welchen Dialog hatte und zu welchem Zeitpunkt er die Kamera wo haben wollte. Anschließend hat er gefragt: »Hast du das verstanden?« – »Ja.« – »Wie lange brauchste?« – »'ne halbe Stunde.« Und dann habe ich die Szene ausgeleuchtet, wir haben sie gedreht, und ich habe sie im Timing genau so hingekriegt, wie er's wollte. Durch seine Erklärungen war mir die Logik des Ganzen klar geworden, und ich hatte das richtige Gefühl dafür bekommen. Und dann wieder eine Mustervorführung: Fassbinder geht raus, ohne mir was zu sagen, und flüstert Ulli Lommel ins Ohr: »Der Typ ist ein Genie!« So jedenfalls hat es mir Ulli später erzählt.

T.T. Aber keine Silbe zu Ihnen?

M.B. Kein Wort.

T.T. Während des ganzen Drehs hat er Sie kein einziges Mal gelobt?

M.B. Das Äußerste, wozu er sich verstieg, war: »Ist in Ordnung.«

T.T. Was natürlich ein ziemlich schlichter autoritärer Trick ist. Wie haben Sie sich ansonsten in der Fassbinder-Familie zurechtgefunden?

M.B. Die war ziemlich hermetisch abgeschlossen, als ich ankam. Das ganze Beziehungsgeflecht und die sexuellen Spannungsverhältnisse in dieser Gruppe konnte ich am Anfang gar nicht durchschauen. Ich war der Außenseiter, der keine Ahnung hatte, welche Rituale und Spielchen hier abliefen.

T.T. Es gab keine Versuche, Sie mit hineinzuziehen?

M.B. Selbstverständlich wurde ich angemacht, und je länger wir zusammenarbeiteten, desto freizügiger waren die Avancen. Doch weil ich immer zu verstehen gab, dass das nichts für mich war, wurde ich irgendwann in meiner Eigenständigkeit akzeptiert. Das war nicht ganz unproblematisch, denn es ging ja immer auch um Machtspiele, weil Fassbinder ganz gezielt Leute bevorzugt oder zurückgesetzt und so die Gruppe dirigiert hat. Aber genau in solche Abhängigkeiten wollte ich mich nicht hineinziehen lassen.

T.T. *Whity* scheint ganz direkt vom Italo-Western beeinflusst. War das auch der Grund, weshalb er in Cinemascope gedreht wurde?

M.B. Ich glaube nicht, dass wir über diese Frage je geredet haben. Sicher waren die Nahaufnahmen vom Italo-Western angeregt. Dass ich jeweils ganz nah an die Augen ranmusste, das war schon von Leone inspiriert. Gleichzeitig hat Fassbinder seinen ganz eigenen Stil entwickelt. Und wenn ich *Whity* heute anschaue, bin ich nach wie vor davon fasziniert. Natürlich ist der Film sehr getragen und oft gemächlich, manchmal fast opernhaft, dadurch aber auch wieder sehr emotional.

T.T. Aber er hat auch ein paar Längen.

M.B. Sicher. Und er war bei seiner Premiere extrem erfolglos. Der ist, glaube ich, nur auf der Berlinale gelaufen und hat nie einen Verleih gefunden. Das hatte meines Wissens aber auch damit zu tun, dass sich die verschiedenen Produzenten nie einig wurden, wem denn dieser Film nun eigentlich gehörte.

T.T. Warum haben Sie mit Fassbinder später nie mehr in Cinemascope gedreht?

M.B. Unsere Filme wurden immer auch vom Fernsehen mitproduziert. Und für die Ausstrahlung im Fernsehen ist Scope nicht geeignet.

T.T. Damit wird die Erinnerungsfrage fällig, weshalb Sie generell nicht in Cinemascope drehen.

M.B. Nach *Whity* wurde diese Frage erst wieder bei *The Age of Innocence* akut. Damals wollte Scorsese unbedingt in Cinemascope drehen, wogegen ich mich gesträubt habe. Mein Problem war folgendes: Da wir in den USA nach wie vor gezwungen sind, auch eine 4:3-Fassung für die Video- und Fernsehauswertung herzustellen, musste der Film für zwei Formate konzipiert werden: Einmal für die Breitwand im Kino und dann für den Fernseher. Hätte ich den Film in Cinemascope aufgenommen, wären wir gezwungen gewesen, das Bild massiv zu beschneiden, unter Umständen künstliche Zooms einzubauen oder sogar Schwenks, die ich nie wirklich gemacht habe – Letzteres nennt man auch »panning and scanning«. Dadurch geht natürlich der ganze Rhythmus verloren, und die Bildkompositionen stimmen ebenfalls nicht mehr.

T.T. Lässt sich Ihre Lösung des Problems für Laien verständlich erklären?

M.B. Das Bildfenster ist ja stets dasselbe, und ein Bildfeld auf dem Filmstreifen hat vier Perforationslöcher. Wenn ich in Cinemascope aufnehme, wird das Bild durch die Linse verzerrt, es wird gestaucht. Bei der Projektion wird das Bild dann wieder entzerrt, also in die Breite gezogen. Dadurch nutzt man das Bildmaterial optimal aus – alles, was belichtet wird, sieht man später auch auf der Leinwand.

Ich dagegen nehme mit Super-35-mm auf. Das bedeutet, dass die Linse das Bild nicht verzerrt, ich erhalte ein so genanntes sphärisches Bild. Allerdings »verschwende« ich dadurch Filmmaterial, weil ich mehr Filmmaterial belichte, als dann auf der Breitwand zu sehen ist. Genau das mache ich mir dann aber für die Fernsehfassung zu Nutze. Ich verlege die zentrale Achse des Bildes nach oben, »common top« nennt man das, und achte darauf, dass der untere Bildteil sauber bleibt, dass dort also nichts sichtbar wird, was die Zuschauer nicht sehen sollen, keine Schienen, keine Kabel und so weiter. Wenn ich dann die Fernsehfassung herstelle, kann ich diesen unteren Bildteil verwenden und muss auf der Seite nur ganz wenig beschneiden. Vor allem aber habe ich kein »panning and scanning«, und auch die Bildkomposition bleibt annähernd dieselbe. Problematisch wird es eigentlich nur bei extremen Nahaufnahmen, weil diese jetzt nicht mehr so nah erscheinen wie auf dem Breitwandbild. Dafür kriegt der Zuschauer im besten Falle im Fernsehen sogar mehr geboten als im

Endlich sehen, was die Leute auf dem Teller haben: Cinemascope und 4:3-Fassung von The Age of Innocence *im Vergleich.*

Kino: Bei der 4:3-Fassung von *The Age of Innocence* war endlich zu sehen, was die Leute bei all diesen tollen Festessen auf dem Teller hatten.

T.T. Die Bestimmung des Bildausschnitts, die Kadrierung, wird dadurch aber ganz schön kompliziert, weil Sie immerzu zwei Bildformate im Kopf haben müssen.

M.B. Ich behelfe mich damit, dass ich den unteren Bildrand auf dem Monitor mit einer durchscheinenden Graufolie abdecke. Dadurch habe ich einerseits das Format der Breitleinwand vor mir und sehe dennoch, was nachher in der 4:3-Fassung sichtbar sein wird.

T.T. Dennoch sehe ich in Ihrem Verfahren zwei Nachteile: Erstens stehen Ihnen weniger Bildpunkte zur Verfügung als bei Cinemascope, so dass das Bild auch etwas unschärfer wird, und zweitens benötigen Sie bis zur fertigen Kopie eine Filmgeneration mehr, weil Ihr Material für die Kinovorführung ja noch in Cinemascope umkopiert werden muss.

M.B. Diese beiden Nachteile bestehen eigentlich nur in der Theorie. Zum Ersten: Cinemascope-Linsen sind weniger lichtempfindlich als meine Normal-Objektive. Das heißt, bei Cinemascope muss man normalerweise mit lichtempfindlicherem Material drehen, als ich das tue. Lichtempfindlicheres Material hat aber ein grobkörnigeres Bild zur Folge, womit der scheinbare Vorteil wieder dahin ist. Und zum Zweiten: Inzwischen gibt es von Kodak ein äußerst feinkörniges Material – 5242 –, und es gibt ausgezeichnete Objektive für den anamorphotischen Prozess, so dass man einen kaum erkennbaren Qualitätsverlust sehen kann.

T.T. Wenn man aber wie bei *Lola Montez* und anderen klassischen Scope-Filmen mit entsprechendem Aufwand beleuchten kann, dann kann man tatsächlich das Optimum aus Cinemascope herausholen – und erhält zum Lohn ein absolut brillantes Bild.

M.B. Das stimmt.

T.T. In *Whity* gibt es eine komplexe Kamerafahrt im Saloon, bei der Sie von Whity aus über die Köpfe hinweg nach unten zur Bar fahren und dann weiter zum Tisch, zum Kartenspiel und schließlich zu Hanna Schygulla. Ich habe nie kapiert, wie Sie das gemacht haben.

M.B. Das war eine unglaublich schwierige Szene, die wir auch x-mal abgebrochen haben. Das Problem bestand darin, dass wir uns sehr schnell von der Balustrade nach unten bewegen mussten, das aber nie vollständig befriedigend geschafft haben, weil die Kamera immer leicht gewackelt hat, wenn wir unten ankamen. Fassbinder wollte die Szene aber als große Plansequenz an einem Stück durchziehen, was mir zum Schluss natürlich unheimlich gut gefallen hat, denn dadurch bleibt der Rhythmus erhalten, wogegen ein Schnitt immer auch eine Unterbrechung ist.

T.T. Dahinter steckte also der Ehrgeiz, den Schnitt gewissermaßen schon in der Kamera zu machen?

Den Schnitt in der Kamera machen: Die lange Barsequenz aus Whity.

M.B. Genau – selbst wenn es die Sache manchmal unheimlich verkompliziert hat. Wenn es allerdings gelungen ist, hat mich das umso mehr gefreut.

T.T. War das nicht gerade bei solch komplizierten Einstellungen ein zusätzlicher Stress, dass Sie die Muster jeweils erst zwei Wochen später gesehen haben? Zu dieser Zeit gab es ja noch keine Monitore, an denen Sie und vor allem auch Fassbinder das Bild kontrollieren konnten.

M.B. Fassbinder stand immer sehr nahe bei der Kamera und hat sich mit ihr bewegt. Dadurch wusste er ziemlich genau, was im Bild sein würde.

T.T. Wie hat Fassbinder mit den Darstellern geprobt? Hat er die Szenen zunächst am Set gestellt?

M.B. Zu Beginn des Drehtags haben wir immer geprobt. Fassbinder hat die Szene gestellt und den Schauspielern erklärt, was er von ihnen erwartete – und er hatte jeweils sehr klare Vorstellungen. Wie weit er sich bereits während der Vorbereitung auf den Drehtag Gedanken gemacht hatte oder ob er sich vom Augenblick hat inspirieren lassen, weiß ich nicht. So oder so hatte er normalerweise eine exakte Idee. Um diese durchzusetzen, konnte er äußerst autoritär sein und die Schauspieler förmlich quälen. Ein besonders krasses Beispiel dafür war eine Szene, in der Katrin Schaake ihren Partner Ulli Lommel ohrfeigen sollte. Die beiden waren damals miteinander verheiratet. Die Regieanweisung von Fassbinder lautete: »Katrin, du musst ihn jetzt zwei Minuten lang ohrfeigen.«

T.T. Und zwar richtig?

M.B. Genau so. Als Katrin sich weigerte, wurden die Dreharbeiten unterbrochen, es folgte eine Diskussion, und schließlich hatte Fassbinder Katrin so weit gebracht, zwei Minuten lang auf ihren Mann einzuschlagen. Danach waren natürlich sowohl Katrin wie Ulli völlig fertig, haben nur noch geweint und tagelang nicht mehr miteinander sprechen können. Es war eine unglaublich quälende Situation für uns alle, die wir da rundherum standen.

T.T. Und danach?

M.B. Ich war fix und fertig, denn niemand erlebt die Szenen so hautnah mit wie der Kameramann. Wenn ich durch den Sucher der Kamera blicke, bin ich sehr, sehr nahe dran – ich sehe als Einziger das Kinobild vor mir. Ich habe beim Blick durch den Sucher auch schon mal geheult, weil mich eine Szene derart berührt hat.

T.T. Zum Mythos »Fassbinder« gehört, dass sich ihm seine Entourage immer unterworfen hat.

M.B. Wir haben uns Fassbinder immer gefügt. Er hatte eine schier unglaubliche Macht und hat diese unbarmherzig ausgeübt. Das lief stets nach demselben Schema ab: Jemanden mit Sympathie überhäufen, ihn fallen lassen und quälen und dann wieder verwöhnen.

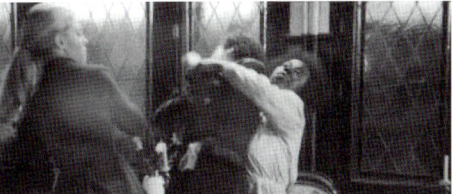

Schließlich war ich einmal selbst an der Reihe, bei den Dreharbeiten zu *Welt am Draht*, aber dazu kommen wir ja noch.

T.T. Die Schauspieler hatten keine Möglichkeit, Änderungsvorschläge einzubringen?

M.B. Das kam auf deren Position an. Bei *Whity* beispielsweise konnte Hanna Schygulla durchaus intervenieren. Aber zu ihr hatte Fassbinder schon immer ein ganz spezielles Verhältnis, weil sie nicht wirklich zum Clan gehörte. Hanna war weder finanziell noch amourös mit der Fassbinder-Familie verbandelt und deshalb einigermaßen unabhängig.

T.T. Im Zusammenhang mit *Whity* ist die Frage nach Fassbinders Umgang mit seinen Schauspielern deshalb so interessant, weil er ebendiese Dreharbeiten in *Warnung vor einer heiligen Nutte* reflektiert hat.

M.B. Alles, was während dem Dreh zu *Whity* passiert ist, hat er in die *Warnung vor einer heiligen Nutte* reingepackt. Erst bei diesem Film ist mir selbst klar geworden, was hinter den Kulissen von *Whity* abgelaufen ist. Wenn nämlich der Drehtag vorbei war und sich die anderen in der Bar bis morgens um zwei Uhr voll gesoffen oder ausgeweint haben, lag ich im Bett, damit ich am nächsten Tag frisch war, um die Dreharbeiten durchzustehen. Ich habe mit der Fassbinder-Familie zusammengearbeitet, aber nicht mit ihr zusammengelebt.

T.T. Sie haben kurz nach *Whity* anlässlich der Dreharbeiten zu *Der amerikanische Soldat* einen Dokumentarfilm über Fassbinder gedreht. Wenn man sich den Film ansieht, erhält man das Gefühl, dass Fassbinder sich in der Rolle des Beobachteten nicht gerade wohl gefühlt hat.

M.B. Er hat sich dem Film regelrecht verweigert. An einer Stelle, die auch im Film drin ist, hat Fassbinder zu mir gesagt: »Wenn jetzt die Kamera weg ist, können wir uns unterhalten.« Das Verrückte an der Sache war, dass Fassbinder für diesen Film gebürgt hatte. Wenn der WDR ihn nicht genommen hätte, wäre Fassbinder also gezwungen gewesen, 30 000 Mark für einen Film zu bezahlen, den er eigentlich verhindern wollte.

»Ich war fix und fertig.« Zwei Minuten lang Ohrfeigen in Whity *(Ulli Lommel und Katrin Schaake).*

T.T. Es ist erstaunlich, mit wie viel kritischer Distanz Sie in dieser Dokumentation das »System Fassbinder« als ein hierarchisch strukturiertes Kollektiv beschreiben, in dem ohne Fassbinder kaum etwas ging.

M.B. Ich konnte mir das leisten, weil ich nicht zum Clan gehörte. Vor laufender Kamera konnten sich nur noch Peter Berling und Hanna Schygulla moderat kritische Töne erlauben, weil sie von Fassbinder einigermaßen unabhängig waren. In erster Linie hat aber Fassbinder selbst den Film torpediert, wo er nur konnte. Als ich damit fertig war, dachte ich: ›Das war's dann wohl, das ist das letzte Mal, dass wir uns gesehen haben.‹ Aber dann hat er mich für die *Warnung vor einer heiligen Nutte* engagiert.

T.T. Und seine Reaktion auf *Fassbinder produziert: Film Nr. 8?*

M.B. Keine Silbe.

T.T. *Warnung vor einer heiligen Nutte* wirkt sehr lose konzipiert, als sei der größte Teil vor laufender Kamera improvisiert worden.

M.B. Bei diesem Film war alles knapp – besonders das Geld und die Zeit. Deshalb ging alles ruck, zuck. Ich kann mich erinnern, dass wir bereits drei Tage gedreht hatten, als Fassbinder die Leute zusammenrief und ihnen erklärte, so ginge es nicht weiter, er müsse umbesetzen. Daraufhin mussten wir an einem einzigen Tag alles nachdrehen, was wir bereits im Kasten hatten. Das bedeutete, 72 Einstellungen aus drei Tagen an einem einzigen Arbeitstag zu wiederholen. Um das zu schaffen, wurde ein minutiös ausgetüftelter Plan aufgestellt, und Fassbinder hat ihn dann mit der Peitsche durchgezogen. Nach achtzehn Stunden hatten wir tatsächlich die verlangten 72 Einstellungen belichtet – aber ich war so platt, dass ich meinen eigenen Namen nicht mehr wusste. Das ist mein persönlicher Rekord: 72 Einstellungen an einem Tag.

T.T. Und haben Sie nun für diesen Film mehr improvisiert als sonst?

M.B. Das hängt davon ab, was man unter improvisieren versteht. Fassbinder hat sich die Motive vor den Dreharbeiten oft ja gar nicht angesehen, weil er befürchtete, dadurch das Interesse zu verlieren und nicht mehr mit derselben Frische an die Arbeit zu gehen. Ich dagegen habe mir natürlich die Drehorte angesehen, und schon beim Lesen eines Drehbuchs habe ich eine Vorstellung, wie das auf der Leinwand aussehen könnte. Am Morgen ist dann Fassbinder dazugekommen und hat mich gefragt: »Was hast du dir gedacht?« Anschließend haben wir hin und her diskutiert, er hat meistens noch einen draufgesetzt, wir

Eddie Constantine und Hanna Schygulla in Warnung vor einer heiligen Nutte.

haben probiert und die Szene schließlich realisiert. So betrachtet haben wir improvisiert, aber nicht im luftleeren Raum, sondern ausgehend von einer konkreten Idee. Folglich waren die Dreharbeiten zu der *Warnung vor einer heiligen Nutte* ganz normale Dreharbeiten – sofern es bei Fassbinder so etwas überhaupt gab.

T.T. Wie viel von der realen Zusammenarbeit mit Fassbinder spiegelt sich in diesem Film wider?

M.B. Das ist alles ziemlich wahrheitsgetreu getroffen. Für mich selbst waren die Dreharbeiten, wie gesagt, deshalb eine ziemliche Überraschung, weil ich erst da mitgekriegt habe, was im Hintergrund an Intrigen und Verwicklungen ablief.

T.T. Für Fassbinder war *Warnung vor einer heiligen Nutte* ein Schlüsselfilm. Für Sie auch?

M.B. Er war für mich insofern wichtig, als ich viele Menschen kennen gelernt habe, mit denen ich später wieder zu tun hatte. Margarethe von Trotta spielt mit, Werner Schroeter, Marquard Bohm und Magdalena Montezuma.

T.T. *Die bitteren Tränen der Petra von Kant* ist für mich ein zentraler Fassbinder-Film. Viele seiner typischen Motive finden hier schon zu großer Intensität und Dichte. Der Film wirkt auf mich überhaupt nicht gealtert, und seine strenge Komposition hinterlässt immer noch einen nachhaltigen Eindruck. Was umso erstaunlicher ist, wenn man bedenkt, in welchem Tempo Fassbinder einen Film nach dem anderen produziert hat. Zwischen *Whity* und *Petra von Kant* beispielsweise hat er in nicht einmal zwei Jahren fünf Filme gedreht.

M.B. *Petra von Kant* haben wir in zehn Tagen mit einem viel kleineren Budget als bei *Whity* gedreht. Es handelte sich um ein Bühnenstück von Fassbinder, und die Schauspielerinnen waren zum Teil dieselben wie schon in der Bühnenfassung. Wir hatten in Worpswede ein Haus als Drehort gefunden, was ideal war, weil unsere Hauptdarstellerin Margit Carstensen jeden Abend in Bremen im Theater auf der Bühne stand. Wir mussten also immer um sechs Uhr abends aufhören, damit sie noch rechtzeitig zur Vorstellung kam. Mit solchen Rahmenbedingungen haben wir gearbeitet – und wir haben deshalb gezwungenermaßen sehr schnell gearbeitet.

T.T. Wenn ich mir diesen Film ansehe, käme ich nie auf die Idee, dass er nicht im Studio gedreht wurde. Die Kamera ist derart beweglich und geht bis an die äußersten Ränder. Wenn schon nicht im Studio, so müssen das zumindest sehr große Räume gewesen sein?

Hanna Schygulla und Margit Carstensen in Die bitteren Tränen der Petra von Kant.

M.B. Im Gegenteil. Es war sogar ziemlich eng. Uns standen im Grunde nur zwei große Achsen zur Verfügung. Der eine Raum war länglich, das Bett stand gegen die vom Fenster erleuchtete Wand, und die Totalen sind alle vom Fenster zum Eingang hin gedreht, weil das die größtmögliche Entfernung war. Sonst nahmen wir alles ziemlich frontal auf, weil uns einfach nicht mehr Raum zur Verfügung stand. Insgesamt gibt es in diesem Film nur um die 120 Schnitte, es gab Einstellungen, die dauerten bis zu vier Minuten, so lange, wie es das Magazin der Kamera erlaubte.

T.T. Davon merkt man dem Film nun wirklich nichts an.

M.B. Wir hatten das alles genauestens ausgetüftelt und exakt kadriert. Ich erinnere mich in diesem Zusammenhang an den ersten richtig großen Krach, den ich mit Fassbinder hatte: Er wollte einen Schwenk um Irm Hermann herum haben und dann auf einem bestimmten Bild landen. Es war eine lange Einstellung und auch ziemlich kompliziert, weil sie mit einem bestimmten Satz enden musste. Wir haben also gedreht, ich habe geschwenkt und bin dann nicht ganz genau auf dem Bild angekommen, das Fassbinder ursprünglich haben wollte. Von meinem Gefühl her war die Bewegung dennoch genau richtig. Fassbinder stand natürlich wieder neben der Kamera und hatte alles mitgekriegt. »Ist das die Einstellung, die ich haben wollte?« – »Nicht exakt.« – »Also, wenn ich dieses Bild haben will, dann hast du das gefälligst auch so hinzukriegen.« Irgendwann wurde es mir zu bunt, und ich sagte: »Hör mal zu. Ich bin hier nicht dein Erfüllungsgehilfe, ich habe auch ein Gespür für meine Arbeit. Wenn dir das nicht passt, dann geh ich.« Ich habe den Set verlassen und bin gegangen. Dass unsere Zusammenarbeit damit zu Ende sein sollte, konnte ich mir aber eigentlich nicht vorstellen.

T.T. War sie ja auch nicht.

M.B. Kurze Zeit später kam Harry Baer zu mir und teilte mir mit, der Rainer wolle mit mir sprechen. Ich konnte ihm dann nochmals etwas weniger impulsiv und genauer erklären, weshalb ich so nicht arbeiten könne, und dann haben wir weitergedreht.

T.T. Können Sie Ihren Ärger etwas genauer beschreiben?

M.B. Es war dieses Autoritäre, das mich gestört hat. Ich musste ihm klar machen, dass ich nicht jemand war, den er herumschubsen konnte. Von diesem Krach an hat er mich wirklich respektiert. Natürlich kam es später immer wieder zu Spannungen und Streitigkeiten. Aber dabei drehte es sich eher um persönliche Dinge. In der Arbeit waren wir von da an wirklich ein Team.

T.T. Ich kann es immer noch kaum glauben, dass Sie *Petra von Kant* nicht im Studio gedreht haben. Der Raum erhält im Film eine unheimlich differenzierte Struktur, wie ein Labyrinth, in dem sich die emotionalen Verstrickungen der Figuren abzeichnen. Gab es ein Storyboard?

M.B. Nein. Wir haben alles an Ort und Stelle ausprobiert. Wir hatten zwar ein gut durchdachtes Konzept, aber die Feinheiten haben wir während den Dreharbeiten ausgeknobelt. Dabei kam uns zugute, dass die Schauspielerinnen, speziell Margit Carstensen, ihren Text in- und auswendig beherrschten. Zudem hätten die nie gesagt: »Du, das fühl ich jetzt nicht, das kann ich nicht machen.« In so einem Fall hätte Fassbinder sie zur Schnecke gemacht. Also haben sie auf den Zentimeter gemacht, was er wollte. Er zwang sie, Markierungen genau einzuhalten, und hat sogar die Kopfhaltung auf den Millimeter genau festgelegt.

T.T. Es gibt einige sehr prägnante Bilder in diesem Film. Wenn zum Beispiel Marlene aus dem Fenster schaut und ums Eck, sieht man Petra und Sidonie. Die linke Bildhälfte ist dunkel, die rechte dagegen ganz hell. Und dann legt Marlene ihre Hand auf das Fenster und verdeckt damit das Gesicht von Petra. So etwas muss doch bis zur Erschöpfung geprobt werden?

Irm Herrmann, grafisch arrangiert in Die bitteren Tränen der Petra von Kant.

M.B. *Petra von Kant* dauert gut 120 Minuten, und wir hatten etwa hundert Stunden reine Drehzeit. Sie können sich ausrechnen, dass da für langes Proben wirklich keine Zeit blieb. Von vielen Einstellungen haben wir ein einziges Take gemacht – das war's dann.

T.T. Obwohl es ein intimer und enorm emotionaler Film ist, finden sich darin nur sehr wenig Nahaufnahmen. Umso wirkungsvoller ist daher eine Szene wie jene, in der Petra sagt: »Ja, lüg mich ruhig an. Lüg mich an«, und Sie ganz nahe an sie heranfahren.

M.B. Das ist etwas, was ich meinen Studenten immer wieder predige: »Verschießt euer Pulver nicht zu früh! Warum macht ihr ständig Nahaufnahmen? Hebt sie euch für die wichtigen Momente auf.«

T.T. Hatte Fassbinder eigentlich Vorbilder? Haben Sie sich gemeinsam Filme angesehen, die für ihn wichtig waren?

M.B. Sicher war er vom Kino beeinflusst und kannte zahllose Filme. Aber geredet hat er darüber nie. Und ob wir je gemeinsam im Kino waren – daran kann ich mich gar nicht entsinnen. Selbstverständlich hat Fassbinder mich auf Douglas Sirk aufmerksam gemacht, und ich habe daraufhin ein paar seiner Filme gesehen. Aber so offen, wie etwa Scorsese über seine Vorbilder redet, habe ich das bei ihm nie erlebt.

Ich kann mich allerdings erinnern, wie er bei *Welt am Draht* wollte, dass wir in einer Szene mit der Kamera ganz nah am Boden, sozusagen auf Fußhöhe, eine Fahrt auf zwei Leute hin machten, die an einem Tisch saßen. Die Kamera blieb dabei immer auf Fußhöhe. Damals dachte ich: ›Toll, was der immer wieder für Ideen hat.‹ Bis ich drei Tage später im Kino *Last Tango in Paris* sah – und plötzlich wusste ich, woher diese brillante Idee kam.

T.T. War *Petra von Kant* eigentlich erfolgreich?

M.B. Erfolgreicher als *Whity* auf jeden Fall. Und ich habe dafür meinen ersten Bundesfilmpreis erhalten.

3

T.T. *Tschetan, der Indianerjunge* gehört in ein Ausnahme-Genre: ein Western für Kinder.

M.B. Ja. Hark Bohm hat in seinen Anfängen als Regisseur vor allem Jugendfilme gemacht. *Tschetan* war sein allererster Film – dementsprechend unerfahren war er.

T.T. Wie hat sich das bemerkbar gemacht?

M.B. Ich habe mit ihm jeden Abend im Hotel den nächsten Drehtag vorbereitet und ihm praktisch das Handwerk beigebracht. Hark war zwar ein Regisseur mit starken visuellen Ideen, aber er wusste zu diesem Zeitpunkt einfach noch nicht, wie man diese umsetzen konnte. Er hatte noch nicht gelernt, in Schnittfolgen zu denken.

T.T. Im Film spielen Dschingis Bowakow, Hark Bohms Adoptivsohn, und Marquard Bohm, sein Bruder, mit. Im Vorspann wird Ihre Frau Helga als Script genannt. Klingt ein bisschen nach Familienunternehmen.

M.B. Bei Helga hatte sich gerade ein Theaterengagement in München verschoben. Wir hatten wie immer wenig Geld, und so wurde das Ganze praktisch ein Film der beiden Familien Bohm und Ballhaus. Das fing schon bei der Suche nach dem Drehort an, für die ich drei Wochen lang mit Hark durch Jugoslawien gewandert bin. Dreißig Kilometer pro Tag, am Ende hatte ich zehn Kilogramm abgenommen – und gedreht haben wir dann im Isartal.

T.T. Kaum einer Ihrer anderen Filme spielt so viel im Freien.

M.B. Wir haben fast nur in der freien Natur gedreht und hatten dabei enormes Glück. Unsere Drehzeit war nämlich wegen des niedrigen Budgets äußerst knapp bemessen. Wenn es eine Woche geregnet hätte, wäre der Film buchstäblich ins Wasser gefallen. Es hat aber schließlich bloß an einem einzigen Tag geregnet.

T.T. In *Tschetan* werden ein Hase und ein Schaf erschossen. Waren das Trickaufnahmen?

M.B. Überhaupt nicht. Wir haben die Tiere gekauft, und ein professioneller Jäger, der hinter der Kamera stand, hat sie erlegt.

T.T. Das wäre heute nicht mehr möglich, alle Tierschutzverbände würden Sturm laufen.

M.B. In dieser Beziehung wird besonders in den USA ein riesiges Theater gemacht. Was gerade am Beispiel von *Tschetan* absurd ist, denn die Tiere wären sowieso getötet worden, wir haben dafür gesorgt, dass es fachgerecht geschah, und das einzige Außergewöhnliche daran war, dass wir es auch noch gefilmt haben.

T.T. Der nächste Film, den Sie mit Fassbinder gedreht haben, war *Welt am Draht* für den WDR. In seiner Konzeption war er seiner Zeit weit voraus. »Virtualität« war 1975 noch gar kein Begriff. Im Grunde ist *Welt am Draht* ein Prequel zu *The Matrix*.

Besonders stark in Erinnerung habe ich die vielen Nachtfahrten auf der Straße.

M.B. Ich fuhr damals einen Citroën, der fantastisch weich gefedert war. Bei diesem Auto habe ich mir hinten eine Halterung gebaut, an der man die Kamera ganz tief festmachen konnte, so dass die Linse etwa 20 Zentimeter über dem Boden war. Ich saß dann zusammen mit dem Kameraassistenten im Kofferraum und drehte – es war perfekt für Fahraufnahmen.

T.T. Die Lichtstimmungen der beiden Welten, in denen sich die Hauptfigur bewegt, unterscheiden sich sehr auffällig.

M.B. Für die eine Welt haben wir sehr direktes Licht verwendet, wie bei alten Filmen, weil wir hofften, dass dadurch der Eindruck einer Zeitreise in die Vergangenheit erweckt werde. Für die andere Welt dagegen wollten wir ein sehr diffuses Licht – haben also indirekt beleuchtet.

T.T. In *Welt am Draht* ist im Hintergrund oft klassische Musik zu hören. Haben Sie eigentlich auch beim Drehen Musik laufen lassen?

M.B. Fassbinder hat das sehr gerne eingesetzt, um eine bestimmte Atmosphäre zu schaffen und um die Schauspieler lockerer zu machen. Aber das war natürlich nicht seine Erfindung – dieses Hilfsmittel wurde und wird von vielen anderen Regisseuren ebenfalls eingesetzt.

T.T. Wie viele andere Filme, die Sie mit Fassbinder gemacht haben, sieht auch dieser aufwendiger aus, als er vielleicht in Wirklichkeit war. Wie ist Fassbinder mit seinen Budgets zurechtgekommen?

M.B. Knapp wurde es eigentlich immer, weil Fassbinder die finanziellen Möglichkeiten selbstverständlich bis zum Letzten ausgereizt hat, und natürlich hätte er, wie jeder Regisseur, immer gerne noch mehr Mittel zur Verfügung gehabt. Letztlich sind wir dann aber meistens doch ziemlich genau im festgelegten Rahmen geblieben.

Bei *Welt am Draht* habe ich, was Geldverschwendung angeht, eine meiner buchstäblich schwärzesten Stunden erlebt: Wir hatten Eddie Constantine engagiert, er stand uns aber nur an einem einzigen Tag zur Verfügung, und zudem hatten wir einen Rolls-Royce gemietet – alles für teures Geld. Wir wollten die Szene in der Magic Hour drehen, also im kurzen Augenblick zwischen Tag und Abenddämmerung. Unglücklicherweise kamen wir etwas zu spät an den Drehort, alles verzögerte sich, es wurde immer dunkler, und auf einmal war es Nacht. Wir standen da, mit Nichts im Kasten, und hatten nur diese eine Nacht mit Eddie Constantine und dem Rolls-Royce. Unglücklicherweise hatten wir nur wenig Licht mitgenommen, und es gab kaum Stromanschlüsse. Unter irrwitzigen Bedingungen, mit nur vier Lampen, die wir in der Not auftreiben konnten, und mit viel zu kleiner Blende haben wir die Szene dann doch noch gedreht.

T.T. Und das ist die, die im fertigen Film drin ist?

Über den Dächern von Paris: Bei den Dreharbeiten zu Welt am Draht.

M.B. Leider. Das Material wurde in der Nachbearbeitung noch aufgehellt, aber es sieht nach wie vor nicht sehr gut aus.

T.T. Zwischen *Die bitteren Tränen der Petra von Kant* und *Welt am Draht* hat Fassbinder drei Filme mit anderen Kameramännern gemacht. Auch Sie haben mit anderen Regisseuren zusammengearbeitet.

M.B. Ich wollte bewusst nicht ausschließlich mit ihm drehen, weil ich sonst den Kontakt zu anderen Regisseuren verloren hätte. Und es gab andere Filmemacher, die mich sehr interessiert haben. Natürlich habe ich dadurch aber auch Fassbinder-Filme ausgelassen, die ich sehr gerne fotografiert hätte. Als ich *Fontane Effi Briest* sah, kam bei mir schon etwas Neid auf, dass ich den verpasst hatte.

T.T. Sie konnten also immer die Distanz wahren und versuchten sich so vor Fassbinders Kontrollwahn zu schützen?

M.B. Hin und wieder bin ich selbstverständlich genauso ins Messer gelaufen – mehr oder weniger dramatisch. Bei *Welt am Draht* passierte es folgendermaßen: Wir hatten zwischen vier und sechs Wochen in Paris gedreht. In dieser Zeit wollte Fassbinder seine engsten Freunde und Mitarbeiter – ich glaube, wir waren zu fünft – immer um sich haben. Am Abend mussten wir also mit ihm zusammen ausgehen – zum Essen, in Nightclubs und so weiter –, und morgens war ich um sechs Uhr bereits wieder auf den Beinen, was bedeutete, dass ich selten mehr als vier oder fünf Stunden geschlafen hatte. Als wir die Dreharbeiten in Paris beendet hatten, ging es weiter nach Köln. Fassbinder wollte, dass ich eine Inszenierung von ihm, die in Bochum am Theater lief, ansehe. Weil aber gerade Rosenmontag war, hätte ich drei Tage freigehabt, und die wollte ich mit meiner Familie in Berlin verbringen. Also habe ich ihm mitgeteilt, dass ich nicht mitkäme. Daraufhin hat er sich umgedreht, ist zum Produktionsleiter gegangen, und der kam schließlich zu mir mit dem Auftrag, in Paris zu bleiben, um ein paar Fahraufnahmen und »establishing shots« aufzunehmen – Material, das wir wahrscheinlich nie brauchen würden. All das nur, damit ich nicht nach Berlin konnte.

T.T. Und da wehrt man sich nicht?

M.B. Ich war vertraglich gebunden, deshalb konnten die Produzenten von mir einen sol-

Rainer Werner Fassbinder und Michael Ballhaus während der Arbeit an Welt am Draht.

chen Nachdreh verlangen. Aber ich wusste, dass dahinter nicht Notwendigkeit, sondern pure Schikane steckte. Helga fand natürlich, Fassbinder spinne, und das dachte ich ja auch – aber machen konnte ich dagegen nichts.

Als ich schließlich am Rosenmontag von Paris nach Köln kam, stand auf meinem Zimmer im Hotel eine Flasche Champagner, und daneben lag ein Buch – ein wunderschöner Chagall-Band. Und ein Brief dazu: »Komm, wir gehen heute Abend in ein gutes Lokal essen.« Und Fassbinder war wieder ein wahrer Engel.

T.T. Wie erklären Sie sich diese Wechselbäder?

M.B. Er wollte die Menschen für sich alleine haben und konnte es deshalb nicht ertragen, wenn sie ein eigenständiges, von ihm unabhängiges Leben führten. Fassbinder war geradezu süchtig nach Gesellschaft. Später, als meine Frau für *Die Ehe der Maria Braun* die Ausstattung gemacht hat, hat er ebenfalls versucht, Keile zwischen uns zu treiben. Damals hat er die wildesten Geschichten inszeniert, nur um uns auseinander zu bringen. Offensichtlich hat er es nicht ertragen, dass da eine Familie, eine Frau und Kinder waren, die nicht ihm gehörten.

T.T. War er auch beleidigt, wenn Sie mit anderen Regisseuren gedreht haben?

M.B. Stinksauer! Und deshalb ist letztlich auch die Zusammenarbeit mit ihm zu Ende gegangen.

★

T.T. *Martha* ist neben *Petra von Kant* und *Faustrecht der Freiheit* einer jener Filme der Fassbinder-Ballhaus-Ära, die mich immer wieder aufs Neue zutiefst beeindrucken. Sein Geheimnis beginnt schon mit der Besetzung.

M.B. Etwas vom Faszinierendsten an Fassbinder war, dass er immer versucht hat, die Dinge gegen den Strich zu bürsten. Es wäre ja so einfach gewesen, die Rolle des Helmut Salomon in *Martha* mit jemandem zu besetzen, der von Anfang an unsympathisch gewirkt hätte. Stattdessen hat er absichtlich einen Schauspieler gewählt, der eine äußerst sympathische Ausstrahlung hatte, nämlich Karlheinz Böhm. In gleicher Weise ist er bei der weiblichen Hauptrolle vorgegangen, die genauso gegen den Typ besetzt wurde: Margit Carstensen ist eine Frau, die eigentlich ein großes Selbstbewusstsein ausstrahlt. Dadurch wird *Martha* erst richtig raffiniert, weil er einen ganz sanften Menschen nimmt, der damit beginnt, seine Frau zu knechten und zu quälen, und zum widerlichen Sadisten wird. Dem gegenüber steht eine eigentlich emanzipierte Frau, die sich hilflos aufbäumt und sich dann doch fügt.

T.T. Wie haben Sie sich mit Karlheinz Böhm verstanden?

M.B. Erstens war er ein wunderbarer Schauspieler, es kommt aber noch hinzu, dass er sehr ehrlich war und sich auch gegenüber Fassbinder durchsetzen konnte. Böhm und ich befanden uns in einer ähnlichen Lage, weil wir beide nicht richtig zum Clan gehörten und auch nicht dazugehören wollten. Fassbinder hat das bei Böhm akzeptiert und ihn mit großem Respekt behandelt. So brutal er Leute fertig machen konnte, so zuvorkommend konnte er sie anfangs behandeln, wenn er sie verehrte.

T.T. Müssen Sie sich eigentlich mit den Charakteren anfreunden, die Sie fotografieren?

M.B. Ja!

T.T. Wie funktioniert das bei einem Film wie *Martha*?

M.B. Es funktioniert, weil ich in dieser Geschichte etwas über die Machtverhältnisse zwischen Mann und Frau erfahre. Plötzlich wird mir bewusst, dass diese Geschichte zwar überzeichnet ist, dass darin aber auch etwas steckt, wovon ich selbst betroffen bin. Ich erkenne mich selbst in diesem Mann wieder – wenigstens teilweise. Und gerade weil Karlheinz Böhm zu Beginn so sympathisch wirkt, wird ein Interesse für diese Figur geweckt, das auch dann weiter bestehen bleibt, als sich dieser Mann als Monster entpuppt.

T.T. Der Film ist voll von ebenso schockierenden wie bewegenden Sequenzen. Beispielsweise die Sonnenbrand-Szene.

M.B. Fassbinder wollte, dass dieser Moment einem direkt ins Gesicht springt. Margit Carstensen wurde deshalb krebsrot geschminkt. Und gedreht haben wir alles auf einem Balkon bei prallem Sonnenlicht, so dass es noch schockierender wirken musste.

T.T. Der Horror ist total, wenn die Szene schließlich in einer Vergewaltigung gipfelt. Wir sehen diese allerdings nicht, weil wir mit der Kamera wegfahren und zum Fenster hinausblicken.

M.B. Aber man hört weiterhin die Frau schreien. In diesem Moment waren wir uns vollkommen einig, dass es viel stärker wirkt, wenn die Vergewaltigung sich in der Fantasie der Zuschauer abspielt. Hätten wir sie im Bild gezeigt, wären die Zuschauer abgestoßen gewesen und hätten vielleicht sogar weggeschaut. Das Ungesehene dagegen erscheint oft noch drastischer, und die Zuschauer werden paradoxerweise erst recht in den Film hineingezogen.

In der *Ehe der Maria Braun* geschieht etwas Ähnliches, wenn Maria erfährt, dass ihr Mann tot ist, und sie am Waschbecken steht, um sich die Hände zu waschen. Weshalb ausgerechnet dieses Bild? könnte man fragen – was können in diesem Moment schon ein laufender Wasserhahn und eine Hand ausdrücken? Und doch treibt mir genau diese Einstellung jedes

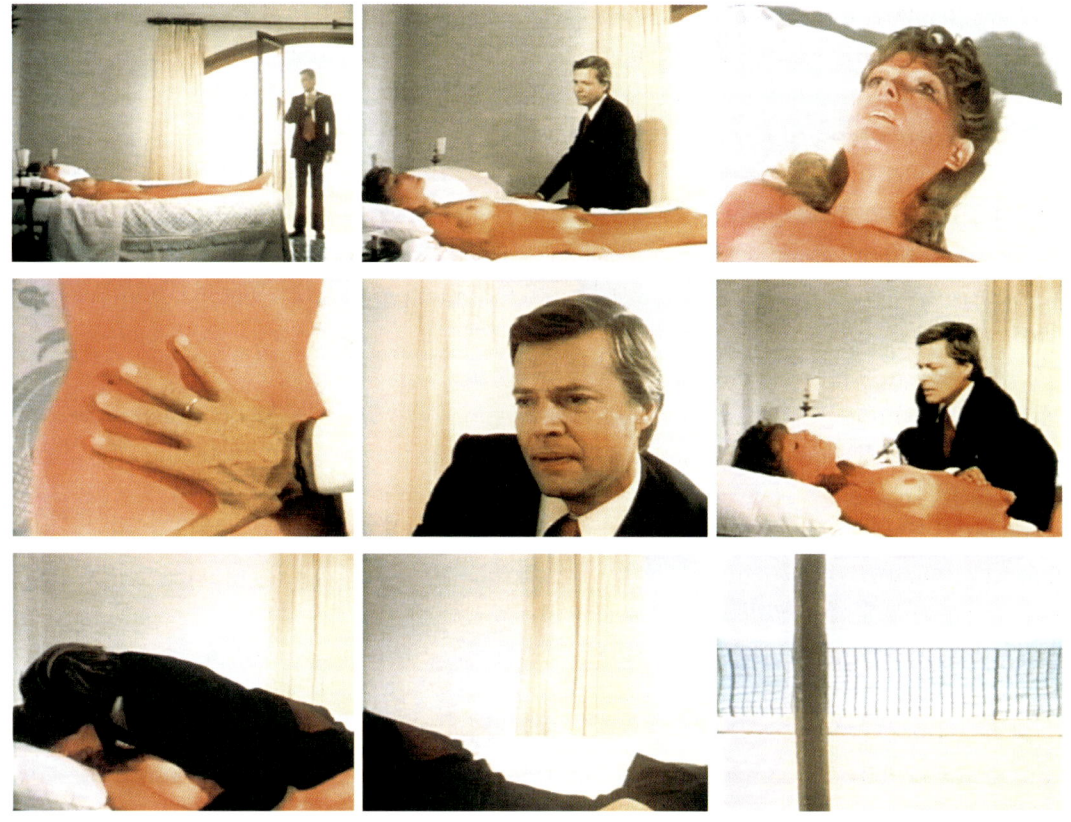

Mal die Tränen in die Augen. Denn das, was hier in der Fantasie abläuft, kann durch kein Bild ersetzt werden.

T.T. Sie wenden sich bewusst von einem expliziten Bild ab und einem Bild zu, das offener ist, flexibler und vielleicht sogar verwirrender.

M.B. Ja, einem Nullbild gewissermaßen, das nicht ablenkt und wo sich deshalb die Fantasie ganz und gar auf die Situation konzentrieren und gleichzeitig entfalten kann.

T.T. So entsteht filmisch Subjektivität, denke ich. Meisterhaft ist in *Martha* auch die Bewegung der Figuren im Raum, fast wie ein Ballett.

M.B. In dieser Beziehung war Fassbinder wirklich genial. Für die Kamera wurde die Arbeit dadurch aber nicht leichter. Das Problem bestand in erster Linie darin, dass wir an Originalschauplätzen gedreht haben – kein Studio, keine verschiebbaren Wände, alles musste ausgeleuchtet werden, und die Kontrolle über den Raum war viel schwieriger zu erreichen. Bei *Martha* wurde die Aufgabe zusätzlich dadurch erschwert, dass ich den gesamten Film mit einer einzigen Brennweite gedreht habe. Nur zwei Mal habe ich geschummelt, der Rest ist mit einer 16-mm-Linse gedreht.

T.T. Das entspricht ungefähr der Brennweite des menschlichen Auges.

M.B. Ungefähr, ja.

T.T. Der ganze Film mit einer Linse! Warum diese Einschränkung, die alles nur noch komplizierter machte?

M.B. Wir wollten einfach einmal ausprobieren, ob man so einen Film drehen konnte, und machten es deshalb zum Prinzip.

T.T. Das ist mir überhaupt nicht aufgefallen.

M.B. Gut! Dann hat es funktioniert. Ich bin zwar normalerweise kein Freund von solchen Prinzipien, weil sie stark einengen und oft wenig bringen. Aber in diesem speziellen Fall hat es erstaunlich gut funktioniert, weil es zur Geschichte gepasst hat und so auch etwas zum Stil des Films beitragen konnte.

T.T. Über *Martha* können wir nicht sprechen, ohne auf Ihre erste 360-Grad-Fahrt einzugehen, den ersten und noch immer legendären Ballhaus-Kreis.

M.B. Der Moment, in dem sich Karlheinz Böhm und Margit Carstensen zum ersten Mal begegnen, sollte zu einer Schlüsselszene werden. Und wir wollten, dass dies unmittelbar spürbar wurde. Schließlich kam ich auf die Idee, mit ihrem Profil anzufangen, einen Halbkreis zu beschreiben, um dann auf seinem Profil zu landen – und das alles, während die beiden aneinander vorbeigehen. Fassbinders Reaktion war typisch: »Warum nur einen Halbkreis? Warum gehen wir nicht ganz rum?« – »Weil das Gelände leicht abfällt und die Schienen ins Bild kommen würden. Und überhaupt, wie sollen die Schauspieler über die Schienen hinwegkommen.« – »Das lass nur meine Sorge sein, das werd ich denen schon verklickern.« Also haben wir einen Kreis gebaut, der zum einen Ende hin offen war und auf der anderen Seite dreißig Zentimeter höher, um das Gefälle auszugleichen. Zu guter Letzt hat er Böhm tatsächlich dazu gebracht, über die Schienen zu steigen.

T.T. Aber das waren immerhin dreißig Zentimeter.

M.B. Man sieht es im fertigen Film auch. Wenn man genau hinschaut, merkt man deutlich, dass Böhm über die Schienen steigt. Damit hatte Fassbinder aber noch nicht genug, er wollte wie immer einen draufsetzen, also mussten sich die beiden nochmals um sich selber drehen. Das war dann natürlich der Gipfel, das hat den Effekt auf die Spitze getrieben. Die Szene löst nun genau jenen Taumel aus, den wir beabsichtigt hatten.

Von dieser 360-Grad-Fahrt waren wir zum Schluss derart begeistert, dass wir sie immer

wieder eingesetzt haben. Sie wurde mein Markenzeichen, und später hat sie sogar dazu beigetragen, dass Scorsese auf mich aufmerksam wurde: In meinen Anfängen in den USA drehte ich für *Reckless* eine besonders extreme Kreisfahrt.

T.T. *Martha* ist zu einem großen Teil in Italien gedreht, und die Motive sind wirklich ungeheuer effektvoll.

M.B. Fassbinder, der es oft ablehnte, die Motive vorher zu sehen, sagte immer: »Wenn ich die Motive schon kenne, bin ich gelangweilt. Dann weiß ich schon, wie das alles geht, und es entsteht nicht mehr dieselbe Frische und Spannung.« Also haben weitgehend Kurt Raab und ich die Motive ausgesucht. Dadurch besaß ich natürlich Einfluss und konnte anmelden, wenn mir ein Motiv gepasst hat oder wenn ich damit Schwierigkeiten befürchtete.

T.T. Eine meiner Lieblingssequenzen in *Martha* spielt auf der Achterbahn. Wie haben Sie das gemacht?

M.B. Ich habe selbst gedreht – auf einem Wagen, der davorgespannt war. Das Hauptproblem bestand darin, dass mir die Handkamera, die sonst zehn Pfund wiegt, durch die Fliehkräfte wie zwei Zentner vorkam. Ich habe nur noch gedacht: ›Jetzt reißt es mir gleich den Arm aus.‹

T.T. Manchmal fragt man sich: Wie ist wohl die Stimmung bei den Dreharbeiten zu einem so krassen, von Verzweiflung und Gewalt geprägten Film?

M.B. Ich kann mich an keinen einzigen Streit erinnern. Es stimmte rundherum einfach alles: die Schauspieler, das Buch, die Motive – und Fassbinder war äußerst konzentriert. Wir alle hatten Spaß daran, es formal auf die Spitze zu treiben.

Es gab nur eine »Sünde«, die ich mir bis heute nicht verzeihen kann: Wir mussten in einem Kloster eine Szene drehen. Die Fensterscheiben dort waren nicht glatt, sondern rund, geblasene Scheiben. Ich habe krampfhaft versucht, die Szenerie zu beleuchten, aber es ging einfach nicht, es war, wie wenn man eine Kugel fotografiert. Ich war verzweifelt und wusste nicht mehr weiter. Da sagte Fassbinder: »Na, dann hau doch die Scheiben ein, schlag das Glas raus.« Und nach kurzem Zögern haben wir alle Scheiben zerstört. Das hat die Produktion ein Vermögen gekostet, vor allem aber hatten wir handgeblasenes, jahrhundertealtes und unersetzbares Glas zertrümmert. Das war unverzeihlich, aber es war wirklich der einzige negative Moment bei den gesamten Dreharbeiten.

T.T. Ich frage mich oft, ob zwischen der Stimmung bei den Dreharbeiten und dem fertigen Film eine paradoxe Beziehung besteht. Dass also dann, wenn ein Film besonders schwer und düster ist, auf dem Set eine eher ausgelassene Stimmung herrscht, um gewissermaßen eine Gegenwelt zu schaffen. Und dass umgekehrt eine Komödie nicht unbedingt gelingen muss, bloß weil am Set ständig gelacht wird.

M.B. Ich glaube nicht, dass man da eine Theorie aufstellen kann. Allerdings habe ich oft erlebt, dass Filme, bei denen die Dreharbeiten in einer gelösten Stimmung abliefen, am Schluss ziemlich lau herauskamen. Ein Beispiel dafür ist *Under the Cherry Moon*: Die Arbeit mit Prince hat unheimlich viel Spaß gemacht, aber der Film selbst ist ein nettes kleines B-Movie geworden.

GoodFellas wäre das Gegenbeispiel: Da waren die Dreharbeiten alles andere als ein Honig-schlecken. Und *What About Bob?* erst, da herrschte bei den Dreharbeiten das blanke Grauen, die waren so furchtbar, wie man es sich nur vorstellen kann. Trotzdem ist daraus ein ziem-lich lustiger Film geworden. Aber wie gesagt, bei *Martha* verliefen die Dreharbeiten prob-lemlos – und der Film gehört zu den besten, die ich mit Fassbinder gemacht habe.

T.T. Nach *Martha* haben Sie *Faustrecht der Freiheit* gedreht, für mich einer der stärksten und dennoch am wenigsten geschätzten Fassbinder-Filme. Es ist der erste Film, den Sie mit Fassbinder gemacht haben, in dem er auch die Hauptrolle spielte und eigentlich immer vor der Kamera stand. Wie funktionierte das, wenn er sich selber inszenierte?

M.B. Zu dieser Zeit hatten wir ein sehr gutes Verhältnis. Ich konnte ihn also auch kritisie-ren, und wenn ich das Gefühl hatte, jetzt übertreibt er, konnte ich ihn darauf aufmerksam machen, und er hat das akzeptiert.

T.T. Ziemlich viele Szenen spielen im Auto, was eines der anstrengendsten Motive für einen Film sein kann, weil man in der Bewegungsfreiheit und der Positionierung der Kamera

Karlheinz Böhm und Rainer Werner Fassbinder in Faustrecht der Freiheit.

sehr limitiert ist. Wenn man zusätzlich gezwungen ist, den Wagen auf einem Schlepper zu ziehen, entstehen noch mehr Probleme. So, wie Sie von den Arbeitsbedingungen bei Fassbinder erzählen, mussten Sie aber wahrscheinlich auch für die Autoszenen mit wenig Aufwand und möglichst schnell arbeiten?

M.B. Wir haben tatsächlich mit einfachsten Mitteln gearbeitet. Ich erinnere mich, dass ich einmal mit einem Saugstativ die Kamera auf der Kühlerhaube festgemacht und mich mit einem Gurt drangehängt habe.

T.T. Und die Schauspieler sind wirklich selbst Auto gefahren?

M.B. Ja, was natürlich ein enormer Vorteil ist. Ich komme im Kino eigentlich immer dahinter, wenn das Auto auf einem Tieflader steht, gezogen wird und mit Rückprojektion oder Blue Screen die vorbeiziehende Landschaft eingefügt wird. Man spürt einfach, dass die Schauspieler nicht selber fahren, sondern nur so tun als ob. Aber damals saßen unsere Schauspieler tatsächlich selbst hinter dem Steuer.

T.T. Und Sie lagen auf der Kühlerhaube!

M.B. Oder ich hing an der Autotür. Wir benutzten auch ein Stativ, das man bei heruntergekurbeltem Fenster in die Tür einhängen konnte. Daran war ein Sitz festgemacht, auf diesem saß ich dann und habe ins Auto hineingefilmt.

T.T. Und wie haben Sie das Auto ausgeleuchtet?

M.B. Mit einer Christbaumbeleuchtung.

T.T. Wie bitte?

M.B. Wirklich wahr. Ich habe Lichterketten verwendet und den Zigarettenanzünder als Stromquelle. So habe ich ein sehr weiches Licht ohne Schatten erhalten.

T.T. *Faustrecht der Freiheit* spielt in einem schwulen Milieu und zeigt Homosexualität sehr explizit, auch körperlich. Beispielsweise die Szene im Schlammbad. Können Sie sich daran noch erinnern?

M.B. Aber sicher, da habe ich selbst in der Badehose mit der Kamera im Schlamm gestan-

den. Ich weiß noch, wie Fassbinder gesagt hat: »Wieso ziehst du deine Badehose nicht aus?«

T.T. *Das Amulett des Todes* scheint wieder so eine Verschnaufpause von der Fassbinder-Familie gewesen zu sein.

M.B. Mit Ralf Gregan hatte ich ja bereits meinen allerersten Kinofilm gedreht. Und wieder ging es darum, aus wenig Geld das Beste zu machen. Die Besetzung war ganz vielversprechend, mit dem jungen, noch weitgehend unbekannten Rutger Hauer und Vera Tschechowa. Gedreht haben wir den Film übrigens in Schloss Wetzhausen, in dem ich groß geworden bin. Das war natürlich mein Vorschlag, weil wir dadurch die Drehkosten senken konnten. In Wetzhausen ist *Das Amulett des Todes* inzwischen ein echter Kultfilm, der meines Wissens jedes Jahr ein Mal aufgeführt wird – ein richtiges Dorffest ist das dann.

T.T. Mit welchen künstlerischen Ambitionen sind Sie an die Filme herangegangen, die Sie neben der Zusammenarbeit mit Fassbinder gemacht haben?

M.B. Natürlich habe ich mich nach Drehbüchern umgesehen, die mich auch interessiert haben. Wenn möglich, habe ich auch mit Regisseuren gearbeitet, mit denen ich mich gut verstand. Aber es ging für mich, ganz nüchtern betrachtet, immer auch darum, Geld zu verdienen. Unser Lebensstil hat damals immer ein bisschen mehr verschlungen, als wir eingenommen haben, und diese Löcher wollten gestopft sein. Mit Fassbinder-Filmen war damals kein Geld zu verdienen.

T.T. Um dann mit *Mutter Küsters Fahrt zum Himmel* wieder zu Fassbinder zurückkehren zu können.

M.B. Der ist aus meinem Bewusstsein vollständig gelöscht, ich könnte nicht einmal den Inhalt nacherzählen. Das hängt vielleicht damit zusammen, dass wir diesen Film in Frankfurt praktisch vor der Haustür gedreht haben und ich jeden Abend zu meiner Familie nach Hause konnte. Helga war zu der Zeit in Frankfurt am Theater am Turm engagiert, im Fassbinder-Ensemble. Dadurch hat sich nicht dieses Gemeinschaftserlebnis eingestellt, wie das bei anderen Dreharbeiten der Fall war, wo man in der Arbeits- und in der Freizeit zusammen war und damit diese Zeit besonders intensiv erlebt hat. Weil das in diesem Fall nicht so war, scheint auch die Erinnerung an den Film schneller verblasst zu sein.

T.T. Und das ausgerechnet bei einem Film, in dem er auch formal einiges ausprobiert hat. Wenn ich nur an den Schluss denke, wo das Ende der Geschichte als Drehbuchtext über einem Standbild eingeblendet wird! Eine irre Idee – scheinbar statisch, aber in der Wirkung sehr bewegend.

M.B. Sie können stochern, so viel Sie wollen, aber da sind keine Erinnerungen.

T.T. Schade. Ich hoffe, Sie machen bald eine DVD davon, damit Sie ihn für sich wiederentdecken können.

T.T. Wie ist es zu der Zusammenarbeit mit Peter Stein gekommen?

M.B. Helga und ich waren schon auf Grund unserer Herkunft immer sehr am Theater interessiert. Wir haben Peter Stein in Zürich kennen gelernt. Er inszenierte dort am Theater ein Stück, in dem ein Freund von uns mitspielte. Ein paar Monate später trafen wir ihn in Berlin wieder, und er erzählte uns, dass er die Schaubühne am Halleschen Ufer übernehmen werde. Von da an haben wir, sooft es ging, die Inszenierungen der Schaubühne besucht. Ich konnte ihn dann für einen Workshop bei der dffb gewinnen. Wir haben verschiedene Fernsehprojekte zusammen gemacht, und später kam sein erstes Filmprojekt: *Sommergäste* nach Maxim Gorki. Auch das war eine erfolgreiche Produktion der Schaubühne, daraus sollte nun ein richtiger Spielfilm werden, nicht einfach abgefilmtes Theater. Es wurde ein wunderschöner Film.

Peter Stein bewegte sich damit erstmals auf einem Terrain, das ihm fremd war. Einerseits

wollte er den gesamten Film so kontrollieren, wie er das als Theaterregisseur gewohnt war, andererseits wusste er nicht genau, wie das alles funktionierte. Er hatte ganz einfach Mühe, mit dem Rhythmus eines Films klarzukommen, der so ganz anders ist als der einer Bühneninszenierung.

T.T. Sie haben später zwei weitere Filme mit ihm gemacht.

M.B. Wir hatten ja keine persönlichen Probleme miteinander und respektierten gegenseitig unsere Arbeit. 1978 haben wir zusammen *Trilogie des Wiedersehens* und 1980 *Groß und Klein* gedreht, beides Fernsehproduktionen nach Botho Strauß. In beiden Fällen wurden in erster Linie vorangegangene Inszenierungen der Schaubühne dokumentiert, und da war Stein selbstverständlich wieder vollkommen in seinem Element.

T.T. Kommt das nicht häufig vor, dass Theaterregisseure sich mit Kinofilmen schwer tun, so wie die Filmemacher mit der Bühne? Ich jedenfalls kenne nur ganz wenige, die sich im Film genauso sicher bewegen wie im Theater, Patrice Chéreau vielleicht, Sam Mendes natürlich – aber es sind halt doch zwei grundverschiedene Medien.

M.B. Die Bilder sind anders, der Rhythmus ist anders, und auch die Arbeit mit den Schauspielern ist nicht zu vergleichen. Stein hat als Filmregisseur sehr schnell gelernt und sich mit großer Entschlossenheit hineingekniet. Er hat nie wieder einen Kinofilm gemacht. Aber

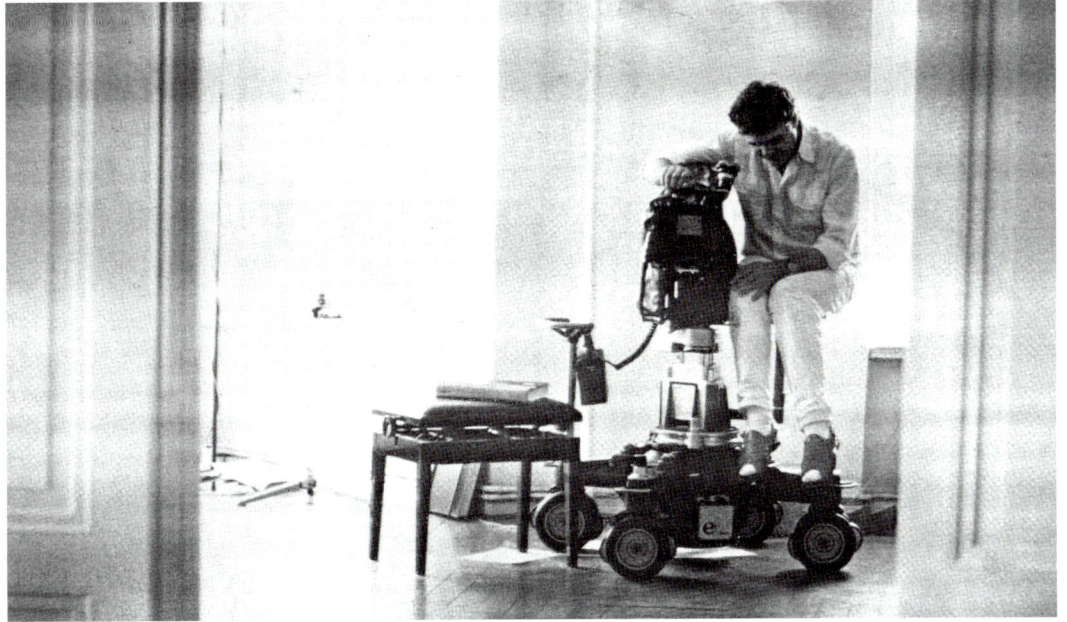

was soll's: Er ist einer der genialsten deutschen Theaterregisseure der Gegenwart – muss er
da auch noch ein begnadeter Filmemacher sein?

T.T. *Ich will doch nur, daß ihr mich liebt* war eine Fernsehproduktion. Haben Fassbinder
und Sie Filme fürs Kino anders behandelt als solche fürs Fernsehen?

M.B. Das spielte für uns eigentlich keine Rolle. *Martha* war ja zunächst auch nicht fürs
Kino bestimmt. *Ich will doch nur, daß ihr mich liebt* war zwar eine kleine Geschichte, aber
nicht, weil sie fürs Fernsehen bestimmt war. Ich mag diesen Film sehr, obwohl ich mich
kaum mehr an die Dreharbeiten erinnern kann. Ich weiß nur noch, wie wir spontan eine
Regensequenz gedreht haben: Es fing plötzlich wie aus Kübeln zu gießen an, und Fassbinder sagte: »Das ist ideal für diese Szene. Die drehen wir jetzt im Regen!« Also haben wir
eine Stunde im strömenden Regen gestanden und die gesamte Sequenz gedreht.

T.T. Im Regen zu filmen, finde ich immer unglaublich schwierig, weil er kaum sichtbar zu
machen ist.

M.B. Wieso nicht? Man sieht ihn auf den Gesichtern, das reicht doch eigentlich.

T.T. Ganz so einfach habe ich das nie erlebt. Drehen Sie gerne im Regen?

M.B. Ich finde Regen toll, weil er etwas unglaublich Fotogenes an sich hat. Regen und Nebel – beides liebe ich.

63

T.T. Heutzutage verlangsamen sich die Dreharbeiten aber doch enorm, sobald man im Regen filmen will. Ein paar Regentropfen auf dem Gesicht, das reicht Ihnen doch heute auch nicht mehr. Sind Sie immer noch so schnell und spontan wie damals mit Fassbinder?

M.B. Inzwischen bin ich genauso langsam wie alle anderen: Alles wird abgedeckt, die gesamte Crew kriegt Regensachen, und dann kommen die Special-Effects-Leute und machen mit ihren riesigen Regentürmen den Regen. Sie fragen dich, was du gerne hättest – einen leichten Nieselregen oder doch einen richtigen Platzregen. Und dann gibst du deine Wünsche durch und kriegst genau den Regen, den du willst. Das ist wunderbar.

T.T. Aber bei Totalen besteht nach wie vor das Problem, dass man Regen nur schwer sichtbar machen kann.

M.B. Ich benutze jeweils ein Gegenlicht im Hintergrund, das nicht besonders stark, aber ziemlich direkt ist. Dann zeichnet sich der Regen schön vor dem Hintergrund ab.

T.T. Bei Fassbinder blieb Ihnen gerade mal eine Stunde, um den Regen zu nutzen, der gerade ganz real vom Himmel fiel.

M.B. Und es hat sogar Spaß gemacht.

T.T. Von allen Filmen, die Sie mit Fassbinder gemacht haben, ist *Satansbraten* der extremste, ein exzessives Experiment. Als Kameramann wird neben Ihnen auch noch Jürgen Jürges genannt. Welche Szenen haben Sie gedreht?

M.B. Keine Ahnung, ich kann mich nur noch dunkel daran erinnern, dass ich erst ganz am Schluss für den Nachdreh zur Verfügung stand.

T.T. Es wird mir für immer schleierhaft bleiben, wie es Fassbinder gelungen ist, so viele Filme in so kurzer Zeit und in einer derartigen Hektik zu drehen, dass es selbst im Nachhinein schwierig ist, die Übersicht zu bewahren.

M.B. *Chinesisches Roulette* ist für unseren Arbeitsstil ein gutes Beispiel. Die Dreharbeiten zu *Satansbraten* waren gerade fertig, und Fassbinder hatte noch Fördergelder übrig. »Kommt, wir setzen uns jetzt zusammen und überlegen, was wir als Nächstes machen«, hat er gesagt. Und dann haben wir Vorschläge gemacht, mit welchen Schauspielerinnen und Schauspielern wir arbeiten wollten. Dabei kamen am Ende fünf, sechs Namen heraus. Nachher fragte Fassbinder: »Und wo wollen wir drehen? Viel Geld haben wir ja nicht.« Und mein Vorschlag war: »Wir haben ein Haus in Franken, das ist ganz schön, aber ich weiß nicht, ob es dir dort gefällt, da gibt's nicht viel drum herum.« Schließlich hat er sich das angeguckt, ist vierzehn Tage nach Paris gefahren und kam mit einem fertigen Drehbuch in der Tasche zurück.

T.T. Er hat das gesamte Drehbuch innerhalb von vierzehn Tagen geschrieben?

M.B. Für *Chinesisches Roulette* hat er zwei Wochen gebraucht, dann haben wir nochmals zwei Wochen vorbereitet, vier Wochen lang gedreht, zwei Wochen geschnitten, vier Tage gemischt, und der Film war fertig.

T.T. Unglaublich. Und das ist *Chinesisches Roulette*! Ich kann mir das ehrlich gesagt gar nicht vorstellen. Gerade dieser Film ist so enorm durchkonstruiert und sieht nach einem lange geplanten Projekt aus. Gedreht haben Sie das also in Ihrem eigenen Haus?

M.B. Auf dem Land, wo absolut nichts los ist. Dementsprechend wurden meine Bedenken, je näher die Dreharbeiten rückten, immer größer. »Ob der das wohl aushält, hier bei den Kühen und Pferden?«, habe ich mich immer wieder gefragt. Aber dann ist das schier Unglaubliche passiert, dass nämlich Fassbinder das Haus die ganze Zeit nicht verlassen hat. Wir haben Besuche von befreundeten Künstlern erhalten, haben um einen großen Tisch in der Küche gesessen, und wir haben natürlich chinesisches Roulette gespielt. Es gab zwar die üblichen Tragödien und Intrigen, aber insgesamt hatte ich den Eindruck, dass Fassbinder es richtig genossen hat. Plötzlich hatte er ein Familienleben.

T.T. In meinen Unterlagen steht, dass Ihre Frau Helga für die Ausstattung zuständig war.

M.B. Ursprünglich war dafür Kurt Raab vorgesehen. Eines Tages kam der auch tatsächlich mit einem ganzen Lastwagen voller Möbel an und stellte sie auf. Fassbinder meinte aber zu Kurt: »Schau mal, so geht das nicht. Das passt nicht zu diesem Film.« Daraufhin war Kurt beleidigt und verweigerte sich vollständig, worauf Fassbinder kurz entschlossen entschied: »Helga, du machst jetzt die Ausstattung.« Helga wehrte zunächst ab: »Moment! Ich hab das doch noch gar nie gemacht.« Aber Fassbinder blieb stur: »Das ist egal. Du kannst das und du machst das.« Und Helga hat genau das hingekriegt, was wir uns erhofft hatten. Abends

Kurt Raab und Margit Carstensen in Adolf und Marlene.

65

stand sie in Frankfurt auf der Bühne, und tagsüber fuhr sie bis nach München, um das Haus stilgerecht einzurichten.

T.T. Hat sich Kurt Raab wieder von seinem Frust erholt?

M.B. Er musste, denn er hat ja parallel dazu mit Ulli Lommel und mir *Adolf und Marlene* gedreht. Fünf Tage in der Woche haben wir für Fassbinder gearbeitet – am Wochenende war jeweils *Adolf und Marlene* dran. Das wurde im benachbarten Schloss Massbach gedreht, dem neuen Sitz des Fränkischen Theaters, des Theaters meiner Eltern seit 1960.

T.T. Ich fass es nicht – zwei Filme mit derselben Crew parallel zueinander zu drehen. Wie geht denn so etwas?

M.B. Wir haben dasselbe Equipment benutzt, und die Schauspieler waren auch mehr oder weniger dieselben. Die Abmachung hieß: Okay, am Wochenende darf Ulli seinen Film drehen. Also hatten wir eine Sieben-Tage-Woche.

T.T. Und wie lange haben Sie das so durchgezogen?

M.B. Fünf oder sechs Wochen – und es war eine gute Zeit. Nur passierte zum Schluss wieder etwas, das für Fassbinder typisch war. Da hatte er Helga zunächst als Ausstatterin für sich entdeckt, aber dann war er plötzlich auf den Typen scharf, der diese unglaublichen Glaskästen nach ihren Angaben für den Set gebaut hatte. Deshalb hat am Ende dieser den Credit gekriegt, und Helga wurde nicht einmal erwähnt.

T.T. *Chinesisches Roulette* wirkt manchmal wie ein technisches Experiment.

M.B. Es war im Grunde ein Film für die Kamera. Wir wollten beispielsweise unbedingt eine 360-Grad-Fahrt drehen, obwohl die Schienen nur knapp in den Raum hineinpassten. Beim Fahren musste ich mich immer verbiegen, weil ich sonst an der Wand entlanggeschrammt wäre.

T.T. Und trotzdem ist daraus eine Ihrer komplexesten Kreisfahrten geworden.

M.B. Wir haben alles für die Kamera choreographiert. Zuerst wurden die Schienen verlegt, dann die Möbel hineingestellt, und erst als Letztes wurden die Schauspieler geführt. Im Grunde lief alles wie rückwärts. Das ist gleichzeitig auch die Hauptschwäche dieses Films. Er ist kunstvoll – aber die Geschichte ist schwach.

T.T. Für Ihre Zusammenarbeit mit Fassbinder ist er aus technischer Sicht dennoch ein markanter Film.

M.B. Zugegeben. Wir hatten damals einen Punkt erreicht, an dem unsere Zusammenarbeit hervorragend funktionierte, wo ich auch sagen durfte: »Rainer, das gefällt mir so nicht« oder »Das würde ich anders machen«.

Ballett der falschen Höf- lichkeiten: die Kreisfahrt aus Chinesisches Roulette.

■■■■■■■■■■■■■■■■■■■■■■■■

4

Bolwieser ■ Frauen in New York ■ Despair ■ *Mit Fassbinder in New York* ■ *Ein Film wird geschlachtet* ■ Deutschland im Herbst ■ *Auf dem Alex* ■ Die Ehe der Maria Braun ■ *Jetzt mag ich nicht mehr* ■ *Gesichter fotografieren* ■ *Was jetzt?* ■ Oye Raimundo, adonde vas? ■ *Peter Lilienthal ist wieder da* ■ Der Aufstand ■ *Im Umbruch* ■ Der Zauberberg ■ *Wo steht die Sonne am Abend?* ■ Heller Wahn

T.T. Zunächst war *Bolwieser* als Zweiteiler fürs Fernsehen geplant. Es kam aber auch noch eine Kinofassung heraus. Welche gefällt Ihnen besser?

M.B. Auf jeden Fall die Fernsehfassung. Das war die sehr viel gelungenere Version. Ich empfand *Bolwieser* deshalb als ein so interessantes Projekt, weil wir in einem ganz eigenen Stil arbeiten wollten. Wir gaben alles daran, den ganzen Film möglichst künstlich aussehen zu lassen. Deshalb haben wir beispielsweise immer beleuchtet, ob drinnen oder draußen, selbst bei hellem Tageslicht. Wir haben uns zudem völlig verrückte Kamerabewegungen ausgedacht, von denen man zunächst annehmen musste, dass sie gar nicht zu realisieren seien, und an denen ich mir dann tatsächlich die Zähne ausgebissen habe.

Ich entsinne mich an eine Szene im Zug. Das ging so: Die Kamera war im Zug auf einer Schiene montiert und ragte zum Fenster raus. Im Bild war eine Person. Als der Zug losfuhr, habe ich den Bildausschnitt durch einen Ranzoom beibehalten, so dass man für einen Moment die Bewegung des Zuges gar nicht spürte. Dann bewegte sich die Kamera in den Zug hinein, und jetzt erst war die Bewegung des Zuges spürbar.

T.T. Diese angestrebte Künstlichkeit bei *Bolwieser* − hat sich die auch auf die Schauspielerführung ausgewirkt?

M.B. Selbstverständlich. Aber in dieser Hinsicht hat Fassbinder ohnehin nie etwas unversucht gelassen, um die Dinge gegen den Strich zu bürsten. Bei *Bolwieser* sollte beispiels-

weise ein Schauspieler einen Anwalt spielen. Dieser hatte sich seine Rolle so zurechtgelegt, wie man sich einen Verteidiger landläufig vorstellt. Aber dann ist Fassbinder zu ihm hingegangen: »Wissen Sie, dieser Mann hat schlecht geschlafen, er hat Ärger mit seiner Frau, er wollte diesen Termin gar nicht wahrnehmen, er ist unglaublich gelangweilt, und dieser Mann da, den er verteidigen soll, der ist ihm völlig wurscht.« Daraufhin hat der Schauspieler seine Rede in einem larmoyanten Singsang heruntergeleiert – und das war genau das, was Fassbinder wollte.

T.T. Ihre Zusammenarbeit mit Fassbinder befand sich in dieser Zeit in ihrer produktivsten und intensivsten Phase. Sie machten fast alles zusammen, so auch *Frauen in New York*, was zunächst eine erfolgreiche Theaterinszenierung in Hamburg war …

M.B. … und für das Fernsehen aufgezeichnet werden sollte. Aber Fassbinder wollte keine Aufzeichnung. »Das machen wir mit Film, auf der Bühne.« Und so haben wir die zwölf Szenen des Stücks in jeweils einer Einstellung ohne Schnitt gedreht. Wieder wurde das Stück speziell für den Dreh choreographiert und optisch aufgelöst, mit vielen Fahrten, aber, wie gesagt, ohne Schnitt. Das war für uns beide wieder wie *Chinesisches Roulette* eine Stilübung.

T.T. Und Sie sind im Bühnenbild herumgefahren?

M.B. Wir haben im Bühnenbild gedreht, aber die Schauspielerinnen vollkommen neu für die Kamera choreographiert. Sie war nun gewissermaßen der Zuschauer, für den dieses Stück inszeniert wurde. In sieben Tagen haben wir den Film abgedreht.

T.T. Das Ganze erinnert ein wenig an *Rope* von Hitchcock. In dieser Konzeption, den ganzen Film in wenige lange Plansequenzen zu zerlegen, spiegelt sich aber irgendwie eine Verweigerung gegenüber der Abhängigkeit vom Prozess des Schnitts und der Montage, die zwar der Kamera und ihren Möglichkeiten Gewicht verleiht, sie aber auch sabotieren kann.

M.B. Bei Fassbinder haben wir immer ganz extrem auf Schnitt gedreht. Das heißt, wir haben – auch aus wirtschaftlichen Gründen – nur das gedreht, was wir wirklich brauchten. Die fertigen Filme sahen dann meistens ziemlich genau so aus, wie ich mir das vorgestellt hatte. Bei Scorsese dagegen passiert im Schnitt nochmals unheimlich viel, entsteht der Film eigentlich völlig neu. Bei der ersten Vorführung von *GoodFellas* war ich platt, als ich sah, was er aus unserem Material gemacht hatte. Bei Scorsese werden die Filme durch das Schneiden einfach immer noch besser, er ist ein Schnitt-Genie. Mit durchschnittlichen Cuttern habe ich dagegen auch schon weniger gute Erfahrungen gemacht. Der Cutter von *The Fabulous Baker Boys* beispielsweise hat mir sehr oft in die Bewegung hineingeschnitten, was besonders schade war, weil ich gerade bei diesem Film sehr stark auf Schnitt gedreht habe. Geradezu unverzeihlich ist, dass er sogar die bekannte Kreisfahrt um Michelle Pfeiffer auf dem Flügel nicht bis zum Ende benutzt hat.

T.T. Welchen Einfluss haben Sie auf den Schneideprozess?

M.B. Gar keinen. Nach den Dreharbeiten ist meine Arbeit vorerst getan. Ich komme erst wieder zum Zug, wenn es um die Farblichtbestimmung geht.

Michael Ballhaus und Bernhard Wicki.

71

T.T. *Despair* war der erste Film von Fassbinder, der ganz gezielt für den internationalen Markt bestimmt war. Und es war der bis dahin mit Abstand teuerste seiner Filme, mit Frankreich koproduziert, in englischer Sprache gedreht und mit einem internationalen Star in der Hauptrolle.

M.B. Das war gleichzeitig auch meine erste richtig große Produktion. Sechs Millionen Mark waren damals ein enormes Budget. Und von der Besetzung war nicht nur Dirk Bogarde erstklassig, mit Andrea Ferréol, Bernhard Wicki und Klaus Löwitsch stand uns eine ganze Reihe von exzellenten Schauspielern zur Verfügung. Zudem stammte das Drehbuch von Tom Stoppard. Fast schon paradiesisch war darüber hinaus, dass wir 41 Drehtage zugestanden erhielten, das Doppelte von dem, womit wir normalerweise rechnen konnten. Und nicht zuletzt konnten wir in der Bavaria ein großes Studio mit einer wundervollen Dekoration des Filmarchitekten Rolf Zehetbauer nutzen.

T.T. War das alles möglich, weil sich allmählich die internationale Anerkennung Fassbinders bemerkbar machte?

M.B. Sicher. Kurz vor den Dreharbeiten zu *Despair* fand in New York eine große Fassbinder-Retrospektive statt. Fassbinder lud mich ein, ihn dorthin zu begleiten – es war mein erster Besuch in den USA. Wir sind in New York manchmal von Kino zu Kino gefahren, um die Reaktion des Publikums mitzuerleben. Wir haben gestaunt, wie aktiv die Leute mitgegangen sind, wie schnell sie reagiert haben. Geradezu sensationell war zudem ein Artikel des damaligen Starkritikers der *New York Times*, Vincent Canby. Er widmete Fassbinder eine ganze Seite unter dem hymnischen Titel »The Most Original Talent Since Godard«. Dieses Festival und die begeisterten Rezensionen hatten für meine spätere Karriere in den USA eine nicht zu unterschätzende Wirkung, weil die Filmemacher in Amerika dadurch meine Arbeit kennen lernten.

T.T. Beschreiben Sie Ihr Verhältnis zu Fassbinder in dieser Zeit.

M.B. Damals gab es einen äußerst fruchtbaren Dialog zwischen uns, weshalb Fassbinder nicht mehr einfach diktatorisch bestimmt hat: »Jetzt kommt die Kamera hierhin.« Wir haben gemeinsam Lösungen ausgeknobelt, ich habe Vorschläge gemacht, dann hat er kurz nachgedacht und meist noch einen draufgesetzt. Wir befanden uns in einem freundschaftlichen und produktiven Wettstreit, in dessen Verlauf wir uns gegenseitig zu Höchstleistungen getrieben haben.

T.T. Hat sich das Klima beim Drehen durch das viele Geld, das nun plötzlich im Spiel war, verändert?

M.B. Die erste Auswirkung bestand darin, dass wir zum ersten Mal richtig gut bezahlt

wurden. Bis dahin gab es bei Fassbinder nie richtig Geld zu verdienen. Vor allem aber wurden die Arbeitsbedingungen insgesamt professioneller. Vorher musste ich jeweils mit einem sehr kleinen Team auskommen, jetzt standen mir plötzlich erfahrene Profis der Bavaria zur Verfügung. Dadurch kam vieles schneller voran, aber auch ruhiger und konzentrierter. Selbst der übliche Kleinkrieg am Set war plötzlich verschwunden. Toll war zudem, dass die Muster jeden Abend ins Kopierwerk gingen und wir sie uns schon am nächsten Morgen ansehen konnten. Leider gab es zum Schluss dann doch noch Schwierigkeiten: Fassbinders Fassung dauerte zweieinhalb Stunden, und die Produzenten verlangten von ihm, diese auf zwei Stunden herunterzuschneiden, weil der Film sonst im Verleih keine Chance habe. Daraufhin hat sich Fassbinder hingesetzt und den Film in einer 36-stündigen Marathonsitzung auf zwei Stunden neu geschnitten – nein, eigentlich amputiert. Als ich diese neue Fassung sah, hätte ich weinen können – die Seele des Films war weg! *Despair* hatte nicht mehr diese Ruhe, die für diese Geschichte so wichtig gewesen wäre. Ich ärgere mich heute noch, wenn ich daran denke, was dieser Film hätte sein können. Es ist an der Zeit, die Originalfassung wiederherzustellen, die Fassbinder ursprünglich geschnitten hatte.

T.T. Der Director's Cut eines Fassbinder-Films – das müsste doch inzwischen finanzierbar sein! Zumal der Film ein bisschen in Vergessenheit geraten ist.

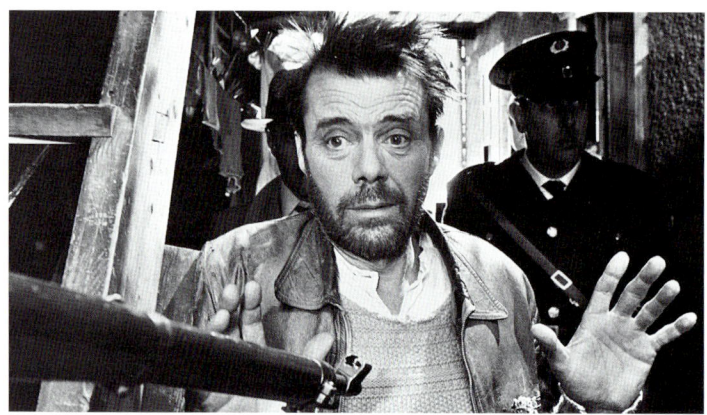

M.B. Ich werde den ersten Drehtag nie vergessen, als Bogarde Fassbinder die erste Szene vorgespielt hat. Nur ich und der Regieassistent waren dabei. Als Bogarde fertig war, hat ihm Fassbinder ganz ruhig und nett erklärt, dass er sich die Szene anders vorgestellt habe. Bogarde hat ihm keine Sekunde widersprochen. Er hat nur gesagt: »Das ist zwar nicht so, wie ich es mir gedacht habe, aber ich versuch's.« Und dann hat er sie neu gespielt, und zwar präzise so, wie Fassbinder es haben wollte. Dahinter steckte sicher auch ein kleines Machtspiel, bei dem Fassbinder sein Revier abstecken wollte: Bogarde sollte klar gemacht werden, dass er der Star, aber Fassbinder trotzdem der Chef war.

Eine weitere interessante Erfahrung, die ich mit Bogarde gemacht habe, hat sich später mit vielen anderen Schauspielern wiederholt. Bogarde hat zu Fassbinder stets gesagt: »Ihr könnt so viel proben, wie ihr wollt, aber macht bitte nicht so viele Takes, denn für mich ist jeder Take so, als ob man einen Lastwagen den Berg raufschiebt.« Wir haben uns sehr bemüht, diesem Wunsch zu entsprechen, aber es war nicht einfach, weil Bogarde immer dann, wenn's ums Drehen ging, mit einer ganz anderen Energie losgelegt hat, und dadurch stimmte für mich oft das Timing nicht mehr.

T.T. War es für die Fassbinder-Familie kein Problem, dass mit dieser internationalen Produktion der eingespielte Kreis gesprengt wurde?

M.B. Natürlich konnten einige allein schon deshalb nicht mehr mitmachen, weil wir auf Englisch drehten. Fassbinder selbst träumte aber schon davon, aus Deutschland rauszukommen. Seit längerer Zeit hatte er einen Agenten in den USA, und wir haben immer wieder darüber gesprochen, einen Film in Amerika zu drehen. Dazu ist es dann nie gekommen. Ich weiß allerdings nicht, ob Fassbinder mit der amerikanischen Mentalität klargekommen wäre. Regisseure in Amerika lassen ihren Schauspielern viel mehr Raum und sind nicht dermaßen dominant, wie das Fassbinder war und sein wollte. Selbstverständlich versuchen Regisseure wie Scorsese, ihre Schauspieler zu führen, aber sie tun es meist auf eine sehr subtile Art und Weise. Bei *After Hours* beispielsweise hat Scorsese einmal zu Rosanna Arquette gesagt: »Okay, das war wunderbar. Wir haben den Take perfekt. Aber nur so aus Spaß, wenn wir schon dabei sind: Lass uns einfach noch mal etwas ganz anderes probieren.« Und das war dann oft der Take, den er benutzt hat.

T.T. *Deutschland im Herbst* war ein Episodenfilm, der spontan aus der angespannten politischen Situation im Herbst 1977 entstanden ist. Wie wurde die Episode von Fassbinder entwickelt?

M.B. Ich erhielt einen Anruf von Fassbinder, er müsse einen Beitrag zu diesem Film leisten, und das könnten wir doch gleich in München in seiner Wohnung drehen. Unser Beitrag war im Grunde eine Dokumentation, sehr privat und sehr ehrlich – ich finde ihn heute noch gelungen.

T.T. Es ist die stärkste Episode des Films, vor allem der Streit zwischen Fassbinder und seiner Mutter. Wie viel davon war improvisiert?

M.B. Erstaunlich wenig. Fassbinder wusste auch bei diesem Film genau, was er wollte. Allerdings waren wir ein ganz kleines Team, und es ging sehr familiär zu, so dass vieles improvisierter aussieht, als es effektiv war.

T.T. Hat sich Fassbinder, wenn er selbst spielte, ebenfalls Positionsmarken gesetzt?

M.B. Er hat mit mir genau durchgesprochen, wann er wo sein und was machen würde. Und dann hat er sich diszipliniert an ein solches Konzept gehalten. Ich konnte ihn, wenn nötig, ein wenig führen. Aber Marken gesetzt hat er sich selbst nicht. Bei seinen Schauspielern dagegen war er in dieser Beziehung unerbittlich.

T.T. *Deutschland im Herbst* ist Kino, das in direkter Beziehung zur gesellschaftlichen Realität steht. Vermissen Sie es heute, solche Filme zu machen?

M.B. Ja, ich vermisse das sehr! Ich habe zwar meine Zweifel, ob das Kino wirklich erzieherisch wirken kann, aber es kann sicher Stimmungen und Gegenstimmungen schaffen und manchmal sogar aufklären – alles Dinge, die heute im Kino leider viel zu selten eine Rolle spielen.

T.T. *Die Ehe der Maria Braun* war Ihr letzter Film mit Fassbinder und gleichzeitig der erfolgreichste.

M.B. Obwohl Fassbinder ihn zunächst gar nicht machen wollte. Er arbeitete damals bereits an *Berlin Alexanderplatz* und diktierte das Drehbuch auf Tonband. Ein gigantisches Projekt, der fertige Film sollte 16 Stunden dauern. 13 Drehbücher in drei Monaten zu schreiben – es ist kaum vorstellbar, was damals in seinem Kopf vorging. Ich habe die Drehbücher gelesen und finde sie, ehrlich gesagt, noch besser als die fertigen Filme. Dieser Kraftakt bedeutete allerdings auch, dass in Fassbinders Kopf eigentlich kein Platz war für *Maria Braun*.

Das äußerte sich unter anderem darin, dass er fand, wir hätten nun lange genug zusammengearbeitet und könnten die Vorbereitungen auch ohne ihn durchziehen. Also haben Helga, die Produktion und ich vier Wochen Motive gesucht, die zur Geschichte passten. Fassbinder schaute sich nur einmal am Anfang einige Motive an, die ihm gefielen, und tauchte dann nie mehr auf. Schließlich waren es noch drei Tage bis Drehbeginn – immer noch kein Fassbinder in Sicht. Daraufhin hat ihn der Produzent Michael Fengler angerufen und gesagt: »Rainer, wenn du den Film nicht drehst, mach ich ihn selber.« Am nächsten Tag stand Fassbinder morgens um fünf vor dem Hotel in dem noch schlafenden Coburg und rief laut, man solle ihn gefälligst reinlassen.

Dennoch hatte er im Grunde kein Ahnung von *Maria Braun*. Mir gegenüber klagte er: »Ich habe jede Szene von *Berlin Alexanderplatz* im Kopf, aber von diesem Film hier habe ich nicht den leisesten Schimmer.« Wir sind deshalb mit ihm einen Tag lang herumgefahren, damit er Motive anschauen und sich einleben konnte. Darunter war auch ein Gerichtssaal, den wir für die Verhandlung verwenden wollten. Nachdem er sich den Raum angeguckt hatte, meinte er: »Nee, das will ich nicht, das ist langweilig!« – »Was willst du stattdessen?« – »'ne Scheune!« Und so haben wir die Szene in einer Scheune gedreht, obwohl der Gerichtssaal absolut authentisch und auch filmtauglich gewesen wäre. Überraschungen wie diese haben wir während der Dreharbeiten zwar einige erlebt, hofften aber insgeheim immer, dass sich irgendwann alles wieder einrenken würde. Doch Fassbinder war auf einem anderen Planeten: auf dem »Alex« sozusagen. Wir haben Einstellungen abgesprochen, er ging in seinen Camper, ich habe die Szene ausgeleuchtet, und als er wieder zurückkam, wollte er alles ganz anders machen. Ich glaube, dass er damit letztlich Zeit schinden wollte. Und tatsächlich kam er dann allmählich nach etwa einer Woche wieder in der *Ehe der Maria Braun* an. Danach konnten wir mehr oder weniger wieder wie gewohnt arbeiten.

T.T. Wie war das mit dem Keil, den er zwischen Sie und Ihre Frau, die ja für die Ausstattung verantwortlich war, zu treiben versuchte?

M.B. Er hat uns schikaniert. Wir hatten uns zwar vorgenommen, während des Drehs das Berufliche vom Privaten zu trennen, um uns selbst etwas den Druck wegzunehmen, aber das erwies sich als äußerst schwierig. Die plötzlichen Stimmungswechsel, die wir allerdings bereits kannten, wurden für die Dreharbeiten immer belastender. Eines Tages befand Fassbinder: »Ich halte es in Coburg nicht mehr aus, wir drehen den Film in Berlin fertig, Berlin hat viel mehr Atmosphäre.« Und obwohl es ursprünglich zum Konzept dieser Geschichte gehört hatte, dass sie in einer Kleinstadt spielte, haben wir die letzte Woche den Film dann in Berlin fertig gedreht.

T.T. *Maria Braun* ist damit auch wieder ein Beispiel dafür, dass ein Film, dessen Entstehung mit vielen Problemen verbunden ist, am Ende doch überzeugend und geschlossen wirken kann. Obwohl ich gestehen muss, dass mir die früheren Fassbinder-Filme besser gefallen, im Gegensatz zu *Martha* etwa wirkt er etwas zahm, manchmal auch maniriert.

M.B. Mir ist er einer der liebsten, vielleicht gerade weil er auch das große Publikum erreichen konnte. Aber bei den Dreharbeiten gab es durchaus schon Momente, wo ich mich bei dem Gedanken ertappt habe: ›Jetzt mag ich nicht mehr.‹ Es war wie eine Beziehung, in der man alles durchgespielt hatte und die einfach nicht mehr funktioniert. Fassbinder wurde mir zu unberechenbar, ich konnte in seinen Schwankungen keine Logik entdecken. Bei diesem Film musste ich bezeichnenderweise zum ersten Mal etwas nachdrehen, weil Fassbinder für den Schnitt ein paar Inserts brauchte, um überhaupt die einzelnen Szenen verbinden zu können.

T.T. In diesem Film haben Sie auffallend oft mit Kerzenlicht gearbeitet. Worauf muss man da besonders achten?

M.B. *Maria Braun* war der erste Film, den ich auf Fuji-Material gedreht habe, einem empfindlicheren Material als das von Agfa, mit dem ich bis dahin gearbeitet hatte. Kodak kam damals für uns gar nicht in Frage, weil es schlicht zu teuer war. In der Szene, in der sich Hanna Schygulla und Elisabeth Trissenaar für den Ball zurechtmachen, haben wir fast ohne künstliches Licht, nur mit Kerzen gedreht. Da war höchstens etwas indirektes Licht dabei. Ohne dieses neue, lichtempfindlichere Filmmaterial hätte das sicher nicht funktioniert.

T.T. Eine Nebensache, die mich immer schon gestört hat: Ich habe nie begriffen, wieso ein GI daran sterben soll, dass ihm eine Flasche über den Kopf geschlagen wird.

M.B. Das haben wir genauso wenig verstanden. Es war eine schwache Szene, zumal jeder gesehen hat, dass es eine der üblichen Zuckerflaschen war, die völlig unnatürlich auseinander spritzte. Es war ein Schwachpunkt im Drehbuch und schwach umgesetzt – mehr gibt's dazu nicht zu sagen.

Insgesamt halte ich *Maria Braun* dennoch für einen der wenigen Fassbinder-Filme, der heute noch genauso gut wie damals funktioniert. Als ich ihn neulich wieder gesehen habe, war ich beispielsweise von der Tonmontage völlig fasziniert. Von Anfang an hört man im Hintergrund immer irgendwelche Geräusche, die allmählich von Kriegslärm in Baulärm übergehen – ein Land im Aufbau. Auch die vielen Radiosendungen, die im Hintergrund laufen, sind unglaublich raffiniert eingesetzt, weil sie dem Film einen ganz klaren zeit-geschichtlichen Rahmen geben.

T.T. Und Hanna Schygulla hinterlässt wirklich einen bleibenden Eindruck.

M.B. Fassbinder hat mir immer wieder eingebläut: »Du musst dir mit Hanna besonders Mühe geben.« Und ich habe stets geantwortet: »Ich weiß.« Hanna war sein Star. Ich habe immer alles getan, um sie so schön wie möglich aussehen zu lassen.

T.T. Was meinen Sie damit, wenn Sie sagen: »sie schön aussehen zu lassen«?

M.B. Ich schaue mir Gesichter immer lange und sehr genau an. Wenn ein Gesicht sehr

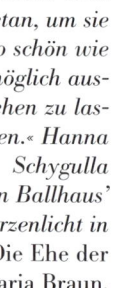

»Ich habe immer alles getan, um sie so schön wie möglich aussehen zu lassen.« Hanna Schygulla in Ballhaus' Kerzenlicht in *Die Ehe der Maria Braun.*

*Hanna Schy-
gulla und Rai-
ner Werner
Fassbinder
bei den Dreh-
arbeiten zu
Die Ehe der
Maria Braun.*

flächig ist, versuche ich es mit Licht zu modellieren, damit es Schattierungen und somit Konturen gewinnt. Ganz besonderen Wert lege ich darauf, die Augen eindrucksvoll zu fotografieren. Für mich sind gerade die Augen enorm wichtig, denn wenn ich sie nicht sehe, sehe ich die Seele der Schauspieler nicht. Heute benutze ich deswegen oft so genanntes Low-bounce-light, also von unten reflektiertes Licht.

T.T. Trotz der Erfahrungen mit *Maria Braun* war aber geplant, mit Fassbinder *Berlin Alexanderplatz* zu drehen?
M.B. Ich hatte mich darauf eingestellt und wollte es eigentlich auch gerne machen. Andererseits hatte ich ein ungutes Gefühl, weil ich befürchtete, es könne nun so chaotisch

weitergehen wie bei *Maria Braun*. Fassbinders Sprunghaftigkeit und die Stimmungswechsel wurden allmählich immer schlimmer.

T.T. Hatte das mit seinem Drogenkonsum zu tun?

M.B. Sicher auch. In den vergangenen Jahren ist derart viel über seine Suchtprobleme geschrieben und spekuliert worden, dass ich mich dazu gar nicht mehr äußern mag. Eines ist aber klar: Welches Chaos in ihm gewesen sein muss, wenn er zwei Tage vor Drehbeginn unvorbereitet an einen Set kommt.

Ich brauchte auf jeden Fall etwas Abstand von diesem Dauerstress und habe darauf *Die erste Polka* mit Klaus Emmerich gedreht. An den Film selbst kann ich mich kaum mehr erinnern. Ich weiß nur noch, dass in Prag, wo wir gedreht haben, eine ganz eigenartige melancholische Atmosphäre herrschte. Diese haben wir dann versucht, im Film spürbar zu machen. Und ich entsinne mich an eine Lektion in Realpolitik, die mir damals erteilt wurde: Wir waren natürlich »Linke und Sozialisten«, aber jedes Mal, wenn wir in Prag vom Sozialismus geschwärmt haben, hat man uns bloß groß angeschaut und den Kopf geschüttelt. »Nein«, hieß das dann, »so ist der Sozialismus nicht.«

T.T. Anschließend sind Sie nach Deutschland zurückgekehrt, um mit den Vorbereitungen für *Berlin Alexanderplatz* zu beginnen.

M.B. Die Situation war einigermaßen absurd: Fassbinder und ich standen nebeneinander, und er hat jeweils Harry Baer oder sonst jemandem den Auftrag gegeben: »Sag doch mal dem Kameramann …« Es war schlicht nicht möglich, mit ihm zu sprechen. Er hat nicht einmal mehr gezetert wie sonst. Gar nichts – er wollte mich einfach nur bestrafen. Da ich diese Spielchen bereits kannte, dachte ich zunächst: ›Das gibt sich wieder.‹ Aber es wurde und wurde nicht besser. Zwischen uns war etwas zerbrochen und zu Ende gegangen. Ich hatte nicht das Gefühl, dass hier ein Gespräch weiterhelfen würde. Zwar besaß ich einen gut dotierten Vertrag und hätte mit diesem Riesenprojekt für fast ein Jahr ausgesorgt gehabt, aber mir fehlte ganz einfach die Kraft, ein Jahr lang Zustände wie bei *Maria Braun* zu ertragen. Dafür war ich nicht bereit, ein Jahr meines Lebens zu opfern.

Schließlich habe ich mich darüber mit Helga beraten, und sie hat mich bestärkt: »Gut, mach's nicht!« Also habe ich den Produzenten Peter Märtesheimer angerufen und ihm gesagt, dass ich aussteigen wolle. Er wollte mich unter allen Umständen zurückhalten, aber die Zeit mit Fassbinder war für mich vorbei.

T.T. Das war für Ihre Karriere eine äußerst einschneidende Entscheidung.

M.B. Natürlich. Aber der Terror, den er auf Helga und mich manchmal ausgeübt hat, belastete doch oft unser Verhältnis. Das kann man zehn Wochen im Jahr aushalten, aber nicht ein ganzes Jahr lang. Meine Ehe und meine Familie waren mir bei aller Karriere aber immer das Wichtigste. Glücklicherweise hat Helga all diese schwierigen Entscheidungen mitgetragen und mir Mut gemacht. Sie war immer bereit, zu Neuem aufzubrechen – deshalb bin ich jetzt auch, was ich bin. Andernfalls wäre ich vielleicht beim Südwestfunk als Chefkameramann pensioniert worden.

✭

T.T. Entstand nach dem abrupten Ende der Zusammenarbeit mit Fassbinder nicht eine Leere? Ich meine, 15 Filme innerhalb von acht Jahren, das hinterlässt doch Spuren.

M.B. Zunächst war es sicher wie ein Vakuum. Aber bald sprach sich herum, dass ich nicht mehr mit ihm arbeitete, und dadurch erhielt ich zahlreiche Anfragen. Zunächst habe ich mit Douglas Sirk an der HFF in München einen Workshop geleitet. Dort wollte man den Studenten jeweils als einen Höhepunkt ihrer Ausbildung die Gelegenheit geben, mit Topleuten zusammenzuarbeiten. Aus dieser Intention heraus ist der Kurzfilm *Bourbon Street Blues* entstanden, mit Schauspielern wie Annemarie Düringer und Rainer Werner Fassbinder. Das Team bestand aus Studenten, ergänzt durch ein paar Filmemacher. Ich bin bei dieser Gelegenheit Fassbinder das erste Mal nach unserem Bruch wiederbegegnet.

T.T. Im meiner Filmografie steht an dieser Stelle ein mexikanischer Dokumentarfilm namens *Oye Raimundo, adónde vas?*.

M.B. Ich habe damals für das Goethe-Institut in Mexiko-City ein Seminar für Filmstudenten geleitet. Im Rahmen dieses Kurses haben Studenten diesen Film inszeniert, und ich habe die Kamera geführt. Abgesehen davon, dass damals das Goethe-Institut so etwas wie ein Reisebüro war und es uns ermöglicht hat, in der ganzen Welt herumzureisen, waren die Erfahrungen mit ganz anderen Filmländern und Produktionsbedingungen für mich ziemlich spannend und lehrreich.

Überraschend und besonders wohltuend war für mich in dieser Zeit der Kontakt mit Peter Lilienthal, der lange Zeit etwas abgebrochen war und jetzt plötzlich wieder ganz eng wurde.

T.T. Peter Lilienthal ist ein ganz anderer Typ von Filmemacher als Fassbinder. Seine Filme leben stark von der Haltung, sie entfalten sich immer auch ideologisch.

M.B. Gerade wegen ihrer Engagiertheit liebe ich Lilienthals Filme. Wenn es um die Umsetzung ging, haben wir allerdings viel und heftig diskutiert, auch weil ich immer das Gefühl hatte, dass er nicht so sehr in Bildern und im Rhythmus dachte. Manchmal habe ich

auch moniert: »Peter, hier musst du doch unbedingt ans Publikum denken.« Er hat darauf
nur geantwortet: »Ich mache meine Filme nicht fürs Publikum, ich mache sie für meine
Freunde.« Ich war und bin dagegen immer noch der Meinung, dass man bei einem so kost-
spieligen Produkt wie dem Kinofilm geradezu verpflichtet ist, ans Publikum zu denken.
Das waren jedoch Auseinandersetzungen um die Form − inhaltlich schätze ich seine Filme
sehr und finde es wichtig, dass solche Geschichten erzählt werden. Über das Filmemachen
hinaus verbindet uns inzwischen eine jahrzehntelange Freundschaft.

T.T. Peter Lilienthal liegt thematisch oft extrem nahe am Zeitgeschehen. *Der Aufstand* war
geradezu die quasidokumentarische Rekonstruktion der sandinistischen Revolution in Nicaragua, die eben erst stattgefunden hatte.

M.B. Ich bin von meiner Arbeit am Goethe-Institut in Mexiko direkt nach Nicaragua wei-
tergereist, das war gerade mal sechs Wochen nachdem der Aufstand vorbei war. *Der Aufstand* ist also zu einem Zeitpunkt entstanden, als das ganze Geschehen noch vollkommen
frisch und die Emotionen alle noch da waren. Wir haben dann filmisch nochmals aufge-
arbeitet, was während der Revolution passiert war. Und als Peter ein paar Jahre später er-
neut nach Nicaragua kam, sprachen die Leute über den Film, als sei er die Realität gewesen, die sie während des Aufstands erlebt hatten.

T.T. Wie haben Sie unter diesen besonderen Umständen gearbeitet?

M.B. Die Stimmung war, wie gesagt, sehr emotional, sehr direkt und oft ohne große Planung. Ich habe sicher zwei Drittel des Films aus der Hand gedreht. Teilweise bin ich mir vorgekommen wie ein Kameramann für die Wochenschau.

T.T. Dennoch gab es ein Drehbuch. Wie hat das funktioniert?

M.B. Natürlich gab es Szenen, die wir geplant hatten. Wir hatten auch ein Konzept im Kopf. Gleichzeitig geschahen oft unerwartete Situationen, auf die wir reagieren wollten und wo es dokumentarisch wurde. Zudem war es nicht einfach, die Emotionen für den Film wieder unter Kontrolle zu bringen. Bei einer Kampfszene wurde eine Waffe anstatt mit Platzpatronen mit scharfer Munition geladen. Die Leute sind beim Spielen wieder derart in Rage geraten, dass ein solches Versehen passieren konnte. Glücklicherweise ist dabei niemand zu Schaden gekommen.

T.T. Gab es denn niemand, der solche Dinge überwacht hat?

M.B. Doch, natürlich schon. Aber wir haben mit einer einheimischen Crew gearbeitet, die teilweise sehr wenig Erfahrung hatte und oft etwas hilflos war. Mein Oberbeleuchter beispielsweise war um die zwanzig Jahre alt. Eines Tages kam er weinend zu mir, weil er sich seiner Aufgabe nicht mehr gewachsen fühlte. Daraufhin haben wir es gemeinsam angepackt, und so wuchs er allmählich in seine Aufgabe hinein. Aus dieser Improvisation sind aber auch unglaublich tolle Dinge entstanden. Einmal mussten wir nachts drehen und hatten natürlich viel zu wenig künstliches Licht. Da haben wir die Straße ausgeleuchtet, indem wir Autoreifen angezündet und verbrannt haben. Wir haben es genauso gemacht wie sie damals beim Aufstand: Wir haben die Reifen genommen, sie mit Benzin übergossen, angezündet und damit die Stadt beleuchtet.

T.T. Trotz der Trennung von Fassbinder scheint es eine ziemlich produktive Zeit gewesen zu sein: Sieben Filme in zwei Jahren, mit einer fast schon bizarren Stilvielfalt. Zum Beispiel *Looping* von Walter Bockmayer.

M.B. Bockmayer kannte ich bereits von meiner Fassbinder-Zeit her – ein witziger Typ voller Ideen, mit dem ich mich gut verstand. Ein Filmemacher war er eigentlich nicht, aber ich war bereit, so etwas Verrücktes wie *Looping* zu drehen. Ich fand das Drehbuch originell, und die Besetzung war absonderlich exquisit: Hans Christian Blech, Shelley Winters, Ingrid Caven, Sydne Rome und Barbara Valentin. Die Arbeit hat Spaß gemacht.
Auch *Malou* von Jeanine Meerapfel war eine besondere Arbeit. Ich habe ihre Geschichte sehr geschätzt.

T.T. Aber eigentlich befanden Sie sich in einer Überbrückungsphase?

M.B. Ich hatte eben ein paar Jahre lang fast ausschließlich mit einem einzigen Regisseur gearbeitet, und plötzlich kam es innerhalb kürzester Zeit zur Zusammenarbeit mit einer ganzen Reihe von Regisseuren, mit denen ich nie zuvor zu tun hatte. Es war eine unruhige Phase in meiner Karriere, und nachträglich ist mir klar, dass ich mich damals in einer Umbruchphase befand.

T.T. Der bedeutendste unter den so genannten Überbrückungsfilmen ist sicher *Der Zauberberg*, ein Film, der auch heute noch außergewöhnliche Qualitäten hat, selbst wenn er nicht zu einem eigentlichen Klassiker geworden ist.

M.B. Hans W. Geissendörfer war genau wie Fassbinder ein Regisseur mit einer starken Vision und großem Durchsetzungsvermögen. Ich befand mich damals in München mit Peer Raben mitten in den Dreharbeiten zu *Heute spielen wir den Boß*, als ich einen Anruf von

Geissendörfer erhielt und er mich bat, mit ihm zu arbeiten. Die Situation war einigermaßen verworren, weil er bereits begonnen hatte, mit Robby Müller zu drehen. Aus irgendeinem Grund war aber der Produzent mit dessen Arbeit nicht zufrieden und entließ Müller. Danach haben sie einen englischen Kameramann engagiert, mit dem Geissendörfer jedoch nicht zurechtkam. Deshalb hat er mich angerufen. Ich konnte allerdings nicht ohne weiteres zusagen, weil ich bereits einen Vertrag mit der Produzentin Regina Ziegler für einen Film hatte. Weil ich aber unbedingt mit Geissendörfer drehen wollte, bat ich Regina, mich aus dem Vertrag zu entlassen, was sie dann auch getan hat, allerdings nur unter der Bedingung, dass ich ihr danach für einen Film zur Verfügung stand. – Dieses Versprechen ist heute noch offen.

T.T. Die Vorbereitungszeit für *Zauberberg* war also minimal, beziehungsweise Sie sind ins kalte Wasser einer extrem ambitionierten Produktion gesprungen.

M.B. Ich hatte vielleicht vier Tage, um mich vorzubereiten. Es lief dann aber wider Erwarten sehr gut, weil Geissendörfer ein optimal vorbereiteter Regisseur ist, der über eine genaue Shot-List und ein Storyboard verfügte und sogar schon das Blocking einstudiert hatte. Das erleichterte mir den Einstieg sehr. Zudem waren für den gesamten Film um die 120 Drehtage angesetzt worden. Als ich ungefähr in der dritten Woche einstieg, befanden sich die Dreharbeiten also immer noch am Anfang.

T.T. 120 Drehtage?

M.B. Der *Zauberberg* war, wie gesagt, ein ehrgeiziges Projekt und kostspielig dazu. Wir sind viel herumgereist, haben in Italien, Jugoslawien, der Schweiz, an der Nordsee und in Berlin gedreht, in den alten UFA-Studios in Tempelhof.

T.T. Die Besetzungsliste ist ebenfalls multinational: Deutsche, Franzosen, Italiener und Amerikaner. Haben die Schauspielerinnen und Schauspieler ihren Text alle in der jeweiligen Muttersprache gesprochen?

M.B. Ja, der Film wurde hinterher synchronisiert. Es gab tatsächlich Szenen, in denen die einen Französisch gesprochen haben und die anderen Deutsch. Manchmal wurde es fast absurd, beispielsweise wenn Rod Steiger auf Englisch etwas zu Marie-France Pisier gesagt hat, diese auf Französisch antwortete und Hans Christian Blech auf Deutsch etwas hinzufügte.

T.T. So gesehen war *Zauberberg* ein klassischer Euro-Pudding. Dennoch kam am Ende nicht dieser stilistisch gesichtslose Einheitsbrei heraus, den man heutzutage bei ähnlich konstruierten Produktionen immer wieder ertragen muss.

M.B. Dafür war in erster Linie Geissendörfer verantwortlich, denn er wusste genau, was er

Der Zauber-
berg: *Rolf
Zacher, Regis-
seur Hans W.
Geissendörfer
hinter Irm Her-
mann, rechts
daneben Chris-
toph Eichhorn,
Rod Steiger
und Marie-
France Pisier.*

wollte. Er war ein harter Arbeiter und außerordentlich gut vorbereitet. Da ich von Fassbinder her ebenfalls gewohnt war, zielgerichtet und effizient zu arbeiten, wurden wir teilweise
sogar schneller fertig als erwartet. Ich glaube, wir hätten die Dreharbeiten drei Wochen
früher beenden können, wenn nicht die Planung auf die vorgesehene Dauer eingestellt gewesen und die Schauspieler dementsprechend terminiert worden wären. Wir haben die
Zeit dann genutzt, um noch mehr am visuellen Stil zu feilen.

T.T. Der Anfang des Films ist sehr eindrucksvoll: Christoph Eichhorn geht den Strand ent-
lang, es ist leicht neblig, und der rote Sonnenball erzeugt ein fantastisches Licht. Haben Sie
das morgens oder abends gedreht?

M.B. Abends.

T.T. Ich hatte immer das Gefühl einer Morgenstimmung.

M.B. Es muss Abend gewesen sein, weil die Sonne im Westen untergeht und wir an der
Westküste von Italien drehten.

T.T. Kameramänner wissen immer ganz genau, in welche geographische Richtung sie
blicken. Ich habe davon meistens keine Ahnung, kann mir nicht merken, wo Norden oder
Süden ist und beneide Frank Griebe immer darum, wie schnell er sich an Motiven in Bezug auf die Lichtrichtung zu orientieren weiß.

M.B. Mich konsequent an den Himmelsrichtungen zu orientieren, das habe ich erst in den USA richtig gelernt. Dort verabreden sich die Leute beispielsweise an der North-West-Corner einer Straße. Und wo die ist, muss man ja erst einmal wissen. Am Drehort ist deshalb das Erste, was ich nach meiner Ankunft tue: Kompass raus und Himmelsrichtungen bestimmen, damit ich weiß, wann das Licht wohin fällt. Mein Assistent hat ein Gerät, mit dem sich das genau bestimmen lässt. Ich kann ihn also fragen: »Wann steht die Sonne an diesem Punkt?« Und er antwortet: »Um 4 Uhr 23 ist die Sonne genau da über dem Dach.«

T.T. Haben Sie den *Zauberberg* von Thomas Mann je gelesen?

M.B. Ich habe Teile des Romans während der Dreharbeiten gelesen, weil ich ein Gespür für die Geschichte bekommen wollte. Es war nicht so, dass mich die Beschreibungen Thomas Manns visuell wesentlich inspiriert hätten. Hingegen vermittelt er eine Atmosphäre, die ich dann in Licht umsetzen konnte.

T.T. *Heller Wahn* hallt immer noch wie ein negativer Paukenschlag zum Ende des so genannten Neuen Deutschen Films nach, obwohl er, nüchtern betrachtet, einfach nur einer der schwächeren Filme Margarethe von Trottas ist.

M.B. Er hat sicher nicht ganz die Erwartungen erfüllt, die man damals in Margarethe setzte. Bis dahin hatte sie Filme gemacht, die ganz nah am gesellschaftlichen Geschehen waren, eindeutig politisch engagierte Filme. Jetzt kam plötzlich dieser ganz persönliche, autobiografisch gefärbte Film, und das war man von ihr nicht gewohnt. Ich finde es dennoch ungerecht, dass der Film damals von der Kritik so gnadenlos zerrissen wurde.

T.T. Er gilt ein bisschen als Wendepunkt in der Geschichte der Berlinale, wo er geradezu geschlachtet wurde. Von da an gehörte es für viele Jahre fast schon zum guten Ton, deutsche Filme an der Berlinale auszubuhen.

Hanna Schygul-la und Angela Winkler (rechts) in Heller Wahn.

Pause während der Dreh-arbeiten zu Heller Wahn.

M.B. Ich konnte bei der Premiere in Berlin nicht dabei sein, aber ich habe den Aufruhr natürlich mitgekriegt. Vielleicht war die Zeit damals für eine solche Emanzipationsgeschichte noch nicht reif – ich weiß es nicht.

An die Dreharbeiten kann ich mich übrigens kaum mehr erinnern. Eigentlich ist mir nur ein Schreckmoment in Kairo haften geblieben, wo wir ebenfalls gedreht haben: Hanna Schygulla und ich sind morgens um fünf Uhr auf eine Pyramide gestiegen, um von dort den Sonnenaufgang zu erleben, als Hanna plötzlich ausrutschte und zwei Stockwerke der Pyramide hinunterschlidderte. Dann blieb sie liegen und rührte sich nicht mehr. Ich war so erschrocken, dass ich dachte: ›Mein Gott, jetzt ist sie tot!‹ Es war fast wie in einem Film, wo man nur zusehen, aber nicht eingreifen kann. Passiert ist ihr glücklicherweise nichts – als wäre es tatsächlich nur Spiel gewesen.

5

Dear Mr. Wonderful ■ *Mit einem Bein in Amerika* ■ Baby It's You ■ *Blockierter Arm* ■ *Eine neue Arbeitswelt* ■ Das Autogramm ■ *Mit diesem Mann muss ich drehen* ■ *Ein Traum platzt* ■ Ediths Tagebuch ■ Reckless ■ *Gewöhnt man sich ans Klotzen?* ■ *Wenn wir schon beim Thema »Nacktszenen« sind* ■ *Der Traum geht weiter* ■ After Hours ■ *Vierzig Nächte* ■ Death of a Salesman ■ Under the Cherry Moon

T.T. Peter Lilienthal hatte in Ihrem Leben schon ein Mal eine entscheidende Wende bewirkt, als er Sie mit nach Berlin nahm. Ihre Karriere in den USA hat er im Grunde auch mit initiiert. Wie kam *Dear Mr. Wonderful* zu Stande, der erste Film, den Sie in den USA gedreht haben?

M.B. Der eigentliche Clou war die Besetzung der Hauptrolle durch Joe Pesci. Er war zwar damals kein Superstar, hatte aber immerhin schon eine von der Kritik sehr beachtete Rolle in *Raging Bull* gespielt. Pesci war zu unserer Überraschung am Drehbuch interessiert, was für eine deutsche Fernsehproduktion schon sensationell war. Schließlich hat Pesci noch eine Reihe von Schauspielern mitgebracht, die später wieder in Scorseses Filmen aufgetaucht sind. Wir hatten sozusagen die zweite Reihe der Scorsese-Riege in unserem Film.

T.T. So haben dann zwei Deutsche in New York eine amerikanische Geschichte mit einer amerikanischen Crew gedreht. Für eine deutsche Fernsehproduktion damals eine ungewöhnliche Konstellation.

M.B. Für uns war es in jeder Beziehung ein Abenteuer. Wir haben mit ganz einfachen Mitteln gearbeitet: Ich hatte meine erste eigene Kamera, eine 16-mm-Aton, die Crew gehörte natürlich nicht der Gewerkschaft an, und genauso wenig hatten wir eine Arbeitserlaubnis in den USA, was aber insofern nicht notwendig war, als wir für einen deutschen Produzenten arbeiteten, nämlich Jochen von Vietinghoff. Wir waren ein enthusiastisches

Joe Pesci und
Paul Herman
in Dear
Mr. Wonderful.

Team, in dem neben dem Produzenten, Peter, seine Assistentin Ulla Ziemann und ich die einzigen Deutschen waren.

T.T. Bei Joe Pesci hat man – nicht nur in diesem Film – das Gefühl, dass er sehr viel Persönliches einbringt, private Momente preisgibt und darin zu ungeheurer Radikalität bereit ist.

M.B. Das war schon damals nicht anders. Er hatte Freunde in der Mafia, und so gerieten wir in diverse aberwitzige Situationen. Wir wurden beispielsweise zu einem Essen mit Joe Pescis Freunden eingeladen, zu dem lauter sündhaft teuer gekleidete Leute in dicken Cadillacs vorfuhren. Irgendwann dämmerte es Peter und mir, dass das allesamt Mafiosi waren. Pescis Beziehungen haben uns bei diesem Film schon geholfen.

T.T. Nach den Dreharbeiten zu *Dear Mr. Wonderful* in New York standen Sie mit einem Bein schon in den USA. Mit *Baby It's You* von John Sayles haben Sie dann das zweite Bein nachgezogen. Heute ist Sayles eine Ikone des amerikanischen Autorenkinos. Damals stand er noch am Anfang seiner Karriere, es war gerade mal sein dritter Film.

M.B. Den Kontakt zu Sayles hat der Production Designer von *Dear Mr. Wonderful*, Jeffrey Townsend, hergestellt, der für *Baby It's You* engagiert worden war. Sayles und seine Produzenten Amy Robinson und Griffin Dunne suchten noch einen Kameramann, sie haben sich einige meiner Arbeiten angesehen und mir das Drehbuch geschickt, bei dessen Lektüre ich mich sehr amüsiert habe. Dann erst habe ich Sayles getroffen, der zu Beginn sehr nett, aber auch distanziert war. Viel Geld gab es zwar bei Sayles noch nicht zu verdienen ...

T.T. ... aber es war Ihr erster amerikanischer Film.

M.B. Ja, mein erster amerikanischer Film, aber während der Vorbereitung in New York kamen mir doch Bedenken. ›Wenn das nur gut geht‹, habe ich gedacht. Auf einmal sollte ich mit einem amerikanischen Regisseur zusammenarbeiten, mit einem amerikanischen Team, zu dem außer mir kein einziger Deutscher gehörte. Und von einem Tag auf den anderen konnte ich meinen rechten Arm kaum bewegen. Ich hatte das Gefühl, es sei irgendetwas kaputt, und bin von einem Chiropraktiker zum nächsten gerannt, aber die Antwort war stets dieselbe: »Da ist nichts.« Zum Schluss bin ich im Krankenhaus gelandet, wo mir eine Spritze verpasst wurde − von da an ging es mir besser. Ich bin sicher, dass dieser Anfall psychosomatisch bedingt war. Ich hatte schlicht und einfach Angst vor dieser neuen Herausforderung. Aber zum Glück war meine Familie bei mir, natürlich Helga. Und beide Söhne konnten an dem Film begeistert mitarbeiten.

T.T. Haben sich die Dreharbeiten durch die Armgeschichte verschoben?

M.B. Nein. Und die eigentliche Pointe kommt erst noch: Schon nach wenigen Drehtagen hatte ich ein unbeschreibliches Gefühl, das Gefühl nämlich, bereits ewig mit Sayles zusammengearbeitet zu haben. Wir waren uns derart einig, dass er einen Satz anfangen und ich ihn vollenden konnte, oder umgekehrt. In diesem Moment habe ich begriffen, dass ich auch mit jemandem, der aus einer anderen Kultur stammt und eine andere Sprache spricht, künstlerisch völlig einig sein konnte. Damit öffnete sich für mich endgültig eine Tür: Ich wusste, dass ich auch in den USA Filme machen konnte.

T.T. Gab es überhaupt keine Anpassungsschwierigkeiten im Arbeitsstil, in der Art und Weise, die Dinge anzupacken?

M.B. Es gab schon Unterschiede. Dass ich mich beispielsweise in den Drehplan eingemischt habe, hat sie zunächst überrascht. Ich fragte ständig: Warum drehen wir diese Szene an diesem Tag? Das war etwas, in das sich meine amerikanischen Kollegen offensichtlich nicht so sehr einmischen, weil es offiziell nicht ihr Job ist. Ich dagegen war es von Deutschland her gewohnt, dass ich in die Planung einbezogen wurde − das war für mich ganz selbstverständlich.

T.T. Haben Sie sich in dieser Beziehung den Amerikanern angepasst?

M.B. Überhaupt nicht. Ich rede in der Planung nach wie vor mit. Inzwischen hat sich das natürlich herumgesprochen, und kein Regieassistent würde heute auf die Idee kommen, mich nicht in die Planung einzubeziehen. Vielleicht haben sie auch gemerkt, dass ich unter anderem deshalb so effizient arbeiten kann, weil ich schon bei der Drehvorbereitung mitdenke und -rede.

T.T. In seinen späteren Filmen wurde John Sayles mehr und mehr zu einem auch formal ambitionierten Regisseur, wenn ich beispielsweise an *City of Hope*, *Matewan* oder auch *Lone Star* denke. *Baby It's You* lässt das noch nicht vermuten.

M.B. Sayles kam vom Schreiben her und ist eigentlich zunächst nur deshalb Regisseur geworden, weil er keine Lust hatte, sich seine Drehbücher von anderen Regisseuren vermasseln zu lassen. Die Herausforderung bei *Baby It's You* bestand vor allem darin, dass wir so viel Musik verwendeten. Diese zu inszenieren hat unglaublichen Spaß bereitet. Später habe ich übrigens mit Sayles zusammen drei Musikvideos für Bruce Springsteen gedreht. Ich bedauere sehr, dass es seither nie mehr zu einer Zusammenarbeit mit ihm gekommen ist. An unserer gegenseitigen Wertschätzung hat es sicher nicht gelegen, aber entweder klappte es mit den Terminen nicht, oder Sayles konnte sich mich und mein Team nicht leisten, weil er nach wie vor mit sehr begrenzten Budgets auskommen muss.

T.T. Wie haben Sie die Schauspielerarbeit im Vergleich zu Deutschland erlebt?

M.B. Auffällig war vor allem, dass sie mit dem gelernten Text und einer klaren Vorstellung ihrer Rolle zum Drehort kamen. Es war also nicht so, dass ihnen der Regisseur zuerst erklärte, worum es ging und wie sie ihre Rolle zu gestalten hätten. Diese Vorarbeit wurde und wird in den USA einfach vorausgesetzt. Dennoch hat es gerade Sayles immer wieder geschafft, Verkrampfungen zu lösen und noch mehr aus den Schauspielern herauszuholen, als sie selbst zunächst für möglich hielten.

T.T. Die Zusammenarbeit mit Peter Lilienthal nimmt in Ihrem Werk auch deshalb einen besonderen Stellenwert ein, weil man immer wieder das Gefühl hat, sein karger Stil benötige Ihre eher musikalische Kamera im Grunde gar nicht. Gerade *Das Autogramm* ist ein optisch äußerst zurückhaltender Film. Trotzdem denke ich, dass seine Filme von Ihrem Einfluss profitiert haben.

M.B. Peter hat sich immer sehr auf das Geschichtenerzählen konzentriert, hat sich um die

Texte gekümmert und um die Arbeit mit den Schauspielern. Die visuelle Gestaltung überließ er über weite Strecken mir. Aber Sie haben Recht, die großen filmgestalterischen Würfe sind dabei nicht herausgekommen.

T.T. Sie haben in Portugal gedreht, obwohl die Geschichte in Lateinamerika spielt. Haben Sie versucht, dem Film spezielle Farben, einen südamerikanischen Touch zu verleihen? Mir jedenfalls ist das Pastellartige aufgefallen, das in Ihren anderen Filmen nicht oft vorkommt.

M.B. Ich kann mich nicht erinnern, dass wir mit den Farben anders umgegangen sind als sonst. Peter, der ja in Südamerika aufgewachsen ist, hat wahrscheinlich schon dafür gesorgt, dass der ganze Look des Films nach Südamerika aussah.

Ich muss allerdings gestehen, dass die Erinnerungen an *Das Autogramm* vollständig überlagert werden von einem einzigen Telefonanruf. Als wir in Portugal drehten, klingelte eines Tages in meinem Hotel das Telefon, und am anderen Ende war Martin Scorsese persönlich, der mich für seinen Film *The Last Temptation of Christ* engagieren wollte. Ich hatte ihn erst ein Mal von weitem gesehen, als er *Raging Bull* auf der Berlinale präsentierte. Selbstverständlich hatte ich damals bereits seine früheren Filme *Taxi Driver*, *Mean Streets* und *Boxcar Bertha* gesehen. Ich weiß noch genau, wie ich im Zoo-Palast saß und Helga zugeflüstert habe: »Mit diesem Mann muss ich eines Tages einen Film drehen.« Aber das war damals so absurd, als hätte ich gesagt: »Ich möchte eines Tages zum Mond fliegen.« – Und dann sitze ich in Portugal mit Scorsese *himself* am Apparat. Nach diesem Anruf konnte ich vor lauter Aufregung zwei Nächte lang nicht schlafen.

T.T. Ihr erstes persönliches Treffen mit Scorsese, wie war das? Ich halte solche ersten Begegnungen immer für entscheidend und für die spätere Zusammenarbeit oft sogar sehr aufschlussreich.

M.B. Wir haben uns in einem Hotel in Los Angeles getroffen, es war zufällig gerade an Scorseses Geburtstag. So kam ich also mit einem Blümchen in der Hand zu ihm ins Hotel. Er war von Anfang an sehr offen und freundlich, und er hat auf mich eingeredet wie ein Maschinengewehr – aber das ist überhaupt seine Art zu reden. Komischerweise hatte ich mit ihm von Anfang an keine Verständigungsschwierigkeiten, obwohl mein Englisch damals noch nicht so perfekt war. Wir haben natürlich über das Drehbuch gesprochen, und ich habe ihm meine Ideen erklärt, sofern man überhaupt noch Ideen hat, wenn man zum ersten Mal vor jemandem wie Scorsese sitzt. Was er davon im Detail hielt, weiß ich nicht mehr, offenbar aber genug, um mich zu engagieren. Ich weiß nur noch, dass ich fast anbetend vor ihm stand und dachte: ›Unglaublich, ich bespreche mit Scorsese seinen Film. Nur schon diese Stunde ist ein Privileg.‹

T.T. War zu diesem Zeitpunkt nicht bereits klar, dass Scorsese mit Ihnen zusammenarbeiten wollte?

M.B. Ihm vielleicht schon, aber für mich war es nicht eindeutig. Ich war einfach hin und weg, von ihm überhaupt eingeladen zu werden. Als ich schließlich einen Vertrag erhielt und nach Israel fliegen sollte, um die Motive anzuschauen, dämmerte es auch mir, dass ein Traum in Erfüllung gehen würde. Das Erstaunliche war dennoch, dass es ein Verständnis auf den ersten Blick war – wir waren von Anfang an auf derselben Wellenlänge.

T.T. *The Last Temptation of Christ* war zunächst als aufwendige Studio-Produktion geplant.

M.B. Ja, plötzlich ging es um Dimensionen, die ich bis dahin nicht kannte. Zunächst einmal die gigantischen Motive, die uns zur Verfügung standen, und dann die Ausrüstung! Vor allem der Chapman-Kran hat mich fasziniert. Davon gibt es weltweit vielleicht zwanzig Stück, achtzehn davon stehen in Hollywood, und ich konnte jederzeit darauf zurückgreifen, er stand für mich bereit.

T.T. Und dann wurde der Film in letzter Minute abgesagt.

M.B. Kurz vor Weihnachten erhielt ich die Nachricht, dass der Film geplatzt sei. Die Moral Majority drohte den Film zu boykottieren. Der Roman von Nikos Kazantzakis stand auf dem

Index, der 1966 abgeschafft wurde (die letzte Ausgabe erschien 1948). Das Buch und in der Folge auch das Filmprojekt wurden sowohl von der griechisch-orthodoxen Kirche, der Kazantzakis angehörte, wie auch der römisch-katholischen Kirche heftig bekämpft. Damals bin ich in ein tiefes Loch gefallen. Eben hatte ich diesen tollen Mann kennen gelernt, war so nahe dran an der Verwirklichung eines Traums, und dann das. Von fröhlichen Weihnachten konnte da wahrlich keine Rede mehr sein.

T.T. Was haben Sie mit dieser plötzlichen Zwangspause angefangen?

M.B. Klar dachte ich: ›Jetzt stehst du sechs Monate ohne Arbeit da.‹ Doch dann erhielt ich eine Anfrage von Bobby Roth, ob ich mit ihm *Heartbreakers* drehen wollte. Das Witzige an Roth ist, dass es auch zu unserer zweiten Zusammenarbeit bei *Baja Oklahoma* nur kam, weil *The Last Temptation* ein weiteres Mal verschoben worden war. Daraus entstand ein Running Gag – immer wenn ich Bobby treffe, fragt er mich: »Wenn Marty wieder einmal einen Film absagt, darf ich dann mit dir arbeiten?«

T.T. Mit Geissendörfer haben Sie nach *Zauberberg* noch einen zweiten Film gemacht: *Ediths Tagebuch.*

M.B. Als mir das Buch angeboten wurde, fand ich die Geschichte auf Anhieb äußerst spannend. Auch das Konzept von Geissendörfer hat mich sofort überzeugt. Als wir uns dann zur Vorbereitung des Films wiedertrafen, wurde ich zu meiner Überraschung mit einem völlig neuen Konzept konfrontiert, das mich damals nicht sehr überzeugte, mehr enttäuschte.

Angela Winkler und Leopold von Verschuer in Ediths Tagebuch.

Mein Verhältnis zu Geissendörfer war nicht mehr so unproblematisch wie noch beim *Zauberberg.*

T.T. Worin hat sich das gezeigt?

M.B. Aus unerfindlichen Gründen waren wir nicht mehr synchron, wir haben immer öfter divergierende Ideen entwickelt und darunter, glaube ich, beide gleichermaßen gelitten. Es kann auch sein, dass ich mit meiner Erfahrung in Amerika, wo ich eben nicht mehr nur Kameramann, sondern Director of Photography war, begann, ein anderes Berufsbild zu entwickeln, und das vertrug sich nicht mit der europäischen Vorstellung des Regisseurs als Autor. Offenbar war ich damals bereits vom »american way of filmmaking« infiziert.

T.T. Aber der Film ist trotz allem nicht schlecht geworden. Er ist zwar sehr uneinheitlich, aber einzelne Sequenzen haben heute noch eine schockierende Intensität.

M.B. Wenn Sie so davon reden, bekomme ich direkt Lust, mir den Film mal wieder anzusehen. Vielleicht tue ich Geissendörfer Unrecht. Seltsamerweise habe ich viele Filme aus meiner Karriere in Deutschland vergessen oder verdrängt. Aus der amerikanischen Zeit, und die umfasst jetzt auch schon bald zwanzig Jahre und über dreißig Filme, ist mir eigentlich jeder einzelne Film noch präsent.

T.T. *Ediths Tagebuch* war der letzte Film, den Sie in Deutschland gedreht haben. Wann haben Sie sich entschieden, nur noch in den USA zu arbeiten?

M.B. Eigentlich gar nie. Wir haben uns nie gesagt: »Ab jetzt wollen wir nur noch in Amerika arbeiten.« Wir sind hingereist, haben einen Film gemacht und sind wieder nach Hause geflogen, immer mit dem Gedanken, jetzt machen wir hier in Deutschland den nächsten Film. Aber dann dauerte es jeweils nur ein paar Wochen, schon hatte ich das nächste Angebot in den USA. Erst nach *After Hours* haben wir wirklich daran geglaubt, dass ich in den USA eine Karriere vor mir hatte. Damals haben wir zum ersten Mal in New York eine feste Wohnung gesucht.

T.T. *Reckless* ist das Erstlingswerk von James Foley, einem interessanten Regisseur, der nie einen richtigen Durchbruchsfilm hatte, aber eigentlich seit zwanzig Jahren einen konsequenten Stil verfolgt.

M.B. Das war mein zweiter amerikanischer Film. Die Zusammenarbeit mit Foley hat Spaß gemacht, weil er ein Filmenthusiast war, der zudem viele Filme von Fassbinder kannte. Und wie dieser hat er mich bei jeder Einstellung gefragt: »Ist das nun das Allerbeste, was

Aus Reckless.

du zu bieten hast? Gibt es nicht noch andere Möglichkeiten?« Auf diese Weise hat er mich stetig gepuscht und das Maximum aus mir herausgeholt.

T.T. *Reckless* sieht in manchen Sequenzen sehr aufwendig aus, obwohl es ein Low-Budget-Film war. Beispielsweise diese beeindruckende Nachtszene im Stahlwerk.

M.B. Wir sollten nachts diesen Berg mit dem Stahlwerk ausleuchten, hatten dafür aber viel zu wenig Licht zur Verfügung. Dann hatte ich die Idee, es mit einer Nebelmaschine zu versuchen. Wir sind mit Glück an zwei Geräte gekommen, wie sie die Armee einsetzt, um ganze Wälder einzunebeln. Damit haben wir einen unglaublichen Nebel gemacht und diesen von hinten beleuchtet, so dass das Stahlwerk als schwarze Silhouette zu sehen war. Gedreht haben wir mit offener Blende, und Hans Bücking, mein damaliger Assistent, den ich aus Deutschland mitgebracht habe, hat Schärfe gezogen, was ziemlich schwierig war, weil sich die Tiefenschärfe in einem ganz engen Rahmen bewegt hat – aber er hat's hingekriegt. Heute würde ich dafür gewaltige Lichteinheiten auffahren lassen.

T.T. Weshalb würden Sie es heute anders machen?

M.B. Weil ich versuchen würde, dem schwarzen Block Strukturen zu verleihen, mit einigen Streiflichtern beispielsweise.

T.T. Aber in diesem Fall sieht das doch auch so wirklich gut aus. Sie haben überhaupt viele Filme mit wenig Geld und in kurzer Zeit gedreht, die visuell aufregend und einfallsreich sind. Und auf der anderen Seite auch verschwenderische Großproduktionen. Die sind zwar dreißig Mal teurer, aber sie sehen nicht unbedingt dreißig Mal besser aus.

M.B. Damals war ich stolz, dass ich Filme gemacht habe, die vier Millionen gekostet, aber nach zehn Millionen ausgesehen haben. Heute mache ich Filme für hundert Millionen, die aussehen, als hätten sie hundert Millionen gekostet. Selbst nach einem Film wie *Gangs of New York*, den ich unheimlich gerne gemacht habe, kriege ich Lust, an einem kleinen Film mitzuwirken, bei dem man vor allem seine Fantasie und seinen Erfindungsgeist anstrengen muss. Ich sehne mich danach, wieder einmal experimenteller zu arbeiten.

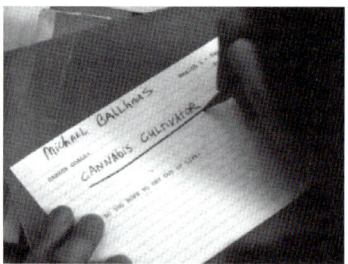

Es gibt Kollegen, die bestellen einfach zwei Trucks vollgestopft mit Licht, ohne zu wissen, was sie davon überhaupt benötigen. Was auf der Lichtliste steht, die mein Oberbeleuchter Jimmy Tynes und ich ausarbeiten, das brauchen wir meistens auch. Ich liebe es, effektiv zu sein.

T.T. Haben Sie sich nie daran gewöhnt zu klotzen?

M.B. Sogar bei Filmen wie *Wild Wild West* fand ich die Verschwendung, die da hemmungslos betrieben wurde, furchtbar. Und wenn man dann erst das Ergebnis sieht! Enttäuschend.

T.T. Mit Foley haben Sie sich offenbar gut verstanden.

M.B. Wir wollten auch gerne wieder zusammenarbeiten, aber das hat sich nie ergeben. Immerhin, das Video *Papa, Don't Preach* für Madonna haben wir noch gemeinsam gedreht. Das haben wahrscheinlich mehr Menschen gesehen als all meine Filme zusammen.

T.T. Zurück zu *Reckless* und der Nachtszene. Spätestens durch *After Hours* wurden Sie ja so was wie der Spezialist für preisgünstige Nachtfilme. Denn gerade Filme, die nachts und draußen spielen, strapazieren normalerweise das Budget. Sie haben im Grunde bewiesen, dass es auch günstiger geht.

M.B. Das ist richtig. Heute sind die Objektive so lichtstark und das Kodak-Material so empfindlich und so feinkörnig, dass man auf jeder normal beleuchteten Straße drehen kann, ohne sie speziell auszuleuchten. Klar, manchmal muss man auf die Dächer ein paar Lichter hinstellen, um ein wenig Gegenlicht zu bekommen. Wenn man aber das natürlich vorhandene Licht verwendet, so hat das den Vorteil, dass es auch realistisch aussieht.

T.T. Im Gedächtnis haften bleibt in *Reckless* unter anderem eine rasante Kreisfahrt während einer Tanzszene. Haben Sie dafür eine Steadicam benutzt?

M.B. Nein. Übrigens war es diese Kreisfahrt, die Scorsese überzeugt hat, mich für *Last Temptation* zu engagieren. Wir haben einen Western-Dolly verwendet, das heißt einen Kamerawagen, der auf dicken Gummirädern läuft. Damit sind wir um die Tanzgruppe gekurvt. Acht Mal haben wir sie umkreist, immer schneller und schneller, vier Leute haben wie die Wilden geschoben, ich habe an der Kamera gehangen und rein- und rausgezoomt.

T.T. Da geht wirklich die Post ab. War die Szene schwierig zu drehen?

M.B. Ein paar Mal mussten wir es sicher versuchen, aber an große Probleme kann ich mich nicht erinnern. Heikler war da schon eine Nacktszene mit Darryl Hannah. Obwohl diese im Drehbuch stand, wollte Darryl nicht nackt spielen. Nach langem Hin und Her konnte Foley sie schließlich doch überreden. Dann aber folgte eine zweite Nacktszene, die ebenfalls im Buch stand. Wieder weigerte sich Darryl und rief diesmal sogar ihren Onkel an, einen sehr vermögenden und einflussreichen Herrn. Dieser stritt sich mit Foley, der ihm klar zu machen versuchte, dass Darryl im Falle einer Verweigerung vertragsbrüchig würde. Als der reiche Onkel wissen wollte, welche Konsequenzen das habe, meinte Foley, sie müsse den Film bezahlen. Daraufhin der Onkel: »Und wie viel kostet das?« – »Vier Millionen!« – »Okay.« – Er hätte die Strafe tatsächlich bezahlt, aber dazu kam es nicht, weil Darryl sich doch noch überzeugen ließ.

T.T. Wenn wir schon beim Thema »Nacktszenen« sind: Ich sehne mich inzwischen nach Filmen, in denen Nacktheit wirklich zwingend ist, wenn sich also die Geschichte oder die Situation anders nicht erzählen lässt. *Intimacy* von Patrice Chéreau ist für mich ein solches Beispiel, wo Körperlichkeit zum Thema wird, wo sie zur Beschreibung eines Konflikts notwendig ist und deshalb auch nicht ablenkt, sondern die Figuren und ihr Verhalten im Gegenteil erst glaubwürdig macht. Sonst besteht das Problem mit Sexszenen aber oft darin, dass man irgendwie peinlich berührt ist, weil man bei etwas zusehen muss und das eigentlich gar nicht will. Vielleicht auch, weil man die Verkrampfung der Schauspieler spürt. Manchmal lenkt das Ganze auch einfach nur vom Wesentlichen ab.

M.B. Nach meiner Erfahrung ist es wichtig, dass sich die beiden Leute, die miteinander eine Sexszene spielen, wirklich mögen. Außerdem wirkt es nicht zwangsläufig erotischer, wenn die Darsteller nackt sind. Ein wunderbares Beispiel dafür liefert übrigens ebenfalls Patrice Chéreau, und zwar in *La reine Margot*: In der ersten Szene, in der sie miteinander schlafen, sieht man keinen Zentimeter Haut, und trotzdem oder gerade deshalb ist die Szene hocherotisch. In einer späteren Szene, in der beide splitternackt sind, kommt dagegen für mich kein bisschen Erotik auf. Wenn ein Kleid nur ein wenig verrutscht und man etwas Busen sieht, so ist das erotisch und befriedigt unseren Voyeurismus, wohingegen völlige Nacktheit der Fantasie keinerlei Raum mehr lässt und meist eine Enttäuschung ist.

T.T. Ich denke gerade an *The Fabulous Baker Boys*: Jeff Bridges und Michelle Pfeiffer stehen in der Silvesternacht alleine am Klavier in der Halle. Man sieht nur, wie er langsam ihren Reißverschluss öffnet. Aber nicht dass wir uns missverstehen: Ich will nicht diese öde Prüderie verteidigen, die im amerikanischen Kino zurzeit wieder um sich greift.

M.B. Stimmt. Und manchmal wird es mir ungemütlich, wenn eine Nacktszene ansteht und alle Leute bis auf den Kameramann und den Regisseur rausmüssen, wenn eine sakrale Stimmung wie in der Kirche entsteht. Dieses Getue finde ich unmöglich. In dieser Hinsicht war es für mich eine heilsame Erfahrung, als junger Kameramann einen Sexfilm gedreht zu haben.

T.T. Einen Sexfilm?

M.B. Als wir Anfang der siebziger Jahre wieder einmal dringend Geld brauchten, habe ich mich unter einem Pseudonym für *Das sündige Bett* von Ralf Gregan verdingt. Die Dreharbeiten liefen völlig anders ab, als man das gemeinhin erwartet: Alles ging sehr technisch und professionell zu. Die Schauspieler haben sich ausgezogen, turnten da nackt herum, und man bat sie: »Das Bein vielleicht ein bisschen höher« und so was. Es war absolut sachlich, nüchtern und im Vergleich zu den Dreharbeiten mit Fassbinder geradezu keusch. Im Grunde also viel weniger schlüpfrig als dieses Getue, das man in den USA um Nacktszenen macht.

T.T. Nachdem *The Last Temptation of Christ* abgesagt worden war, blieb die Verbindung zu Scorsese dennoch bestehen?

M.B. Nein, eigentlich nicht. Aber eines Tages kam ein Anruf von Amy Robinson und Griffin Dunne, die anfragten, ob ich Zeit für *After Hours* hätte, einen Film, den Scorsese drehen sollte.

T.T. Dass Sie ausgerechnet mit diesen beiden bereits bei *Baby It's You* zusammengearbeitet hatten, war also ein glücklicher Zufall?

M.B. Sicher. Was aber den eigentlichen Ausschlag gab, war mein Tempo. Scorsese hatte die Vorgabe erhalten, *After Hours* in vierzig Nächten abzudrehen. Daraufhin hat er mir eine Shotlist gegeben mit der Frage, ob ich in der Lage sei, den Film in dieser Zeit zu drehen. Der Augenblick, in dem ich diese Shotlist vor mir sah, ist unbeschreiblich. Da tat sich eine Fantasie von Bildern auf, die mich einerseits in ihrer Originalität und visuellen Kraft begeistert hat, die ich aber andererseits auch unmittelbar nachvollziehen konnte. Ich konnte den fertigen Film fast schon vor mir sehen.

T.T. Wie sah das aus? Hatte er kleine Bildchen an den Rand des Skripts gezeichnet?

M.B. Bildchen nicht, nein, es handelte sich einfach um kurze Beschreibungen, wie er sich die optische Auflösung der Szene vorstellte. Seine Hieroglyphen zu entziffern war zwar nicht leicht, aber ich habe mich dann drei, vier Tage hingesetzt und das Skript durchgearbeitet und bin zum Schluss gekommen, dass wir pro Nacht im Schnitt vierzehn bis sechzehn Einstellungen drehen mussten, um den Film in vierzig Nächten hinzukriegen.

T.T. Scorsese steckte damals in einer tiefen Krise. *New York, New York* und *The King of Comedy* waren überraschende Flops gewesen, und selbst *Raging Bull* war, auch wenn man das heute kaum mehr glauben mag, kein wirklich großer Erfolg. Haben Sie von dieser Krise etwas mitbekommen?

M.B. Ich wusste, dass seine letzten Filme nicht gut gelaufen waren. Aber dass er in einer künstlerischen Krise steckte, davon war bei den Dreharbeiten zu *After Hours* nichts zu spüren. Erst später habe ich von ihm gehört, er habe sich nach diesen Dreharbeiten wie neu geboren gefühlt. Seit *Taxi Driver* habe er nie mehr einen Film innerhalb von vierzig Tagen gedreht. Und er hat jede Einstellung gekriegt, die er sich gewünscht hat.

T.T. Unter großem Zeitdruck und fast ausschließlich nachts zu arbeiten – haben diese Umstände Sie näher zusammengebracht?

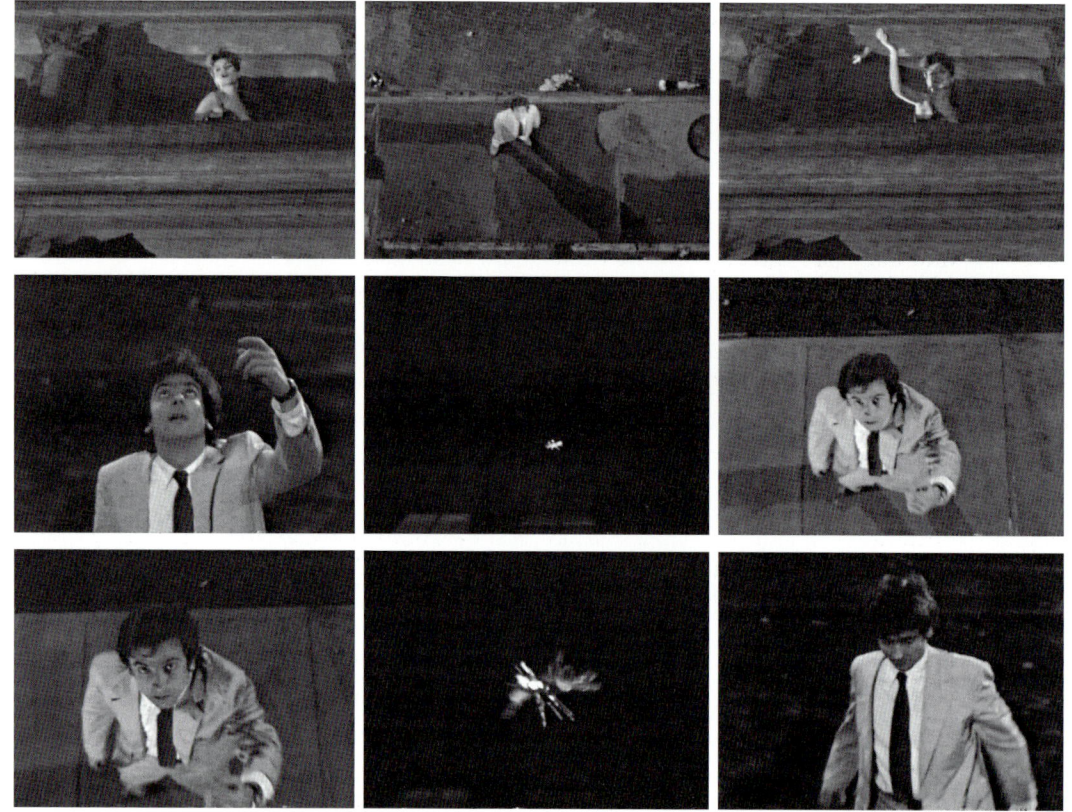

M.B. Im Nachhinein bin ich jedenfalls froh, dass *The Last Temptation* damals nicht zu Stande gekommen ist und wir als Erstes *After Hours* machten. Vielleicht wäre es unsere erste und letzte Zusammenarbeit gewesen, weil ich nicht sicher bin, ob ich damals ein Projekt dieser Größenordnung hätte realisieren können. Für einen großen Hollywoodfilm war ich damals, glaube ich, noch nicht vorbereitet.

T.T. Dabei wirkt *After Hours* gar nicht wie ein Low-Budget-Film. Man spürt, dass er präzise inszeniert und von einem unglaublichen visuellen Reichtum erfüllt ist. Es gibt unendlich viele Szenen, über die man immer wieder staunen kann. Beispielsweise, wenn der Schlüssel aus dem Fenster geworfen wird. Der Film springt zwischen verschiedenen subjektiven Wahrnehmungen hin und her, in rasender Geschwindigkeit – ein scheinbar beiläufiger Augenblick erhält so eine unerwartete Dramatik.

M.B. Für die Szene mit dem Schlüssel haben wir alles Mögliche versucht. Wir haben die Kamera an einem Seil festgebunden, aber dann hat sie sich gedreht. Also haben wir es mit zwei Seilen versucht – ging wieder nicht. Die Lösung bestand schließlich darin, das Ganze mit einem Titan-Kran zu drehen, den wir so schnell wie möglich hinunterbewegt haben. Dabei haben wir mit acht Bildern pro Sekunde gedreht, was die Geschwindigkeit verdreifacht. Das war's, das hat's gebracht.

T.T. Haben Sie experimentiert: Ein Mal mit zwölf Bildern pro Sekunde, dann mit zehn, mit acht, sieben, sechs?

M.B. Ja, und am Ende sah es mit acht Bildern am besten aus.

T.T. Wie hat die Abstimmung mit Scorsese beim Drehen geklappt? Ist er jemand, der oft durch den Sucher guckt?

M.B. Am Anfang hat er schon noch hin und wieder durch den Sucher geschaut, aber irgendwann hat er damit aufgehört, weil er merkte, dass es nicht nötig war. Die Arbeit an *After Hours* war unter anderem deshalb so erfreulich, weil es für alle Beteiligten eine Ehre war, mit Scorsese zusammenzuarbeiten, und sie dementsprechend motiviert zu Werke gingen. So wurde auch aus einfachsten Mitteln das Optimum herausgeholt. Es gab Regenszenen, da standen zwei Leute auf dem Dach und haben mit dem Wasserschlauch heruntergespritzt.

T.T. Und der sieht gut aus, der Regen! Warum sagen Sie seither nicht bei jeder Produktion: »Es reicht doch, wenn wir drei Wasserschläuche haben«? Ich meine, warum machen wir uns heute das Leben so schwer, wenn aus *After Hours* mit Fantasie und Enthusiasmus ein Meisterwerk geworden ist?

M.B. Ich glaube nicht, dass ich dafür heute noch die richtigen Leute habe. Mein Team ist toll und optimal abgestimmt für die Arbeit, die wir jetzt tun, aber es sind alles Spezialisten. Wenn ich meinem Keygrip sagen würde: »Wir machen den Regen mit einem Schlauch vom Dach«, dann würde er sagen: »Halt mal, dafür gibt es doch den Raintower, den bestellen wir uns doch einfach.« Das ist alles auch schon einkalkuliert und vom Special-Effect-Supervisor bereits bestellt, denn er weiß ja, dass eine Regenszene ansteht. Es liegt letztlich nicht mehr in meiner Hand, es mit zwei Wasserschläuchen zu versuchen.

T.T. Dennoch ist es manchmal schwer nachzuvollziehen, weshalb bestimmte Hollywood-Produktionen so kostspielig sein müssen – und ich meine nicht Filme wie *Titanic* oder *Spider Man*, sondern Filme, in denen erzählt wird, dass zwei Menschen sich treffen und verlieben, der eine geht fremd, der andere tröstet sich woanders, dann ist der Film zu Ende, und gekostet hat das Ganze 90 Millionen Dollar.

M.B. Manchmal erschrecke ich selbst darüber. Ich glaube übrigens, dass genau in dieser Hinsicht das europäische Kino gegenüber dem amerikanischen eine Chance hätte. Es gibt

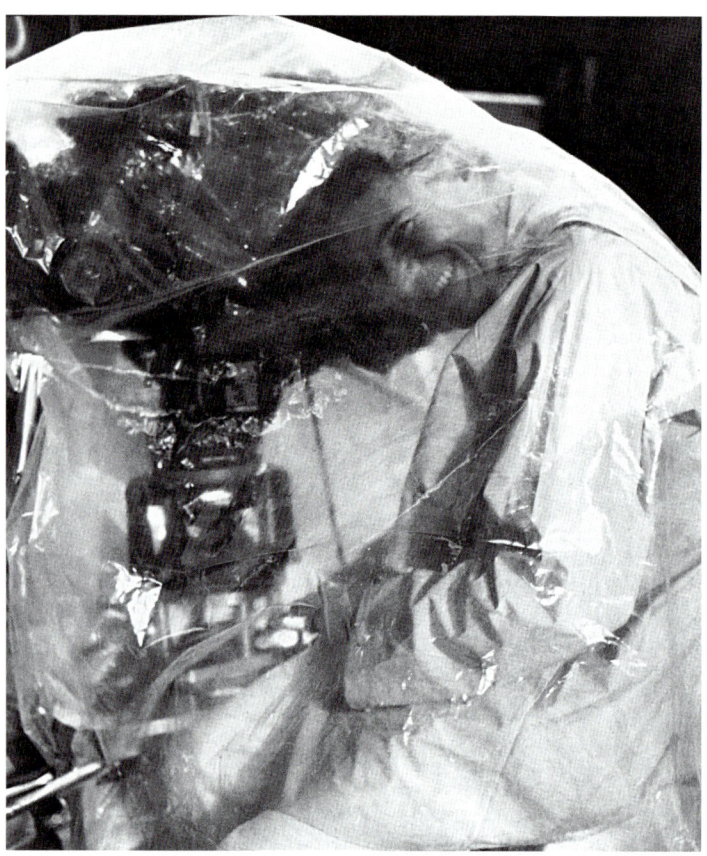

massenweise amerikanische Filme, die wir in Europa genauso witzig machen könnten, und das für einen Bruchteil des Geldes.

T.T. Sie meinen Filme wie *Erin Brockovich* oder *When Harry Met Sally?*

M.B. Genau! Gibt es wirklich nur in den USA Autoren und Schauspieler, die so etwas können? Ein Skandal wie in *Erin Brockovich* wird sich doch wohl auch in Europa finden lassen.

T.T. Zurück zu Scorsese. Wie geht er mit den Schauspielern um?

M.B. Ich finde seine Art im Umgang mit Schauspielern wunderbar, so behutsam und doch bestimmt. Er gibt den Schauspielern jederzeit das Gefühl, dass er ihnen nicht sein Konzept überstülpen will, obwohl er selbstverständlich eine Vorstellung von der Gestaltung der Rolle hat. Er sagt einfach: »Lass es uns probieren. Lass uns gemeinsam eine Lösung finden.« Und dann bringt er die Schauspieler geduldig dorthin, wo er sie haben möchte. In *The Color of*

Money war es faszinierend zu sehen, wie er Paul Newman und Tom Cruise führte. Scorsese wusste auf den Punkt genau, wo er Newman hinbringen wollte, aber natürlich kam Newman am Drehort an und sagte: »Weißt du, Marty, ich habe mir gedacht, dass ich dann hier sitze und mir dieses und jenes bestelle.« Und Marty antwortete: »Ja, meinst du?« Und schon lief der Requisiteur los, um für Newman das Frühstück zu holen, das er in der Szene bestellen wollte. Aber dann hat Marty gesagt: »Weißt du, Michael möchte, dass du hier sitzt, weil hier das Licht besser ist.« Das war so ein geheimes Einverständnis zwischen uns, dass er in solchen Momenten mich ins Spiel brachte. Und irgendwann hatte er Newman dann genau dort, wo er ihn haben wollte, und Newman fühlte sich weder übergangen noch manipuliert.

T.T. Außergewöhnlich in *After Hours* sind die Inserts, obwohl dieser Begriff für das, was Sie daraus gemacht haben, schon fast eine Beleidigung ist. Normalerweise sind Inserts ja einfach statische Bilder, mit denen man zeit- und geldsparend zusätzliche Informationen vermittelt, aber bei *After Hours* steckt darin immer eine Kamerabewegung, ein individueller Kniff, der neben der Information – selbst im Insert – eine spezielle Atmosphäre vermittelt. Indirekt handelt der Film ja vom »Aufstand der Dinge«. Die Gegenstände scheinen sich gegen Griffin Dunne verschworen zu haben.

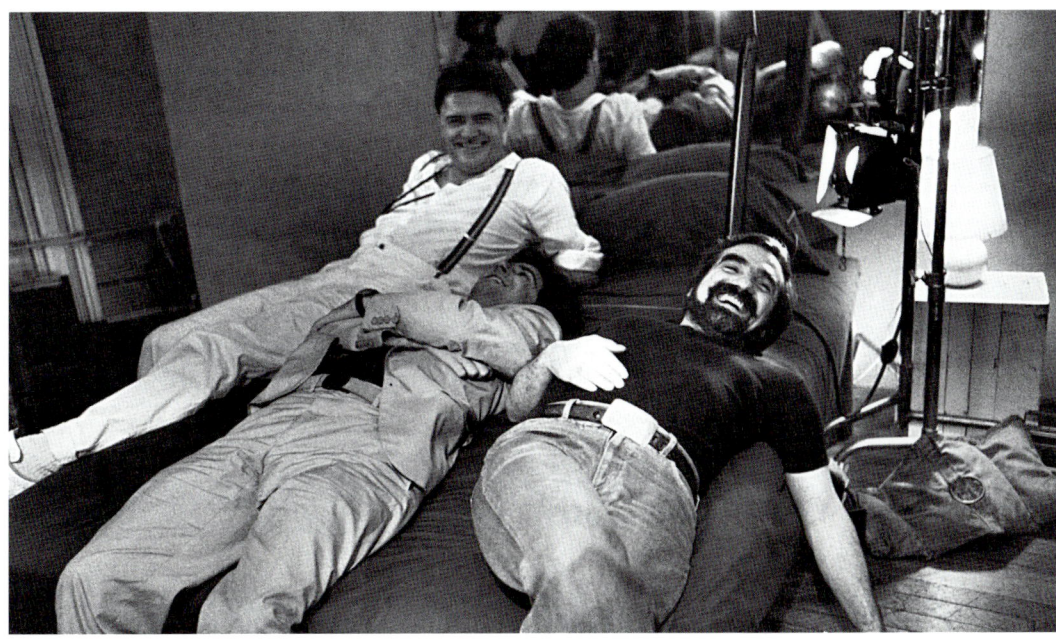

Michael Ballhaus, Florian Ballhaus und Martin Scorsese erholen sich von der Arbeit an After Hours.

M.B. Wir hatten es natürlich genau darauf angelegt. Einerseits waren wir, vor allem aus Kostengründen, auf Inserts angewiesen, andererseits sollte der Film nie sein Tempo verlieren. Immer in Bewegung zu sein, ist schließlich eines der Grundmotive von *After Hours*. Wir haben deshalb die Inserts ganz bewusst dynamisiert.

Um ein weiteres Beispiel zu erwähnen, das zeigt, was alles möglich ist, selbst wenn man es sich eigentlich nicht leisten kann: In einer Szene sollte Griffin Dunne rennen und rennen. Wie macht man das, wenn man nicht das Geld hat, um drei Häuserblocks auszuleuchten, und auch keine Schienen legen kann? Wir haben Folgendes gemacht: Auf einem leeren Parkplatz haben wir einen Kreis von zirka 30 Metern Durchmesser eingezeichnet, die Kamera – mit einer langen Brennweite – in die Mitte gestellt, und dann musste Griffin auf diesem Kreis um die Kamera herumrennen. Im Vordergrund haben wir Requisiten hingestellt, um das Tempo sichtbar zu machen, und diese Requisiten wurden während des Laufs ausgewechselt, damit es keine Wiederholungen gab.

T.T. Die Kamera hat sich nicht mitbewegt, sondern ist nur rumgeschwenkt?

M.B. Genau. Der Effekt war eine wilde Hetzjagd, aber erzeugt wurde er mit simpelsten Mitteln.

T.T. Damals war Thelma Schoonmaker bereits Scorseses Cutterin, die wiederum mit Michael Powell verheiratet war. Haben Sie Powell noch kennen gelernt?

M.B. Sogar sehr gut. Teilweise haben Thelma Schoonmaker und Michael Powell in unserem Haus gewohnt, das wir in New York gemietet hatten. Scorsese war ein großer Fan von Powell, und ich habe mir nach und nach all seine Filme angesehen. Powell hat mir unter anderem einen unschätzbaren Rat gegeben. Er lautete: Jede Szene hat ihre eigene Geschwindigkeit. Das heißt, 24 Bilder pro Sekunde sind nicht immer das Richtige. Manchmal müssen es ein paar mehr und manchmal ein paar weniger sein. Jede Szene hat letztlich die zu ihr passende Bildzahl. Als ich später mit der Arri 535A-Kamera arbeitete, bei der man die Bildzahl während des Drehens verändern konnte, habe ich diese Möglichkeit oft genutzt. Speed Change, wie man diese Technik nennt, ist für mich ein faszinierendes dramaturgisches Element geworden, das ich seither in fast jedem meiner Filme anwende. Meistens wird es dem Zuschauer gar nicht bewusst, soll es auch nicht werden, aber die Stimmung einer Szene verändert sich dadurch dennoch.

T.T. *After Hours* bedeutete für Scorsese eine Art Wiedergeburt, danach war er wieder zurück im Geschäft. Welche Rolle hat der Film für Sie gespielt?

M.B. Dieser Film war mein absoluter Durchbruch in den USA. Marty hatte einen Film abgeliefert, der nur vier Millionen Dollar gekostet hatte und der optisch nichts zu wünschen übrig ließ. Und es hat sich schnell herumgesprochen, dass das nur möglich gewesen sei, weil er diesen schnellen, effizienten und kostenbewussten deutschen Kameramann gehabt hat.

⭐

T.T. Sie hatten mit Volker Schlöndorff bereits in den siebziger Jahren einen Dokumentarfilm über die Schauspielerin und Tänzerin Valeska Gert gemacht. Wie ist es dazu gekommen, dass Sie in den achtziger Jahren mit *Death of a Salesman* ausgerechnet in den USA den ersten gemeinsamen Spielfilm gedreht haben?

M.B. Eines Tages gehe ich in New York über die Fifth Avenue und treffe zufällig Volker Schlöndorff. Wir haben uns gefreut, einander wieder einmal zu begegnen, und plötzlich meint Volker: »Ich habe das Angebot, *Death of a Salesman* zu machen, mit Dustin Hoffman in der Hauptrolle. Allerdings weiß ich nicht so recht, ob ich zusagen soll. Arthur Miller wird sicher mit dabei sein und ein Star wie Hoffman, das könnte schwierig werden.« – »*Death of a Salesman* ist ein tolles Stück, das musst du unbedingt machen. Ich habe es sicher dreißig Mal gesehen.« – »Was!?« – »Ja, das war eine der Paraderollen meines Vaters.« Und am Schluss unseres Gesprächs fragt mich Volker, ob ich mit ihm diesen Film machen wolle. Wir haben uns also sozusagen auf der Straße entschieden, gemeinsam *Death of a Salesman* zu drehen.

T.T. Und gab es dann wirklich die von Schlöndorff befürchteten Probleme?

M.B. Einfach war es für Schlöndorff sicher nicht, mit Miller im Nacken und Hoffman vor der Kamera zu arbeiten. Aber er hat sich gut geschlagen. Vor allem war seine Idee faszinierend, die Grenze zwischen Bühne und Film zu verwischen, also halb in der »Wirklichkeit« und halb auf der Bühne zu sein und das auch sichtbar zu machen. Sehr geholfen hat uns zudem, dass ich mit Dustin Hoffman sofort einen guten Draht hatte und er bereitwillig auf

Wie die Bühne mit dem Kino verheiratet wird: expressives Licht und Dekor aus Death of a Salesman.

meine Ideen eingegangen ist. Volker, Dustin und ich konnten uns die Bälle zuspielen, dass es eine wahre Freude war.

T.T. Mich hat an dieser Theateradaption immer fasziniert, dass daraus ein richtiger Film geworden ist, nicht einfach nur abgefilmtes Theater, dass gleichzeitig aber die Bühne stets präsent bleibt. War es da kein Problem, dass die Schauspieler diese Rolle schon x-mal auf der Bühne gespielt hatten und jetzt für den Film plötzlich andere Wege gehen sollten?

M.B. Es war Teamwork im besten Sinne. Natürlich hatte Dustin ein gewichtiges Wort mitzureden, weil er die Rolle bereits in Fleisch und Blut hatte, sie seit Monaten am Broadway spielte, und weil er der Star des Films war, ohne den gar nichts ging. Es gab durchaus Situationen, in denen ich befürchtete, jetzt wird's heikel. Beispielsweise wenn sich Dustin die Muster angesehen und ihm etwas nicht gefallen hat. Wenn er daraufhin eine Wiederholung verlangt, ist das für den Regisseur natürlich ein Eingriff in seine Autorität, den er erst einmal schlucken muss. Aber Volker war wirklich sehr souverän. Ich glaube, am Ende war es sogar hilfreich, dass vor und hinter der Kamera zwei starke Persönlichkeiten standen, die genau wussten, was sie wollten.

T.T. Und Arthur Miller? Hat er sich häufig eingeschaltet?

M.B. Eigentlich nicht, aber natürlich war er eine Referenz, die man einbeziehen musste und wollte. Auch zu ihm hat Volker glücklicherweise ein sehr gutes Verhältnis gefunden und über die Jahre bewahrt.

T.T. Ähnlich wie mit John Malkovich, mit dem Schlöndorff später wieder zusammengearbeitet hat?

M.B. Volker ist in der Beziehung ein sehr treuer Freund.

T.T. Von 1986 an bis Mitte der neunziger Jahre hatten Sie eine ungeheuer produktive Phase. In dieser Zeit haben Sie jährlich mindestens zwei, oft sogar drei Filme gedreht – und das waren fast immer große Produktionen. Gab es nie Probleme mit dem Zeitplan?

M.B. Natürlich gab es die. Ganz schlimm war es bei *GoodFellas*, denn die Dreharbeiten fingen mit vier Wochen Verspätung an und dauerten dann auch noch zwei Wochen länger als geplant. Da sollte ich aber eigentlich bereits bei den Dreharbeiten zu *Postcards From the Edge* mit Mike Nichols sein. Schließlich hat Mike seinen Film etwas verschoben, damit ich mitmachen konnte.

T.T. Über mehrere Jahre hinweg so viele Filme zu drehen ist nur schon physisch anstrengend. Kann es nicht auch privat zur Belastungsprobe werden?

M.B. In dieser Beziehung ist Helga einfach toll. Ihre Tage sind genauso ausgefüllt wie meine.

T.T. Aber mit ihrer Arbeit als Schauspielerin hat sie aufgehört?

M.B. Sie hat es sozusagen aufgeschoben. Unsere Söhne Sebastian und Florian arbeiteten bereits an all den Filmen mit, und Helga wollte nicht allein in Deutschland bleiben, um abends zwei Stunden auf der Bühne zu stehen. So hat sie entschieden, mit der Familie in Amerika zu leben. Es war also ihre freie Entscheidung. In den USA hat sie nicht gespielt. Als deutsche Schauspielerin wäre das sowieso schwierig gewesen. Sie hatte alle Hände voll damit zu tun, die Familie zu organisieren. Irgendwann hatten wir nämlich vier Wohnsitze, und immer zu wissen, was mit wem gerade wo los war, das hält einen schon in Atem. Sie hat aber nicht nur die Familie zusammengehalten, sondern auch den Kontakt zu unseren Freunden in Deutschland aufrechterhalten. Wenn man so viel arbeitet, geschieht es ja leicht, dass man seinen Freundeskreis verliert. Sie hat immer dafür gesorgt, dass das nicht passiert ist. Sie hat mein Umfeld lebendig gehalten.

T.T. Es ist tatsächlich eines der großen Probleme in unserer Branche, dass die Arbeit

Bei den Dreharbeiten zu Under the Cherry Moon *in Nizza. Am Steuer sitzt Prince, daneben Kristin Scott-Thomas.*

einen so total vereinnahmt, dass soziale Bindungen über längere Zeit unheimlich schwierig sind.

M.B. Und genau in dieser Hinsicht ist Helga immer wieder erstaunlich und eine unschätzbare Hilfe. Ihr gelingt es, Freundschaften über die Zeiten am Leben zu erhalten.

T.T. Auf die Idee, Michael Ballhaus für einen Film von Prince zu engagieren, muss man erst mal kommen. Wissen Sie, weshalb gerade Sie für *Under the Cherry Moon* angefragt wurden?

M.B. Keine Ahnung. Die Zusammenarbeit hat auch äußerst seltsam angefangen, weil zunächst eine Regisseurin engagiert worden war, die gewissermaßen als verlängerter Arm von Prince funktionieren sollte. Ich selbst habe Prince vor den Dreharbeiten wohl zwei Mal gesehen, und die Begegnungen haben sich praktisch auf »Hello« und »Good-bye« beschränkt. Dennoch habe ich mich auf die Dreharbeiten gefreut, weil ich zum einen seine Musik interessant fand und weil zum anderen die Dreharbeiten in Frankreich stattfanden. Dort war die Zusammenarbeit zunächst ganz schrecklich: Prince kam eigentlich nur aus seiner Limousine raus, wenn er vor die Kamera musste, machte seine Sache und verschwand wieder. Mit ihm geredet hat nur seine Regisseurin, die leider überhaupt keine eigenen Ideen hatte, und das, was sie mir von ihm ausrichten sollte, war nur eine schlechte Übersetzung von dem, was er eigentlich wollte. Irgendwann, als die Situation bereits unerträglich war, erhielt ich plötzlich einen Anruf von ihm – das erste Mal, dass er überhaupt richtig mit mir redete: »Michael, willst du den Film mit mir zusammen machen? Ich habe das Gefühl, wir brauchen keinen Vermittler.« Ich war sofort einverstanden, und wir haben dann im Grunde zusammen Regie geführt. Von einem Tag auf den anderen war Prince ein anderer Mensch, und wir konnten miteinander kommunizieren.

T.T. Sie haben später mit Prince auch noch einige Videoclips gemacht.

M.B. Die haben wir am Rande der Dreharbeiten zu *Cherry Moon* eingeschoben.

T.T. Als Film ist *Cherry Moon* dennoch ziemlich, sagen wir mal: bizarr. Einerseits gibt es denselben abstrusen Kitsch wie in *Purple Rain*, aber dann versucht er auch noch, ganz ernsthaft eine Geschichte zu erzählen. Wie eine künstliche Blume, die in eine wirkliche Welt gesetzt wird.

M.B. Natürlich, das beißt sich. Eine realistische Liebesgeschichte mit Prince, das geht einfach nicht. Es hätte nur funktioniert, wenn das Buch etwas Abgehobenes behalten hätte, aber er wollte unbedingt ernsthaft sein. Damit hat er sich bestimmt falsch eingeschätzt.

T.T. Haben Sie dieses Problem bei den Dreharbeiten nie bemerkt und ihn darauf aufmerksam gemacht?

M.B. Ich hatte schon meine Zweifel. Andererseits dachte ich immer daran, dass er eine gewaltige Fangemeinde hat und dass diese den Film auf jeden Fall mögen würde. In diesem Punkt habe ich mich getäuscht.

T.T. Konnten Sie zu irgendeinem Zeitpunkt einen Blick hinter die Kunstfigur »Prince« werfen?

M.B. Er war privat genauso wie auf der Bühne und auf der Leinwand. Er war längst selbst zu dieser Kunstfigur geworden, aber mit sehr viel Charme, Witz, Intelligenz und Einfühlungsvermögen.

■■■■■■■■■■■■■■■■■■■■■■■■

6

Nicht mehr sein eigener Operator ■ The Color of Money ■ *Ein hydraulischer Billardtisch* ■
Wie man einen Star in den Griff kriegt ■ The Glass Menagerie ■ The House on Carroll Street ■
Wenn zwei sich nicht riechen können ■ *Ein Despot meldet sich* ■ Broadcast News ■ *Never cut
my movie again* ■ I'll Do Anything ■ *Ein Musical löst sich in Nichts auf* ■ *Jeder will den Oscar*

T.T. Wann haben Sie eigentlich aufgehört, selber die Kamera zu führen?

M.B. *The Color of Money* war mein erster Film, bei dem die IATSE, also die große Gewerkschaft, beteiligt war. Deshalb waren wir gezwungen, einen Operator einzustellen.

T.T. Durften Sie von da an die Kamera überhaupt nicht mehr führen?

M.B. Doch, natürlich schon, aber wir mussten eben immer einen Operator bezahlen. Und ich musste natürlich Acht geben, dass dieser nicht das Gefühl bekam, er sei nicht gut genug. Bei *Color of Money* hatte ich großes Glück, denn wir fanden einen äußerst umgänglichen Operator, dem ich meine Situation erklären konnte und der dafür Verständnis hatte.

T.T. War das nicht ein seltsames Gefühl, nach so vielen Jahren plötzlich nicht mehr selbst hinter der Kamera zu stehen?

M.B. Ich kam mir vor, als besäße ich einen wunderschönen Porsche, in dem ich plötzlich auf dem Beifahrersitz sitze und jemand anderen fahren lassen muss. Ich wollte immer sagen: »Nein, halt! So nicht!« Der andere lenkt, und doch sitze ich irgendwie mit am Lenkrad, bremse und gebe Gas. Mein Operator war allerdings, wie gesagt, verständnisvoll und ließ mich, wann immer ich wollte, an die Kamera, so dass ich am Ende doch wieder die Hälfte des Films selber geschwenkt habe.

T.T. *Color of Money* explodiert förmlich vor visueller Energie, vor allem natürlich, wenn jemand ein Queue in die Hand nimmt. Zugleich ist es aber auch ein ruhiger, gebrochener Film über das Älterwerden geworden.

M.B. Das Budget war deutlich höher als bei *After Hours*, aber auch nicht astronomisch, so um die 12 Millionen Dollar. Am Ende sind wir sogar um mehr als eine Million Dollar unter dem Budget geblieben.

T.T. Das kann man sich heute kaum vorstellen, auch weil der Film visuell so aufwendig erscheint. Hatte das damit zu tun, dass Sie denselben Arbeitsstil wie bei *After Hours* beibehielten?

M.B. Dafür war wohl eher die Produzentin Barbara de Fina verantwortlich. Jeder zweite Satz von ihr lautete: »Das ist nicht im Budget vorgesehen, also vergesst es.« Sie hat förmlich auf dem Geld gesessen.

T.T. War sie damals schon mit Scorsese liiert?

M.B. Sie waren verheiratet. So war es für ihn natürlich erst recht schwierig zu rebellieren. Ich kann mich erinnern, dass wir an Silvester Champagner aus Plastikbechern getrunken haben, weil alles einfach gehalten werden sollte. Außerdem hatte Scorsese am Set kein mobiles Telefon, weil auch das zu teuer war. Ihre Sparmaßnahmen waren wirklich schwer auszuhalten.

T.T. Bei *Color of Money* hat man das Gefühl, als habe das Billardspiel den Stil, die Haltung, die Beweglichkeit des ganzen Films infiziert. Die Kamera bewegt sich unglaublich agil zwischen den Darstellern, und oft werden die Szenen einfach mit einem Schwenk verbunden, so dass die Bilder wie Billardkugeln hin und her rollen und immer neue Bewegungen auslösen. Manchmal scheint es auch so, als würden Dollyfahrten bewusst knapp ihr Ziel verfehlen – wie bei einem missglückten Billardstoß.

M.B. Wir wollten von Anfang an mit solchen Verbindungen arbeiten. Wenn das Timing stimmt, ist es äußerst dankbar, die Dinge mit einem Schwenk zu verbinden, weil das viel eleganter wirkt als ein Schnitt. Der Schnitt ist immer auch eine Unterbrechung, und hier wollten wir das Spiel immer im Fluss halten.

T.T. Scorsese und Sie waren sozusagen wie Queue und Billardkugel. Und dennoch, obwohl der Film immer wieder exzessiv mit den Grenzen des kameratechnisch Machbaren spielt, hat man nie den Eindruck, dass etwas nur deshalb gemacht wurde, weil es schick oder spektakulär aussieht. Ich habe oft über diesen Punkt gestritten, weil dem Film ein etwas unbesonnener Eklektizismus vorgeworfen wurde. Aber ich finde, alle Bewegungen haben sehr klare dramaturgische Gründe. Auch und sogar besonders die mörderische Kreisfahrt, bei der Tom Cruise sein Billard-Ballett aufführt. In ihr ist all die narzisstische und egoistische Energie ausgedrückt, die später für seine Figur zum Problem wird.

M.B. Auch das war eine Einstellung, die wir natürlich genau geplant hatten und bei der

Scorsese das Queue, Ballhaus die Kugel: die Kamera tanzt mit Tom Cruise in The Color of Money.

Eine Wettkampf-halle, inszeniert als Kathedrale: Paul Newman in sakraler Ergriffenheit vor den Billard-tischen, an denen er in The Color of Money *sein Comeback feiern wird.*

wir exakt wussten, weshalb sie so im Film sein musste. Die Dreharbeiten selbst gingen dann erstaunlich glatt über die Bühne. Wir haben die Kreisfahrt ungefähr acht Mal gedreht, zwei Mal hat mit dem Poolspiel etwas nicht geklappt, ein Mal bin ich an einer Säule hängen geblieben, aber zum Schluss hatten wir bestimmt vier brauchbare Aufnahmen.

T.T. Der ganze Film ist eigentlich immer in Bewegung.

M.B. Film ist für mich Bewegung. Deshalb fühle ich mich mit einem Regisseur wie Scorsese auch so wohl, denn er denkt visuell und setzt selber alles in Bewegung.

T.T. Der Film wechselt immer wieder zwischen klaren harten und düsteren, manchmal geradezu sakralen Stimmungen. Erzählen Sie ein bisschen von der Lichtgestaltung.

M.B. Wir haben sehr viel mit weichem Licht gearbeitet. Endlich hatte ich die nötigen Mittel, um große Lichteinheiten einzusetzen. In einer Szene wollte ich das Licht immer noch weicher haben, bis der Oberbeleuchter bemerkte, er habe da etwas, was das Licht wirklich ganz weich mache: »a shower-curtain«. Er hat tatsächlich einen milchig-weißen Duschvorhang vor das Licht gehängt – mit einem perfekten Resultat.

T.T. Durch eine flexible Kamera, die sich überall hinbewegen will, entstehen die langen Fahrten, über die wir bereits gesprochen haben. Sie stellen doch auch die Beleuchtung vor eine Menge Herausforderungen. Wenn sich beispielsweise die Kamera aus dem neonbeleuchteten Saal umdreht und plötzlich direkt ins Tageslicht sieht.

M.B. Das gehörte zu den schwierigsten Problemen, die es zu bewältigen gab. Einerseits haben wir die Fenster mit einer Graufolie abgedeckt, damit der Kontrast nicht gar so heftig war. Wenn aber beispielsweise jemand durch eine Tür von draußen reinkam, konnten wir diese natürlich nicht mit einer Folie abdecken.

T.T. Haben Sie dann mit versteckten Blendenzügen gearbeitet, also die Blende während des Drehens auf- oder zugemacht?

M.B. Das tue ich sogar sehr gerne und recht häufig – bis zu fünf Blenden in einer Einstellung. Man muss darin allerdings schon sehr geübt sein, damit es später nicht zu sehen ist.

T.T. Wieder so etwas, das im fertigen Film unspektakulär aussieht, in Wirklichkeit aber nur unglaublich schwer zu erreichen ist.

M.B. Ein Paradebeispiel für diesen unsichtbaren Aufwand ist eine Szene, in der Newman hinter einem Billardtisch sitzt und die Kamera auf ihn zufährt, während man im Vordergrund die ganze Zeit die rollenden Kugeln sieht. Das Problem bestand darin, dass Newmans Kopf immer etwa auf derselben Höhe über dem Rand des Pooltischs zu sehen sein sollte. Nun saß er aber auf einer Bank, so dass sich sein Kopf etwa auf 1,50 bis 1,80 Meter befand. Die Oberfläche des Billardtischs dagegen lag viel tiefer, vielleicht einen Meter über dem Boden. Wenn wir mit der Kamera zu tief gewesen wären, hätte man zwar Newmans Kopf an der richtigen Stelle gesehen, aber dafür die Kugeln nicht. Wären wir zu hoch gewesen, hätte man wieder zu viel von Newman gesehen. Da wir zudem mit der Kamera heranfahren wollten, änderte sich der Winkel fortlaufend, was die Aufnahme erst recht kompliziert machte.

T.T. Und wie haben Sie das Problem gelöst?

M.B. Wir haben den Billardtisch auf einen hydraulischen Dolly gestellt. Dadurch konnten wir den Tisch, während wir heranfuhren, ganz langsam stufenlos anheben, so dass er zum Schluss auf derselben Höhe wie Newmans Kopf war. Der Winkel blieb stets derselbe, und das Bild war immer so, wie wir es wollten.

T.T. Das ist toll. Eine andere Einstellung, bei der sich alle Welt fragt, wie Sie das wohl gemacht haben, ist der Moment, in dem sich Newman in einer Billardkugel spiegelt.

M.B. Das ist nun nicht mein Verdienst, sondern eine der ganz wenigen Einstellungen in diesem Film, die erst im Tricklabor entstand. Sein Gesicht wurde in die Kugel reinkopiert.

T.T. Ach, schade. Kaum zu glauben, so echt sieht das aus!

M.B. Es ging einfach nicht anders. Wir haben es versucht, aber bei einer runden Kugel sieht man immer die Kamera.

T.T. In *Color of Money* haben Sie viele Fahrten mit Zooms verbunden. Dadurch entwickeln sie viel Zug, eine sogartige Dynamik. Besonders eindrücklich ist das in der Szene gelungen, in der Newman nach einer Ewigkeit endlich wieder einmal Pool spielt. Zoom war zu jener Zeit ein eher verpöntes Stilmittel, ein überholtes Relikt aus den 70ern, und wurde als

Eddie Felson konzentriert sich, die Welt fliegt um ihn herum, er dreht sich um sich selbst, und dem Zuschauer wird schwindlig: Paul Newman in The Color of Money.

TV-Ästhetik fürs Kino lange Zeit abgelehnt. Heute erlebt der Zoom unter dem Einfluss von »Dogma 95« und dem 70er-Revival eine echte Renaissance.

M.B. Ich habe das Zoom immer gemocht, weil ich dadurch immer genau jenen Bildausschnitt haben kann, den ich will. Und so wie ich das Zoom benutze, merkt man den Effekt gar nicht.

T.T. Jedes Mal, wenn ich mir *The Color of Money* anschaue, hege ich zunächst große Vorbehalte gegenüber Tom Cruise – und jedes Mal bin ich am Ende überzeugt, dass er die optimale Besetzung war. Er strahlt genau die richtige Dosis Triebhaftigkeit und Unbedarftheit aus. Damals war aber nicht er der eigentliche Star des Films, sondern Paul Newman, für den das Ganze allerdings auch so etwas wie ein Comeback war, seine erste große Altersrolle, die ihm prompt einen Oscar eingebracht hat.

M.B. Vor Newman hat sich Scorsese zunächst tatsächlich ein bisschen gefürchtet …

T.T. … obwohl er schon mit so vielen Stars gearbeitet hatte? Was unterscheidet einen Newman beispielsweise von de Niro?

M.B. De Niro war gewissermaßen seine eigene Erfindung, der ist mit ihm zusammen groß geworden. Bei Newman lagen die Dinge etwas anders, denn der war bereits eine Legende.

T.T. Das macht den Film gerade spannend, weil mit Tom Cruise ein aufsteigender Star auftaucht – er kam ja zur gleichen Zeit mit *Top Gun* groß heraus – und mit Paul Newman ein alternder Star, der nochmals eine große Rolle spielt. Dieser Subtext spielte auch im richtigen Leben eine große Rolle, und das spürt man irgendwie.

M.B. Mir gefallen die emotionalen Verwicklungen in diesem Film überhaupt unheimlich gut, dieser erotische Unterton in der Beziehung zwischen Newman und Elizabeth Mastrantonio und Cruise mit seinen kleinen Eifersuchtsanfällen.

T.T. Haben sich die Befürchtungen von Scorsese in Bezug auf Newman bewahrheitet? Ich habe gelesen, dass Scorsese ziemlich lange mit den Schauspielern geprobt haben soll, was sonst nicht sein Stil ist.

M.B. Sie haben, glaube ich, zwei oder drei Wochen geprobt. Ich war zu diesem Zeitpunkt allerdings noch nicht dabei. Für Scorsese war das geradezu notwendig, weil er so ausprobieren konnte, wie es mit diesen Schauspielern funktionierte, ob er das in den Griff bekam. Er hatte offenbar Bedenken. Wenn ich mich recht erinnere, hatte Newman vertraglich ein Mitspracherecht am Skript zugesichert bekommen, was unter Umständen zu Konflikten hätte führen können. Aber wie gesagt, es hat dann eigentlich alles reibungslos funktioniert. Ich glaube, dass Newman sehr schnell erkannte, welches Potenzial in Scorsese steckte und dass er es hier mit einem mindestens ebenbürtigen Künstler zu tun hatte.

Eine ähnliche Situation haben wir übrigens bei *Gangs of New York* wieder erlebt. Auch da herrschte eine gewisse Spannung, weil wir nicht wussten, wie sich Leonardo DiCaprio verhalten würde, ein junger Superstar, der 20 Millionen Dollar für seine Rolle kassiert und ohne den der Film nicht zu finanzieren gewesen wäre. Im Vorfeld kamen von DiCaprio und vor allem von seinem Vater Anmerkungen zum Skript, so dass Scorsese einige Bedenken hatte. In dem Moment aber, wo wir mit den Dreharbeiten anfingen, war das alles überhaupt kein Thema mehr – DiCaprio war von Scorsese begeistert, und die beiden planen zusammen sogar schon einen nächsten Film.

T.T. Es ist schon erstaunlich, welche Macht manche Stars heute im Filmbusiness haben.

M.B. Das Studiosystem hat sich in den vergangenen Jahren stark gewandelt. Früher waren die Studiobosse noch mehr Filmemacher, die ein Gespür für Stoffe und Regisseure hatten und dann versuchten, die richtige Kombination zu finden. Natürlich taten sie das mit der Absicht, groß Kasse zu machen, aber eben auch weil sie filmbesessen waren. Heute sind die Studiobosse oft Business-Manager. Die denken sich: Was war der erfolgreichste Film des letzten Jahres, welches der erfolgreichste Schauspieler – und wenn man das zum Paket schnürt, wird ein Erfolgsfilm draus. Der Regisseur wird oft fast als Randfigur behandelt. Robert de Niro ist heute ein Superstar, der für jeden Film Millionen kassiert, während Scorsese immer noch für jeden Film kämpfen muss, um das Budget zusammenzukriegen, ganz zu schweigen davon, dass er als Regisseur weniger verdient als de Niro. Diese Schere, die sich da auftut, führt auch unter alten Freunden wie de Niro und Scorsese zu Reibungen. Ich glaube, bei *GoodFellas* war die Stimmung auch deshalb ziemlich angespannt.

T.T. Idiotisch ist ja vor allem, dass das von Ihnen beschriebene Prinzip längst nicht immer funktioniert. Sicher, wenn ein Film großartig ist, kann ihm der Star noch zusätzlichen Schub verleihen. Aber ein schwacher Film ist selbst von Harrison Ford nicht zu retten. Das erleben wir immer wieder. Offenbar hat das Publikum meistens eben doch einen guten Instinkt, der von der PR-Maschine unbeeindruckt bleibt. Ich habe allerdings das Gefühl, dass wieder mehr Produzenten realisieren, dass man mit dem Rechenschieber alleine keine guten Filme machen kann. Miramax ist natürlich ein Beispiel für eine Firma, die eine zweigleisige Strategie verfolgt: Einerseits wird ganz bewusst und geradezu opportunistisch, aber irgendwie lustvoll zugleich der Markt mit ihrem Dimension-Laben bedient, und andererseits lässt man talentierten Regisseuren für ein relativ bescheidenes Budget freie Hand.

M.B. Harvey Weinstein, der Produzent von *Gangs of New York*, ist eben wieder ein Studioboss der alten Schule: ein extrem harter und geschäftstüchtiger Autokrat, aber gleichzeitig von einer wahren Filmbesessenheit getrieben, mit einem guten Gespür für Talente.

T.T. Hat Paul Newman Sie auf Grund Ihrer Zusammenarbeit bei *The Color of Money* für *The Glass Menagerie* engagiert?

M.B. Ich erinnere mich nicht mehr, ob wir noch während den Dreharbeiten darüber

Karen Allen, Joanne Woodward und John Malkovich (v.l.n.r.) in The Glass Menagerie.

gesprochen haben oder erst ein paar Wochen später. Auf jeden Fall mochten wir uns von Beginn.

T.T. War es nicht seltsam, dass Paul Newman plötzlich Regie führte und nicht als Schauspieler vor der Kamera stand? War er darauf überhaupt vorbereitet?

M.B. Mit Schauspielern konnte er sehr gut umgehen. Bewegungen und Einstellungen dagegen waren oft mein Wunsch, weil er dafür offensichtlich weniger Sinn hatte. Er hatte eine einfache Auflösung der Szenen in Bilder im Kopf, und ich musste ihm erklären, weshalb ich das anders sah – zum Beispiel wie man mit bewegten Bildern Emotionen erzeugen kann.

T.T. *The Glass Menagerie* hat von all Ihren amerikanischen Filmen das intimste Licht: alles mit gedeckten, schweren Farben, dunkle Töne, immer ein wenig braunstichig, wie auf alten Fotografien. Den ganzen Film prägt eine monochrome Stimmung – melancholisch, heimatlich, etwas traurig, aber auch schön.

M.B. Es sollte diese bedrückende Atmosphäre in den Südstaaten spürbar werden, dieses Eingeschlossensein, wo sich alle immer wieder in ihre Höhle zurückziehen.

T.T. Ganz besonders mag ich Karen Allen in diesem Film. Die war damals eher in einem anderen Genre zu Hause, in Filmen wie *Starman* und *Raiders of the Lost Ark*. Sie strahlt etwas Naturkindhaftes aus, das plötzlich aufbricht und eine überraschende Tiefe und Verletzlichkeit sichtbar werden lässt. Das ist toll.

T.T. Peter Yates, der Regisseur von *Bullit*, war nach Scorsese der erste richtig prominente Regisseur in den USA, der Sie engagiert hat. Wie lief in diesem Fall die Verhandlung ab?

M.B. Normalerweise rufen die Produzenten bei meinem Agenten an. Natürlich hat ihnen zu diesem Zeitpunkt der Regisseur bereits seinen Wunschkandidaten genannt, aber der Regisseur selbst kommt erst ins Spiel, wenn ich das Buch gelesen habe und interessiert bin.

T.T. Und das war in diesem Fall genauso?

M.B. Sicher, wir waren uns ja persönlich noch nie begegnet. Wenn man dagegen mit einem Regisseur bereits zusammengearbeitet hat, kann es auch vorkommen, dass er direkt bei mir anruft.

T.T. Yates war zu diesem Zeitpunkt eigentlich eine Art Legende. Haben Sie sich neben ihm wohl gefühlt?

M.B. Da gab es überhaupt keine Probleme. Im Gegenteil – *The House on Carroll Street* ist

einer der wenigen Filme, bei denen ich eine Gewinnbeteiligung hatte, und zwar nur deshalb, weil Yates am Schluss gesagt hat: »Die Zusammenarbeit mit dir war so schön, und du
hast dem Film so viel gegeben, ich gebe dir dafür fünf Punkte von meiner Gewinnbeteiligung ab.«

T.T. Was sich leider bei diesem Film nicht gelohnt hat.

M.B. Leider nicht. Aber eine großzügige Geste war es dennoch.

T.T. *House on Carroll Street* ist einer jener Filme, die ich sehr mag, obwohl er damals und eigentlich bis heute kaum wahrgenommen wurde. Der Film hat etwas im besten Sinne Altmodisches.

M.B. Darf ich einmal eine Frage stellen? Was halten Sie vom Liebespaar Kelly McGillis und Jeff Daniels?

T.T. Ihre Beziehung macht genau einen Teil dieser spezifischen Atmosphäre aus. Man hat nie das Gefühl eines brennenden Liebespaares, es entsteht keine direkte sexuelle Spannung zwischen den beiden, eher ein Gefühl der gegenseitigen Solidarität, weil beide einer Ungerechtigkeit auf die Spur kommen wollen. Alles ein bisschen staubig, aber gerade das gefällt mir.

M.B. Die beiden mochten sich überhaupt nicht. Beim Drehen war das ein echtes Problem, und ich habe mir immer gedacht: ›Mein Gott, hoffentlich merken das die Zuschauer nicht, dass sich diese zwei nicht ausstehen können.‹

T.T. Das ist faszinierend, weil dadurch für den Film genau die richtige, etwas distanzierte Stimmung entsteht. Es ist mir auf alle Fälle nie als Mangel aufgefallen. Wie hat sich denn die gegenseitige Antipathie auf die Dreharbeiten ausgewirkt?

M.B. Wenn sie gespielt oder geprobt haben, haben sie sich gegenseitig angezickt. Oder sie rannte weg, wollte eine Szene nicht mit ihm spielen und blieb sogar ganz vom Set weg. Dann mussten jeweils die Produzenten sie dazu überreden, weiterzumachen.

T.T. *House on Carroll Street* funktioniert wie ein klassischer Genrefilm. Er spielt nicht nur in den fünfziger Jahren, sondern wirkt auch sonst wie ein Studiofilm aus einer früheren Epoche. Eigentlich ist es unwichtig, das zu erwähnen, aber auch deshalb war es für mich im Grunde ein Stilbruch, dass Kelly McGillis plötzlich halbnackt durchs Bild läuft. Ich hatte zu ihr in diesem Film ein Verhältnis wie zu, sagen wir, Katharine Hepburn. Und die soll sich gefälligst nicht ausziehen!

M.B. Der Grund dafür war wohl, dass sie kurz zuvor in *Witness* diese berühmte Nacktszene hatte. Wahrscheinlich haben sich die Produzenten gedacht: ›Kann dem Einspielergebnis nicht schaden, wenn sie wieder nackt zu sehen ist.‹

T.T. So etwas geht mir auf die Nerven.

M.B. Ich muss ehrlicherweise gestehen, ich hatte damals nichts dagegen.

T.T. Selbst wenn es dem Film sonst nichts bringt?

M.B. Es muss ja nicht unbedingt so sein, dass die Szene für den Film schlecht ist. Wenn im Drehbuch steht, dass zwei Menschen miteinander schlafen, gibt es natürlich verschiedene Möglichkeiten, das zu zeigen. Man kann es sehr dezent machen, kann wegschwenken und alles nur andeuten. Wenn eine Szene beim Publikum besser ankommt, weil man mehr zeigt – weshalb sollte man das nicht tun?

T.T. Weil die Filmemacher solche Entscheidungen fällen sollen, mit Blick auf den Film – und nicht die Produzenten mit ihrem angeblichen Wissen um die Bedürfnisse des Publikums. In *House on Carroll Street* geht es wirklich nur darum, dass man sagen kann: »Oh, sie ist nackt in diesem Film!« Sie sieht übrigens – auch angezogen – unheimlich gut aus.

Aus anderen Filmen habe ich allerdings das Gefühl, dass sie ein Typ ist, der gar nicht leicht zu fotografieren ist.

M.B. Das stimmt. Wenn man jemanden hat, den man von allen Seiten fotografieren kann, der immer gut aussieht, ist das natürlich optimal. Aber das passiert sehr selten. Die meisten Schauspieler haben eine gute und eine weniger gute Seite.

T.T. Eine meiner Lieblingsszenen Ihrer ganzen Arbeit stammt aus diesem Film: die lange Sequenz in der Grand Central Station. Sie ist unglaublich imposant und wunderschön fotografiert. Ein riesiger Set, wahrscheinlich am Originalschauplatz gedreht, mit Unmengen von Komparsen. Wie dreht man das? Und vor allem: Wie leuchtet man das aus?

M.B. Der Aufwand war gewaltig. Vieles musste abgesperrt werden, und auf der Galerie, die rund um die Kuppel läuft, stand jede Menge Licht. Zudem mussten wir aufpassen, dass nur jene Teile des Gebäudes ins Bild kamen, die auch wirklich aus den fünfziger Jahren stammten. Es gab beispielsweise eine Wand mit einer riesigen Reklame. Weil die Firma nicht bereit war, die Reklame für die Drehzeit herunterzunehmen, war dieser Blickwinkel für uns natürlich verloren.

T.T. Wenn der Bösewicht runterfällt, durch das Glas bricht, im Netz hängen bleibt und dann in die Tiefe stürzt, sieht das absolut echt aus.

M.B. Den Blick von der Kuppel in die Tiefe haben wir tatsächlich vor Ort aufgenommen. Schließlich haben wir eine Puppe in die Halle runterfallen lassen, die wir zuvor vollgenebelt hatten. Die Szene im Netz, das langsam reißt, haben wir später im Studio gedreht, wo wir Teile der Kuppel nachgebaut hatten.

T.T. Der nächste Regisseur, mit dem Sie gearbeitet haben, war James L. Brooks. Wie haben Sie ihn erlebt?

M.B. Nach dem Oscar-Segen für *Terms of Endearment* besaß er eine unglaubliche Macht.

T.T. Und spürte man das in seinem Verhalten?

M.B. Ich habe mit ihm später unglaubliche Situationen erlebt. Er wollte beispielsweise, dass ich mit ihm *As Good As It Gets* mache. Eigentlich wollte ich damals mit Redford *Horse Whisperer* drehen, aber dieses Projekt verzögerte sich immer weiter. Da kam Wolfgang Petersen mit *Air Force One*. Kaum hatte ich bei Wolfgang unterschrieben, erfuhr Brooks davon, der mich daraufhin postwendend angerufen und am Telefon eine halbe Stunde lang angeschrien hat – er hat wirklich getobt. Jim Brooks ist ein genialer Autor und Regisseur,

aber er ist auch kein unschwieriger Regisseur und Mensch, unter anderem, weil es keinen
Take gibt, den er nicht aus Prinzip mindestens zwanzig Mal wiederholen lässt.

T.T. Wie ist Brooks auf Sie gekommen?

M.B. Wir hatten uns bei einem Workshop in Sundance kennen gelernt und dort über das
Buch zu *Broadcast News* gesprochen. Ich war im Umgang mit ihm völlig unbefangen, weil
ich keine Ahnung hatte, dass er ein derart mächtiger Mann war. Für mich war er lediglich
ein guter Regisseur, der gerade einen Oscar gekriegt hatte. Ich habe also das Buch gelesen,
bin zu ihm hingegangen und habe gesagt: »Jim, das Buch umfasst 153 Seiten, ist das nicht
ein bisschen zu lang?« – »Welche Szenen würdest du denn streichen?« Also habe ich das
Buch nochmals gelesen und ihm konkrete Kürzungsvorschläge gemacht. Jedes Mal konnte
er aufzeigen, dass die ganze Konstruktion wacklig wurde, wenn man irgendetwas ausließ,
weil das Buch derart verschachtelt war. »Aber früher oder später wirst du etwas streichen

müssen«, konnte ich da nur noch sagen. »Ich weiß, aber ich kann mich nicht entscheiden, was.« Als wir den Film schließlich gedreht haben, war er drei Stunden lang, und Brooks musste 45 Minuten kürzen. Genau dasselbe ist ihm später mit *As Good As It Gets* passiert. Der Rohschnitt war fünf Stunden lang – das muss man sich einmal vorstellen! Brooks ist ein Genie, aber es braucht manchmal wirklich Nerven, mit ihm zusammenzuarbeiten.

T.T. Seine Filme leben ganz stark von den Schauspielern. Wie geht er mit ihnen um?

M.B. Er dreht die simpelste Szene bis zur Erschöpfung. William Hurt sitzt jemandem am Tisch gegenüber – eine Szene, die 90 Sekunden dauert und die wir an einem Tag 72-mal gedreht haben. Aber kein Schauspieler hat sich je beklagt, sie fragen nicht einmal, weshalb, sie tun es einfach.

T.T. Wie sieht denn die Regiearbeit in solchen Situationen konkret aus?

M.B. Er sagt ohne ersichtlichen Grund: »Nochmals, nochmals, nochmals.« Das ist seine Regieanweisung: »Nochmals«. Natürlich spricht er mit den Schauspielern und versucht verschiedene Varianten des Dialogs, aber oft sind es nur Wiederholungen.

T.T. Auch an Sie?

M.B. Ja.

T.T. Hatten Sie den Eindruck, dass diese Methode von Erfolg gekrönt war, dass also die 20. Variante wirklich um die entscheidende Nuance anders war?

M.B. Er hat immer auf das Außergewöhnliche gewartet, das Nichtvorhersehbare. Und beim 20. Mal ist es dann manchmal tatsächlich passiert. Für die Schauspieler war es entnervend, aber es hat funktioniert.

T.T. Das klingt nun aber gar nicht nach einem Regisseur, der Ihnen und Ihrem Arbeitsstil liegt?

M.B. Das stimmt. Anfangs gab es auch ziemliche Spannungen zwischen uns. Ich hatte wie immer meine Ideen und habe die Szene vorbereitet, schon ein paar Schienen gelegt, das Licht gesetzt und ihm erklärt, wie ich mir die Auflösung vorstellte. Nach dem zweiten oder dritten Tag kam er zu mir: »So geht das nicht, Michael, du kannst nicht schon Schienen legen, bevor ich entschieden habe, wie die Szene läuft.« – »Aber Jim, ich wollte doch nur vorbereiten, damit wir dann schneller vorankommen.« Er war da sehr empfindlich und wollte der absolute Boss am Set sein. Es gibt eine Szene, in der William Hurt und Albert Brooks die Treppe herunterkommen und aus dem Bild gehen. Als sie aus dem Bild waren, hat Brooks nicht »Cut« gesagt, aber ich habe die Kamera ausgeschaltet. Er blickt mich an und zischt: »Ich habe nicht ›Cut‹ gesagt.« – »Aber die sind doch aus dem Bild gegangen, ich dachte, du hättest das ›Cut‹ vergessen.« – »Sie hätten zurückkommen können. Schneid nie

mehr meinen Film!« Diesen Satz habe ich nie mehr vergessen, und seither lasse ich den Finger vom Auslöser: »Never cut my movie again!«

T.T. Als wir uns eben den Film wieder angesehen haben, ist Ihnen die Bemerkung rausgerutscht: »Alles so brav, so ordentlich.«

M.B. Der Film hat tolle Schauspieler und fantastische Dialoge, aber visuell ist er nun wirklich nicht besonders eindrucksvoll. Kein Vergleich mit dem, was ich mit Scorsese in *The Color of Money* gemacht habe – und dafür habe ich nicht einmal eine Oscar-Nominierung erhalten. Für diese brave Arbeit dagegen kriegte ich eine. Aber das hat wieder mit Macht zu tun. Scorsese hat niemals diese Beziehungen im Establishment, wenn jedoch Jim Brooks ein paar wichtige Leute anruft, kann er für den Oscar vorgeschlagen werden.

T.T. Trotz dieser schwierigen Erfahrungen haben Sie später noch einmal mit Brooks zusammengearbeitet. *I'll Do Anything* ist meiner Meinung nach ein unterschätzter Film von Brooks. Eine erstaunlich bittere Abrechnung mit dem Filmbusiness.

M.B. Das Problem mit diesem Film ist, dass ihn niemand so gesehen hat, wie er eigentlich gedacht war, nämlich als Musical.

T.T. *I'll Do Anything?*

M.B. War ein Musical! Mit Shownummer, Tanzeinlagen und allem, was dazugehört.

T.T. Aber davon ist im Film absolut nichts zu sehen. Haben Sie die Musicalszenen überhaupt gedreht?

M.B. Brooks wollte, nachdem jahrelang kein Musical mehr gedreht worden war, wieder einmal ein ganz großes ins Kino bringen. Brooks hatte ein fantastisches Buch geschrieben, in dem sich die Gesangsnummern organisch aus der Handlung heraus entwickelten. Wir haben den ganzen Film als Musical gedreht, nur sind die Musikszenen zuletzt allesamt im Mülleimer gelandet.

T.T. Und Nick Nolte hat selbst gesungen?

M.B. Alle haben selber gesungen und getanzt, der Film war von Twyla Thorp traumhaft choreographiert.

T.T. Von alldem ist so gut wie nichts übrig geblieben! Wie ist so etwas überhaupt möglich – die Gesangsnummern haben doch sicher den ganzen Film strukturiert? Wie konnte so etwas passieren?

M.B. Als der Film in der ursprünglichen Fassung in einer Preview gezeigt wurde, kamen extrem schlechte Bewertungen zurück, das Publikum wollte offensichtlich kein Musical sehen. Daraufhin wurde eine Zwischenfassung geschnitten, für die man einige Musiknummern entfernt hat. Aber die Reaktionen waren immer noch schlecht. So wurden zuletzt sämtliche Musiknummern rausgeschmissen. Und was kam nach all diesen »Optimierungsmaßnahmen« heraus? Der Film war ein gewaltiger Flop! Ich wünschte mir wirklich, Brooks könnte sich aufraffen und die ursprüngliche Version des Films wiederherstellen. Ich habe ihm das mehrfach vorgeschlagen, aber der Frust über diesen totalen Misserfolg sitzt offenbar so tief, dass er nichts mehr mit diesem Film zu tun haben will.

T.T. Diese Enthüllung ist für mich umso erstaunlicher, als mir bei Brooks immer wieder sein irgendwie sorgloser, man könnte sagen, achtloser Umgang mit Musik auffällt. Oft legt er über absolut dramatische und intensive Szenen eine überraschend profane Dudelmusik.

M.B. Ich glaube, dahinter steckt der Versuch, die Ehrlichkeit und manchmal auch die Brutalität in seinen Dialogen erträglich zu machen. Es ist wie ein scharfes Gericht, über das ein bisschen Sahnesoße gekippt wird, um es genießbar zu machen. Brooks weiß ganz genau, was er tun muss, um sein Publikum allen Härten zum Trotz bei der Stange zu halten.

T.T. Für *Broadcast News* haben Sie Ihre erste Oscar-Nominierung bekommen. Wie haben Sie das erlebt?

M.B. Ich war gerade in Berlin auf den Filmfestspielen, als ich einen Anruf von James Brooks erhielt: »Du bist für den Oscar nominiert worden!« Damals habe ich das hingenom-

131

men, als sei es nichts Besonderes, denn ich hatte noch nicht wirklich realisiert, welche Bedeutung der Oscar für die amerikanische Filmindustrie hat.

T.T. Und heute? Wie wichtig wäre Ihnen beispielsweise ein Oscar für Ihre Arbeit bei *Gangs of New York?*

M.B. Jeder, der behauptet, ihm sei ein Oscar egal, lügt. Natürlich würde ich mich über den Oscar freuen. Aber für meine Arbeit ist sie nicht mehr wirklich wichtig. Ich kann so oder so die Filme machen, die ich will. Mein Marktwert würde dadurch, glaube ich, auch nicht wahnsinnig steigen. Etwas anderes ist es für einen Regisseur wie Scorsese. Ihm würde ein Regie-Oscar mehr Unabhängigkeit bringen, die er für seine Arbeit eigentlich seit Jahren verdient hätte. In Europa ist Scorsese ein Regie-Gott, aber in den USA muss er um jedes seiner Projekte kämpfen wie ein Wilder – das kostet unheimlich viel Kraft. Mit einem Oscar in der Tasche würde für ihn vieles leichter.

■■■■■■■■■■■■■■■■■■■■■■■■■■

7

The Last Temptation of Christ ■ *God's point of view* ■ *Vom Budget kurz gehalten* ■ *Ein Berliner namens Mike Nichols* ■ Working Girl ■ *Ein Close-Up der Freiheitsstatue* ■ *Was ist das, ein Schauspielerregisseur?* ■ *Und ein Schauspielerkameramann?* ■ Dirty Rotten Scoundrels ■ *Theorien über den Zusammenhang zwischen Dreharbeiten und fertigem Film* ■ *Drehen im Zug* ■ The Fabulous Baker Boys ■ *Michelle Pfeiffer auf dem Klavier* ■ *Der Mann, der die Sterne funkeln lässt*

T.T. Ich habe hier *Baja Oklahoma* von Bobby Roth auf der Liste. Gibt es dazu irgendetwas zu sagen?

M.B. Das war ein Freundschaftsdienst. *The Last Temptation of Christ* wurde wieder einmal verschoben. Das einzige Berichtenswerte an *Baja Oklahoma* ist, dass Julia Roberts damals eine kleine Rolle spielte und niemand ahnen konnte, welche Karriere sie einmal machen würde.

T.T. Dann schnell weiter zum nächsten Film: Allein schon die Tatsache, dass *The Last Temptation of Christ* so oft verschoben wurde, zeigt, wie heikel dieses Projekt war. Ich stelle mir vor, dass der Druck ungeheuerlich gewesen sein muss, nach all den Skandalen, den Verschiebungen und auch auf Grund des Anspruchs, den Scorsese an dieses Projekt hatte. Hatten diese schwierigen Vorbereitungen einen Einfluss auf den Film?

M.B. Ja, und seltsamerweise auf eine sehr positive Art und Weise. Ursprünglich war es ja ein großes Projekt mit einem Budget von 20 bis 30 Millionen Dollar gewesen. Jetzt hieß es für Marty: »Okay, hier hast du sieben Millionen – mach daraus, was du kannst, mehr gibt's nicht.« Ich glaube, es war für diesen Stoff genau richtig, dass wir mit einfachen Mitteln arbeiten mussten, dass wir alle für den Bruchteil unserer üblichen Gage mitmachten. Es war ein Liebesdienst für Marty und sein Herzensprojekt. Das hat dem Film nur gut getan.

Das Kreuz wird aufgerichtet.

T.T. Gab es keine Probleme bei den Dreharbeiten?

M.B. Jede Menge. Einmal wurde ein Drehort derart überschwemmt, dass er uns förmlich davongeschwommen ist. Ein anderes Motiv, ein Fluss, ein richtig schöner Fluss, war weg, als wir zum Dreh ankamen – das Flussbett war ausgetrocknet. Und als wir die Kreuzigungsszene drehen wollten, lag plötzlich Schnee. Das Eigenartige war aber, dass sich all diese Situationen immer zum Besseren gewendet haben. Am Schluss fanden wir immer ein besseres Motiv als das zunächst geplante. Ich weiß noch, wie Joe Ready, der First A. D. (First Assistant Director), und ich jeden Sonntag wie die Wilden herumgefahren sind, um den Drehort für die Kreuzigungsszene zu finden. Buchstäblich am letztmöglichen Tag, kurz vor Sonnenuntergang, gelangen wir an einen Berg und denken, gut, fahren wir da halt auch noch hoch. Und plötzlich stehen wir an dem Platz, von dem wir sofort wussten: Der ist es!

T.T. Ich erinnere mich, dass ich sehr überrascht war, als ich hörte, dass Willem Dafoe Jesus spielen würde, denn Jesus stellte ich mir immer irgendwie jugendlich und seltsamerweise auch weicher vor; und Dafoe ist auf den ersten Blick weder das eine noch das andere. Aber er erwies sich dann als optimale Besetzung – vielleicht gerade wegen seiner widersprüchlichen Präsenz.

M.B. Er ist ein glänzender Bühnenschauspieler – wie er diese Rolle gemeistert hat, das ist schon sehr, sehr außergewöhnlich. Er war extrem geduldig – und er musste einiges durchmachen. Bei dieser Hitze am Kreuz hängen, nur dürftig bedeckt und manchmal lange, lange Zeit! Es war heiß, das Blut und die Fliegen – mit welcher Geduld und Disziplin er diese Rolle ausgehalten hat, ist bewundernswert.

T.T. In den USA und auch anderswo löste der Film Stürme der Entrüstung aus. Jesus wird als Mensch gezeigt, vor allem natürlich als jemand, der auch seine Sexualität gelebt hat.

M.B. Gerade das war aber auch das Spannende am Roman von Kazantzakis. Dass Jesus gegen seine Berufung aufbegehrt, dass er immer wieder fragt: »Warum gerade ich?« Damit war der ganze Glorienschein weg.

T.T. Und so erinnert der Film auch an nichts mehr, was man sonst von Bibelfilmen gewohnt ist, all die pompösen Bilder, die große Geste – das fehlt hier fast gänzlich. Wenn man an *The Last Temptation of Christ* denkt, assoziiert man ein asketisches Klima und ungewöhnliche Stille. Der Film ist auch farblich ziemlich monochrom, fast wie bei Pasolini. Überall ist Braun und Ocker.

M.B. Er war braun, er war weiß, und er war gelb. Bräunlicher Sand, braune Hütten, ockerfarbene und braune Kleider.

T.T. Und doch gibt es, bei aller Zurückhaltung, eine Menge visuell starker Momente. Der Film interessiert sich – wie so oft bei Scorsese – sehr für das Subjektive, vor allem dann, wenn Jesus alleine ist.

M.B. Für diese Szenen hat Marty aber auch jeweils eine seiner Lieblingseinstellungen eingesetzt: die Aufsicht von oben, »God's point of view« gewissermaßen.

T.T. Was ist eigentlich das Besondere an der Vogelperspektive? Vielleicht ist es tatsächlich der »Gottesblick«. Ich glaube aber, es hat auch damit zu tun, dass sich ein Bild, das man

Die Kamera klebt am Kreuz: The Last Temptation of Christ.

sonst nur aus der Perspektive der Augenhöhe kennt, durch die Aufsicht in ein graphisches Konstrukt auflösen lässt. Dadurch kann man zum Beispiel den rituellen Aspekt einer Handlung betonen.

M.B. Die Abstraktion macht sicher einen wesentlichen Reiz dieser Kameraeinstellung aus. Bei *The Last Temptation of Christ* fand ich das auch immer richtig und sehr überzeugend. Bei anderen Filmen, wo es sozusagen nicht um die Perspektive Gottes geht, habe ich dagegen hin und wieder mit Marty Auseinandersetzungen, weil ich eine tiefere Kameraposition für dynamischer halte. Vielleicht kommt die Vorliebe aber auch daher, dass er selbst nicht sehr groß ist und gerne ein bisschen mehr von oben gucken möchte.

T.T. Ich möchte gerne nochmals auf den besonderen Druck zurückkommen, der auf diesem Projekt gelastet hat. Auch den ökonomischen.

M.B. Wir hatten sechzig Tage Drehzeit – keinen Tag und keinen Dollar mehr. Jeden Tag kam Marty zu mir und klagte sein Leid – die Produzentin war auch diesmal seine Frau, Barbara de Fina: »Ich kann nicht mehr, jedes Mal, wenn ich ins Hotel komme, erzählt mir Barbara, dass wir wieder 22 Dollar über das Budget hinausgegangen sind. Ich denk nur noch ans Geld und nicht an den Film.« Das Geld spielte wirklich eine entscheidende Rolle, und dementsprechend gut war ich vorbereitet. Wir hatten eine perfekte Shotlist, und ich war acht Wochen im Voraus am Drehort, um schon möglichst viel planen zu können. Ich bin morgens früh zu jedem Motiv hingegangen, um zu sehen, wann die Sonne wo steht und zu welchem Zeitpunkt das Licht am besten ist. So vorbereitet, haben wir am ersten Tag um die 36 Einstellungen gedreht.

T.T. Ich muss Barbara de Fina in Schutz nehmen. Produzentin eines derart unterfinanzierten Films zu sein, ist ein Albtraumjob.

M.B. Es war wirklich nicht einfach. Ich weiß noch genau, dass wir für die Szene mit den Soldaten im Tempel vier Kostüme besaßen. Die Komparsen mussten sich also ständig umziehen, und dann kommen auch noch dieselben Statisten mehrmals vor, damit es nach viel mehr aussieht. Es war wie absurdes Theater.

T.T. Bei dieser Szene ist es mir zwar nicht aufgefallen, ansonsten aber hatte ich tatsächlich das Gefühl, dass bei einigen Szenen der Raum nur spärlich gefüllt war.

M.B. Wir hätten manchmal 500 Statisten gebraucht, aber mehr als 150 waren einfach nicht drin. Trotzdem gab es immer Momente, in denen Scorsese allen Einschränkungen zum Trotz seine ganze Kraft entfalten konnte. Beispielsweise, wenn Jesus zum ersten Mal sein Kreuz trägt. Das haben wir mit 120 Bildern pro Sekunde gedreht und mit einer ganz langen Brennweite, ich glaube mit 300 Millimetern. Inspiriert war die Szene von Hierony-

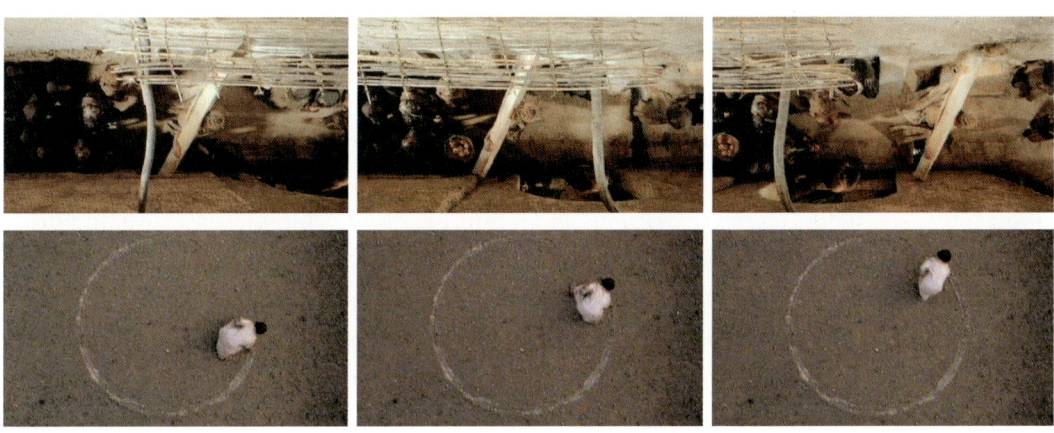

»*God's point of view*«: *Auf-sichten aus* The Last Temptation of Christ.

137

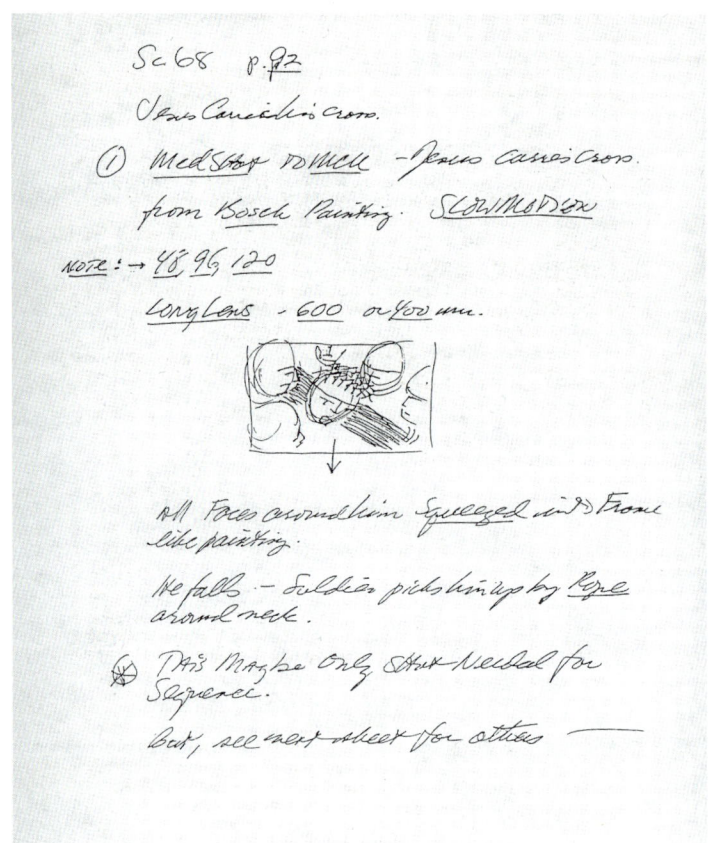

mus Bosch, und wenn dann noch diese tolle Musik dazukommt, dann sind das Momente, in denen der Film einfach unbeschreiblich schön ist.

T.T. Er schafft tatsächlich ein ganz eigenes Klima, das er konstant durchhält. Man wird nicht wie bei anderen Bibelfilmen umständlich und vor allem mit verkrampfter Ehrfurcht auf Distanz gehalten, sondern ist gleich mittendrin, ganz nah bei diesem Typen, der da vor sich hin zimmert und brütet.

Last Temptation hat auch ein unglaubliches Gefühl für Stille. Und dann eben diese Musik von Peter Gabriel. Wurde sie auf Grund einer Schnittfassung komponiert, oder war Gabriel schon in das Projekt involviert, bevor es mit den Dreharbeiten losging?

M.B. Er war schon lange vorher an der Arbeit, hat ständig experimentiert, in Afrika Trommelmusik aufgenommen. Die Musik war wirklich phänomenal, auch weil sie aufs Engste mit dem Film verwoben war und nicht nachträglich entstanden ist.

Die Kreuztragung Christi von Hieronymus Bosch (1450–1516).

Inspiriert von Hieronymus Boschs Ikonographie: Kreuzweg aus The Last Temptation of Christ.

T.T. Einer der besten Soundtracks aller Zeiten. Übrigens: Hatten Sie wieder einen Operator, oder haben Sie selbst geschwenkt?

M.B. Ich musste selber schwenken, weil wir gar kein Geld für einen Operator hatten. Mein Sohn Florian hat Schärfe gezogen, seine Frau Pam war unsere Assistentin, und Sebastian war Second A. D. – es war gewissermaßen ein Familienunternehmen. Wir haben gearbeitet wie die Wilden, sind zum Drehort gefahren, wenn es noch dunkel war, und haben aufgehört zu drehen, wenn die Sonne unterging.

T.T. Sie haben mir einmal von einer Nachtszene erzählt, mit der Sie unzufrieden waren. Welche war das?

M.B. Unzufrieden? Todunglücklich war ich, weil es eine Katastrophe war! Es ging um das Gespräch zwischen Jesus und Judas, nachts in der Nähe des Dorfes. Ich hatte kein Feuer, nur ein bisschen Mondschein, und die Szene spielte in der Wüste. Es gab also nichts, was man beleuchten konnte, auch nichts im Hintergrund. Aber ich konnte ja nicht Luft beleuchten.

T.T. Sie meinen, Sie hatten nichts, worin sich das Licht fangen konnte?

M.B. Rein gar nichts. Dann habe ich versucht, einen Hügel im Hintergrund zu beleuchten, aber der war viel zu weit weg. Es war, als würden wir vor schwarzem Molton drehen – absolut grauenhaft. Ich hatte diese Probleme allerdings schon kommen sehen und wollte deshalb »Day for Night« drehen.

T.T. Ich wollte gerade fragen, weshalb Sie das nicht getan haben?

M.B. Weil es nicht im Budget vorgesehen war. Also haben wir nachts gedreht, und jedes Mal, wenn ich die Szene heute sehe, denke ich mit Schrecken an diese Nacht.
Mit dem Licht gab es des Öfteren Ärger. Beispielsweise die Hochzeitsszene: Die Sonne senkte sich gerade und war im Begriff unterzugehen. Wir hatten nur eine halbe Stunde, um diese Szene zu drehen. Und dann sagt Barbara Hershey zehn Minuten vor Sonnenuntergang: »I need a minute.« Ich dachte, ich werde wahnsinnig.

T.T. Wofür brauchte sie denn eine Minute?

M.B. Um sich zu konzentrieren. Die Sonne verschwand, und ich dachte: ›Jetzt würg ich sie gleich.‹

T.T. Das ist ein gutes Beispiel für Probleme beim Filmemachen, die man nachher dem fertigen Film nie ansieht: Wie man es nämlich schafft, dass alle zur selben Zeit ihren Konzentrationshöhepunkt haben.

M.B. Leider hat die Produktion beim Team sparen müssen. Ich hatte eine italienische Crew, die war einfach fürchterlich. Lauter ältere Herren, die sicher schon mit vierzig schlecht gewesen waren. Aber es war die billigste Crew, die sie kriegen konnten. Einmal saß Florian auf dem Kran, und diese Idioten hatten den Kran nicht richtig gesichert, so dass er umkippte und ihn fast erschlagen hätte. Florian konnte sich im letzten Moment abrollen, so dass er nicht getroffen wurde. Eine andere heikle Situation erlebte ich, als wir die Szene drehten, in der Jesus die Händler aus dem Tempel schmeißt. Willem Dafoe legte sich unglaublich ins Zeug, stürmte rein und hat wirklich alles kurz und klein geschlagen. Schmeißt also die Sachen rum und mir eine Holzschüssel voll gegen den Kopf. Ich habe geblutet wie ein Schwein … Das Blut lief mir nur so über das Gesicht. Meine Söhne haben einen Riesenschreck bekommen.

T.T. Haben Sie weiterdrehen können?

M.B. Wir haben die Szene zu Ende gedreht. Anschließend bin ich in ein Krankenhaus nach Marrakesch gefahren – und das erst war die eigentliche Katastrophe. Die Schwester

hat mir den Kopf um die Wunde herum rasiert – das hat brutal wehgetan –, dann haben sie den Schnitt auch noch mit sieben Stichen genäht, ohne jede Betäubung.

In Marokko sind allerdings nicht nur Katastrophen passiert. Immerhin habe ich dort im Hotel auch einen dieser in meinem Berufsleben so entscheidenden Anrufe gekriegt. Am anderen Ende meldete sich ein Deutsch sprechender Mensch mit einem leichten Akzent. Es war Mike Nichols.

T.T. Er sprach Deutsch?

M.B. Er ist ursprünglich Berliner. Die Familie ist emigriert, als er neun Jahre alt war. Er spricht nicht perfekt Deutsch, aber wenn er sich anstrengt, beherrscht er es ganz gut.

T.T. Und bei dieser Gelegenheit hat er Ihnen *Working Girl* angeboten?

M.B. Genau.

T.T. Ich habe *Working Girl* erst kürzlich wieder gesehen und muss gestehen, dass er viel besser ist, als ich ihn in Erinnerung hatte. Schon die Eröffnung ist sehr imposant.

M.B. Das war eine von Mikes visuellen Ideen. Er ist in erster Linie ein begnadeter Schauspielerregisseur. Seine visuelle Fantasie ist nicht so ausgeprägt wie bei Scorsese. Aber er hat für jeden Film einige wunderschöne Bilder im Kopf, die er unbedingt verwirklichen will. Eine davon war eben diese Umkreisung der Freiheitsstatue, dann runter über das Wasser und mit einer Überblendung ins Boot hinein, bis das Bild auf Melanie Griffith stehen bleibt.

T.T. Klingt einfach, war aber sicher ziemlich kompliziert.

M.B. Wir hatten einen fantastischen Helikopterpiloten, der mit uns so nahe um die Freiheitsstatue herumgeflogen ist, wie es eigentlich gar nicht erlaubt war. Wir haben sie praktisch im Close-Up gefilmt.

Eine andere Idee von Nichols war die Einstellung, bei der die Kamera über das Wasser auf Manhattan zurast und dann an der Skyline hochschwenkt. Dafür haben wir die Kamera unter einen Helikopter gehängt, und unser Pilot ist damit zwei Meter über dem Wasser geflogen und hat die Maschine dann hochgezogen. Das haben wir mit acht Bildern pro Sekunde gedreht …

T.T. … und es sieht super aus. Mit acht Bildern kann man natürlich die Blende weiter aufmachen und kriegt dadurch schöne Nachtaufnahmen, und das Bild wird viel schneller. Wir haben so etwas Ähnliches in *Der Krieger und die Kaiserin* versucht. Da haben wir diese Flüge über Wuppertal auch unterdreht.

Das sind also die visuellen Eckpfeiler, die Ihnen Nichols gibt. Und dazwischen?

M.B. Dazwischen gibt er mir viel Raum für meine eigenen Visionen, deren Stil Mike inzwischen natürlich auch kennt. Ich bewege die Kamera gerne, also mache ich ihm Vorschläge, wie man sie bewegen könnte.

T.T. Es ist interessant, dass Ihre Filme mit Nichols ein ganz eigenes Aussehen haben, so wie jene mit Scorsese. Bei Nichols stehen vor allem die Schauspieler im Mittelpunkt. Alles wirkt viel unspektakulärer als bei Scorsese, ist in sich aber stimmig.

Melanie Griffith finde ich in kaum einem Film besser als hier. Wenn man sich *Working Girl*

allerdings genauer anschaut, bemerkt man ziemliche Schwankungen: Manchmal sieht sie toll aus und dann ganz plötzlich ziemlich mitgenommen. Sie scheint auch Gewichtsprobleme gehabt zu haben.

M.B. Und nicht nur das. Ich mochte sie gerne, aber sie hatte damals tatsächlich eine Menge Schwierigkeiten. Manchmal kam sie zum Set, und ich dachte: ›Um Gottes willen, wie sieht sie denn aus!?‹

T.T. Aber trotzdem: Im Film ist sie einfach hinreißend.

M.B. Ich habe mich sehr um sie gekümmert und alles getan, sie möglichst gut aussehen zu lassen. Wer dafür etwas zu kurz kam, war Harrison Ford. Der war so professionell, dass ich mich um ihn viel weniger gekümmert habe. Auch zu Sigourney Weaver habe ich nie so richtig den Draht gefunden. Ich hatte alle Hände voll mit Melanie zu tun.

T.T. Haben Sie mit ihr über das Problem gesprochen?

M.B. Wirklich helfen konnten wir ihr nicht, dafür kannten wir uns einfach zu wenig. Alle haben sich sehr bemüht und waren hilfreich, wo sie konnten.

T.T. Das Fragile und Unsichere konnte sie andererseits in dieser Rolle sehr gut einsetzen. Vielleicht wird dadurch auch die Verwandlung, die sie im Laufe der Geschichte durchmacht, umso erstaunlicher und glaubwürdiger. Sie scheint mir ein gutes Beispiel dafür zu sein, wie viel Persönliches manchmal in einer Rolle stecken kann – und welchen Preis Schauspielerinnen und Schauspieler oft dafür zahlen müssen.

Ich möchte gerne noch ein bisschen mehr über die Zusammenarbeit mit Nichols erfahren. Er ist von den amerikanischen Regisseuren neben Scorsese derjenige, mit dem Sie am häufigsten und regelmäßigsten zusammengearbeitet haben. War das auch so ein gegenseitiges Verständnis auf den ersten Blick wie bei Scorsese?

M.B. Eigentlich schon, obwohl Mike ein ganz anderer Typ als Scorsese ist und ganz andere Filme macht. Er hat mir einmal eines der schönsten Komplimente überhaupt gemacht, als er von einem Reporter gefragt wurde, wie denn die Zusammenarbeit mit mir sei, und er geantwortet hat: »Working with Michael is like being in heaven, only you don't have to die for it.«

T.T. Die späten Filme von Nichols – also sagen wir ab *Working Girl* – gehören in diese spe-

144

zielle Kategorie des »ambitionierten Mainstream«. Das Bittersüße, mitunter Harte mischt sich mit Humor und einer versöhnlichen Grundhaltung. Das hat manchmal Ähnlichkeiten mit Jim Brooks.

M.B. Schon. Aber der entscheidende Unterschied besteht darin, dass Mike nicht so besessen ist wie Brooks. Für Jim gibt es beim Drehen nichts anderes als den Film. Mike ist da viel entspannter und gelassener. Der macht auch keine zwanzig Takes, sondern drei, vier und manchmal sogar nur zwei.

T.T. Und doch schafft er es, dass seine Schauspieler immer wieder wahnsinnig gut sind.

M.B. Er ist ein genialer Schauspielerregisseur, und in Sachen Besetzung ist er für mich der Meister schlechthin.

T.T. Was ist das eigentlich, ein Schauspielerregisseur? Ich meine, Scorsese kann ja auch sehr gut mit Schauspielern umgehen – dennoch käme niemand auf die Idee, ihn einen Schauspielerregisseur zu nennen.

M.B. Die Behutsamkeit, mit der Nichols aus den Schauspielern das Beste herauskitzelt, ist einzigartig. Schauspieler sind ja extrem verwundbar. Andererseits sind sie nur dann gut, wenn sie die Zuschauer in ihre Seele schauen lassen. Das bedeutet, dass sie in ihren besten Momenten völlig schutzlos sind. Der Regisseur muss also gleichzeitig diese totale Öffnung provozieren, dann aber auch die Schauspieler in ihrer Schutzlosigkeit beschützen, weil er sonst nichts mehr aus ihnen rauskriegt. Darin ist Nichols ein Genie.

T.T. Auch Sie als Kameramann müssen zu den Schauspielern eine Beziehung aufbauen und eine Intimität erzeugen, in der sie sich ganz öffnen können. Sind Sie ein Schauspielerkameramann?

M.B. Ich glaube schon. Die meisten Schauspieler spüren, dass ich sie liebe und alles tue, damit sie sich wohl fühlen und im Film gut aussehen. Ich lege deshalb großen Wert darauf, dass es während der Arbeit ganz leise zugeht. Bei mir muss das Team so diszipliniert sein, als wäre man in der Kirche, da gibt es kein Herumschreien. Die Konzentration der Schauspieler auf dem Set nicht zu stören, ist für mich eine Pflicht.

T.T. Wie stellen Sie sich den Schauspielern vor? Sie sind ja neben dem Regisseur die wichtigste Bezugsperson für sie.

M.B. Wenn ich mit Mike Nichols arbeite, entsteht der Kontakt bereits dadurch, dass ich bei den Proben immer dabei bin. Die Schauspieler merken dann bald, dass wir ein Team sind. Es gibt aber auch Schauspieler, mit denen ich mich einfach auf Anhieb unheimlich gut verstehe, Emma Thompson zum Beispiel. Ich habe sie bei *Primary Colors* das erste Mal getroffen, und wir haben uns auf Anhieb gut verstanden.

T.T. Was tun Sie, wenn ein Take wegen eines technischen Fehlers wiederholt werden muss?

M.B. Das ist etwas, was mich furchtbar aufregt. Deshalb bläue ich meinem Team immer wieder ein: »Wenn ihr Probleme habt, machen wir lieber eine Probe mehr, als dass wir nachher eine Aufnahme versauen.« Wenn ein Schauspieler eine Szene toll spielt und sie nur deshalb wiederholt werden muss, weil die Schärfe nicht stimmt, das ist mir sehr, sehr unangenehm.

T.T. Das erfordert aber eine große Flexibilität des Schwenkers und des Schärfeziehers, denn manchmal machen Schauspieler überraschende Bewegungen, die nicht so eingeplant waren.

M.B. Robert de Niro ist in dieser Hinsicht furchtbar. Da kannst du Marken auf den Boden machen, so viel du willst, der hält sich einfach nicht dran, der spielt jedes Take anders. Aber mit einer guten Vorarbeit kriegt man selbst das hin, indem man sich auf verschiedene

Varianten gefasst macht und diese antizipiert. Schwieriger sind eigentlich Schauspieler, die normalerweise sehr präzise immer wieder dasselbe wiederholen und dann ganz plötzlich völlig unerwartet etwas verändern.

T.T. Wie setzen Sie sich eigentlich mit den Kostümen und dem Make-up auseinander? Ab welchem Punkt reden Sie da mit?

M.B. Vor jedem Film machen wir Make-up-Tests. Dann schaut man sich das sehr genau an, und wenn die Tests nicht zufriedenstellend sind, ändert man das Make-up und macht weitere Tests. Wenn sich wie bei Melanie Griffith in *Working Girl* im Laufe des Films die ganze Erscheinung verändert, testet man selbstverständlich alle Make-ups durch.

Genauso ist es mit den Kostümen. Auch die werden vor Drehbeginn gefilmt und diskutiert. Inzwischen gibt es ein paar Punkte, die mir beim Make-up wichtig sind: Ich mag beispielsweise nicht, wenn zu stark abgepudert wird, weil die Haut dadurch etwas an Transparenz verliert. Das sind Dinge, die ich mit den Maskenbildnern vorher abspreche.

T.T. Und das Umgekehrte passiert nie, dass vom Make-up kleine Sticheleien kommen, wie: »Na ja, bei dem Licht kann ich natürlich nichts machen«?

M.B. Ich habe das nur ein Mal, da aber äußerst heftig und unangenehm erlebt: Bei *Postcards from the Edge*. Der Visagist, der Meryl Streep betreute, glaubte sich in die Lichtführung und in die Position der Kamera einmischen zu müssen. Das hatte ich bis dahin noch nicht erlebt.

T.T. *Dirty Rotten Scoundrels* von Frank Oz war im Grunde Ihre erste »Gag-Komödie«. Die Filme mit Brooks und Nichols sind zwar auch Komödien, aber ihr Humor entwickelt sich mitten im Drama. War das für Sie eine völlig andere Art zu drehen?

M.B. Viel mehr, als ich das erwartet hatte. Aber die Ausgangslage war eigentlich optimal: Frank Oz wollte mich unbedingt haben, die Besetzung mit Steve Martin und Michael Caine fand ich aufregend, die Lektüre des Drehbuchs habe ich genossen, und dann fanden die Dreharbeiten auch noch an der Côte d'Azur statt – was will man mehr. Ein kleines Problem tauchte allerdings doch noch auf, denn Oz wollte einen Operator mitbringen, mit dem er in England gearbeitet hatte und mit dem er dann auch die Einstellungen besprochen hätte. Da musste ich ihm klar machen, dass ich mit ihm die Einstellungen absprechen wollte, die mein Schwenker dann umsetzen würde. Oz hat meine Position ohne Aufhebens akzeptiert, und die Dreharbeiten verliefen danach problemlos.

T.T. Hatte er vielleicht Bedenken, weil Sie noch nie diese Art von Komödie gedreht hatten?

M.B. Das weiß ich nicht. Auf jeden Fall war es tatsächlich eine neue Erfahrung für mich. Vor allem meine Vorliebe, die Kamera zu bewegen, musste ich deutlich zurücknehmen. Oz hat mir erklärt: »Wir dürfen die Kamera nicht so viel bewegen, weil das Timing in der Komödie alles ist. Ich muss die Möglichkeit haben, bei jedem Bild, in jeder Sekunde schneiden zu können.« Davon verstand er natürlich viel mehr als ich, er hatte für das Timing der Gags ein nahezu perfektes Gespür. Für mich hieß es also: Weniger lange Einstellungen als sonst, eine statischere Kameraführung und mehr Covern.

T.T. Haben Sie mit zwei Kameras gedreht, um das Covern zu erleichtern?

M.B. Ich tue das nur ungern, erst recht, wenn es gilt, einen Pingpong-Dialog zwischen zwei Schauspielern zu drehen, also immer Schuss-Gegenschuss.

T.T. Weshalb?

M.B. Weil es sehr schwierig sein kann, in zwei Richtungen gleichzeitig leuchten zu müssen. Wirklich perfekt kann man nur in eine Richtung beleuchten.

T.T. Das Problem besteht darin, dass alle Schattenwürfe und damit auch die Konturen verloren gehen, wenn von verschiedenen Seiten gleichzeitig beleuchtet wird – es ist dann im Grunde alles hell. Oder?

M.B. Genau. Wobei Komödien im Allgemeinen ein helleres Licht brauchen, helleres und weniger dramatisches Licht.

T.T. Gibt es dafür eine Erklärung?

M.B. Wahrscheinlich sollen Komödien leichter wirken. Schweres, dramatisches Licht passt dazu einfach nicht. Komödien sollen etwas Freundliches und Helles ausstrahlen.

T.T. Wir haben schon darüber gesprochen, dass besonders gelungene Filme oft unter besonders schwierigen Umständen entstehen und dass die lustigsten Filme nicht unbedingt dann zu Stande kommen, wenn am Set viel gelacht wird. Wie war es denn bei *Dirty Rotten Scoundrels*?

M.B. Der Film unterstützt die Theorie nun gar nicht, denn die Dreharbeiten gehörten zu den lockersten, die ich je erlebt habe. Die Schauspieler waren absolut professionell und unproblematisch, wir hatten eine wunderbare Villa gemietet, unsere beiden Söhne haben an dem Film gearbeitet – es war wie ein bezahlter Urlaub. Für diesen Film auch noch Geld zu kriegen, war schon fast eine Sünde.

T.T. Dreharbeiten als Urlaub – das kann ich mir ehrlich gesagt nicht vorstellen.

M.B. Zugegeben, es gab schon Momente, in denen mir Oz sagte, ich sollte mich bitte daran erinnern, dass er der Regisseur sei.

T.T. Weshalb denn das?

M.B. Nun ja. Ich habe meine Vorstellungen von Szenenauflösungen sehr stark vertreten, so dass Oz vielleicht manchmal das Gefühl hatte, ich würde mich zu stark einmischen. Mit der Zeit habe ich dann gelernt, etwas diplomatischer zu sein. Ich sage heute nicht mehr: »Das finde ich aber nicht gut!«, sondern eher: »Ja, das gefällt mir, aber vielleicht könnte man es ja auch einmal so probieren.«

T.T. Es gibt in *Dirty Rotten Scoundrels* diese Szene im Zug, in der sich Steve Martin und Michael Caine kennen lernen. Hätten Sie die auch in einem richtigen Zug drehen können?

M.B. Natürlich. Aber ich würde Zugszenen immer lieber im Studio drehen. So war es auch in diesem Fall. Unser Ausstatter hat grandiose Arbeit geleistet: Er hat hintereinander drei Schienen gestaffelt, auf denen jeweils Bäume standen, die sich dann bewegt haben, oder andere Züge. Er hat auf dem Set einen richtigen Hintergrund gebaut, nicht nur ein Bild malen lassen.

T.T. Und dieser Hintergrund wurde nun perspektivisch verzerrt und in unterschiedlichen Geschwindigkeiten bewegt. Aber die Gefahr ist groß, dass man, wenn man genau hinsieht, doch sofort merkt, dass es Studio ist.

M.B. Schon. Aber die Nachteile, im Zug zu drehen, sind einfach enorm. Erstens wackelt es ständig, und zweitens ist man von der Beleuchtung her sehr eingeschränkt, weil sich während der Fahrt draußen das Licht ohnehin dauernd verändert. Ich habe zwar auch schon im Zug gedreht, aber ich mach es viel lieber im Studio, weil ich dort die Kontrolle habe.

T.T. Den Satz wollte ich hören: »Weil ich dort die Kontrolle habe.«
Ihr Einstieg in ein neues Genre war durchaus erfolgreich. *Dirty Rotten Scoundrels* war ein ziemlicher Hit.

M.B. Wir hatten sogar geplant, eine Fortsetzung zu drehen. Die ganze Geschichte war so aufgebaut, dass das problemlos möglich gewesen wäre. Wir wussten auch schon, dass wir in Venedig drehen wollten, einer meiner Traumstädte ...

T.T. ... und der nächste Urlaubsdreh ...

M.B. Genau. Aber leider ist es dazu nie gekommen.

T.T. Haben Sie so etwas wie ein Lieblingsgenre?

M.B. Ich mag Liebesfilme.
Und ich mag alles, was eine Liebesgeschichte spannend macht. Am allerschönsten sind natürlich die unglücklichen oder zumindest die schwierigen Liebesgeschichten.

T.T. Womit wir bei *The Fabulous Baker Boys* angekommen wären. Das ist nach wie vor ein

toller »kleiner« Film, der von seiner entspannten, unaufgeregten Atmosphäre lebt und psychologisch stimmig, nie langweilig und wirklich bewegend ist. Erstaunlich, dass dies ein Erstling war. Wie sind Sie auf Steve Kloves gestoßen?

M.B. Ich habe ihn als sehr stillen und sehr introvertierten Menschen kennen gelernt. Er hatte damals bereits Erfahrung als Drehbuchautor, aber noch nie einen Film inszeniert. Deshalb hat er mich auch gefragt, wie ich mir den Film vorstelle. Da habe ich natürlich losgelegt und ihm eine halbe Stunde lang erklärt, wie ich die Szenen auflösen würde, die Bewegungen, das Licht, die Stimmung – alles. Daraufhin meinte er nur, er könnte selbst nicht besser ausdrücken, wie er sich den Film vorstellte.

T.T. Ist es also doch so, dass Ihr gestalterischer Anteil in diesem Fall deutlich größer war als bei anderen Filmen?

M.B. Steve hat das nicht nur zugelassen, sondern auch gewollt. Er hatte in dieser Beziehung überhaupt keine Ego-Probleme und hat mich immer wieder herausgefordert. So ist es auch zur Kreisfahrt mit Michelle Pfeiffer auf dem Flügel gekommen. Ich las das Drehbuch, hörte den Song und dachte, hier wäre doch die 360-Grad-Fahrt passend. Und Steve ist sofort darauf eingestiegen.

T.T. Im Drehbuch war also noch gar nicht vorgesehen, dass sie auf dem Piano liegt?

151

M.B. Nein, dazu kam es erst, als wir uns zu der Kreisfahrt entschlossen und die Bewegung choreographiert hatten. Wir haben das natürlich lange geprobt, und ich bin mit der Videokamera herumgelaufen, um das richtige Timing zu finden. Ich wollte nämlich zusätzlich zur Kreisfahrt rein- und rauszoomen, um der Fahrt noch mehr Dynamik zu verleihen.

T.T. Außerdem trägt sie noch ein ziemlich »kompliziertes« Kleid.

M.B. Michelle war sehr diszipliniert, darüber hinaus haben wir aber auch lange geprobt. Der eigentliche Dreh war im Grunde das kleinste Problem: Am Ende haben wir die Kreisfahrt in einem halben Tag abgedreht. Wir haben es acht Mal gemacht, und das war's dann.

T.T. Die Kreisfahrt hört ganz knapp vor dem Ende auf. War das Absicht?

M.B. Nein, die geht natürlich weiter. Ich habe es sehr bedauert, dass die Einstellung nicht bis zum Ende im Film ist.

T.T. Hatten Sie keine Möglichkeit, in den Schnitt einzugreifen?

M.B. Das ist – ganz besonders in den USA – fast aussichtslos, weil dort die einzelnen Abteilungen sehr autonom arbeiten. Es ist üblich, dass der Cutter ungefähr zwei Wochen nach Abschluss des Films seinen Schnitt beim Regisseur abliefert.

T.T. So ein erstes »Assembling«?

M.B. Nein, das ist dann schon ein ziemlich ausgefeilter Rohschnitt. Anschließend setzt sich der Cutter mit dem Regisseur zusammen, und die beiden fangen mit dem Feinschnitt an. Wenn ich einen Film wie *Baker Boys* sehe, der zwar gut ist, aber mit einem optimalen Schnitt noch besser sein könnte, träume ich manchmal schon davon, selbst zu schneiden. Aber das ist hier in den USA und in meiner Position schlicht undenkbar.

T.T. Für Michelle Pfeiffer war dieser Film sehr wichtig, und sie wird immer wieder mit dem Ausspruch zitiert, diese Kreisfahrt habe ihre Karriere neu belebt.

M.B. Die Kreisfahrt war etwas Außergewöhnliches. Zwischen Michelle und der Kamera passierte in diesem Moment etwas, was man nur mit Kinomagie umschreiben kann. Meiner Meinung nach war es aber auch wichtig, dass ich sie anders fotografiert habe als in den Filmen vorher. Am Anfang ihrer Karriere wirkte sie zwar immer schön, aber sie hatte nie etwas Persönliches. Da dachte ich, vielleicht muss man mal etwas anderes machen. Wir haben also verschiedene Tests gedreht, mit verschiedenen Make-ups und Lichteinstellungen, und dann habe ich versucht, sie etwas direkter, etwas härter zu beleuchten. Und plötzlich sah sie anders aus: Ihr Gesicht wurde präsenter und plastischer.

T.T. Neben Michelle Pfeiffer vergisst man leicht, dass auch Jeff Bridges unheimlich gut war.

M.B. Er gehört zu meinen liebsten Schauspielern, und ich frage mich immer wieder, wes-

*Ein Verführungs-
ballett zwischen
Schauspielerin
und Kamera:
die Kreisfahrt
um Michelle
Pfeiffer und
Jeff Bridges in*
The Fabulous
Baker Boys.

halb er nicht die Karriere macht, die er eigentlich verdient hat. Ich glaube, das Einzige, was ihm dazu gefehlt hat, war ein Blockbuster – dann wäre er ein Top-Star geworden. Er macht viele tolle Filme, aber eben nie die ganz großen Hits.

T.T. Das liegt, glaube ich, vor allem an ihm selbst. Er will ganz offenbar bewusst nur solche Filme machen, die ihn persönlich interessieren und herausfordern. Im bin immer besonders froh über solche Schauspieler; und ihn bewundere ich ganz besonders. Und so ganz erfolglos ist er damit ja keineswegs.

M.B. *Baker Boys* war kein Riesenhit im Kino, auf Video dagegen hat er sein Publikum gefunden – da war er etwa sechs Wochen lang die Nr. 1 in den amerikanischen Videocharts.

T.T. Beim Spiel zwischen Jeff und Beau Bridges kann man sich gut vorstellen, dass viele Szenen fast etwas Autobiografisches hatten. Jeff ist der bessere und eindeutig erfolgreichere Schauspieler, und diese Rollenteilung haben die beiden ja auch im Film. Was eine interessante zusätzliche Spannung zwischen ihnen erzeugt.

M.B. Das war durchaus so gewollt. Und es gab Szenen, in denen das sehr deutlich zum Ausdruck kam. Zum Beispiel in der Szene, wo Jeff so betrunken ist, dass er eine Veranstaltung schmeißt und hinausläuft, weil er es nicht mehr aushält …

T.T. Bei dieser Fernsehshow, wo Beau ihm dann nachläuft und sie sich prügeln?

M.B. Genau. Jeff hat für diese Szene getrunken, was ich eigentlich nie gut finde. Doch obwohl er am Ende der Szene nicht mehr ganz nüchtern war, haben die beiden das unglaublich diszipliniert und eindringlich gespielt.

T.T. Dass sich ein Schauspieler tatsächlich einen antrinkt, würde ich als Regisseur nie wollen.

M.B. Ich auch nicht. Aber ich glaube, er wollte sich so selbst helfen, damit er diese heikle Szene mit seinem Bruder überhaupt schafft.

T.T. Es ist faszinierend zu beobachten, wie die Hotels und Bars, in denen die Brüder spielen, allmählich besser, niveauvoller werden. Da wird ihr Aufstieg auch anhand des Sets gezeigt.

M.B. Wir haben lange nach den passenden Motiven gesucht, gerade weil wir wussten, wie wichtig sie für die Stimmung des Films sein würden. Es war beispielsweise sehr schwierig, das passende Ressort Hotel zu finden, in denen sie ihren großen Auftritt haben. Wir mussten das Hotel dann aus fünf verschiedenen Motiven zusammensetzen. Das bedeutete, der Eingang befand sich in einem anderen Hotel als die Halle, die Zimmer und die Gänge. Das sind wirklich vier verschiedene Drehorte. Die Hotelsuite mit dem Balkon haben wir im

Wie man Sterne zum Glitzern bringt: die Balkonszene aus The Fabulous Baker Boys *(Jeff Bridges, Michelle Pfeiffer).*

Studio gebaut, weil wir kein Hotel fanden, bei dem zwei Zimmer auf diese Weise miteinander verbunden waren, wie wir es brauchten. Mark Rosenberg und seine Frau Paula Weinstein waren die Produzenten dieses Films. Mark Rosenberg war in dieser Hinsicht sagenhaft: Er war der Erste, der morgens am Set war, und der Letzte, der abends ging. Er hat für diesen Film wirklich alles gegeben. Ich habe nie mehr eine so intensive Teamarbeit erlebt wie bei diesem Film. Wir waren eine eingeschworene Truppe, die nur ein Ziel kannte – diesen Film so gut wie möglich zu machen. Was für erstaunliche Resultate man mit Fantasie und gutem Teamwork erzielen kann, zeigt beispielsweise die Balkonszene, bei der im Hintergrund die Sterne funkeln.

T.T. Ich habe mich immer gefragt, wie Sie das Blinken hingekriegt haben.

M.B. Mike Nichols hat mich einmal angerufen und gefragt: »How did you do the stars?«

T.T. Und, wie haben Sie's gemacht? In der Natur ist es jedenfalls unmöglich, das Blinken der Sterne zu filmen.

M.B. Wir haben einen klassischen Studiosternenhimmel mit kleinen Birnchen als Sternen dekoriert, dann aber eine schwarze Gaze davor gehängt und langsam bewegt, dadurch verändert sich natürlich das durchfallende Licht, und so hat man das Gefühl von funkelnden Sternen.

T.T. Wie sind Sie nur darauf gekommen? Haben Sie einfach stundenlang herumprobiert?

M.B. Ich glaube, es war der Production Designer, Jeffrey Townsend, der mir diesen Tipp gegeben hat, und das Resultat war absolut überzeugend.

T.T. Wenn man Sie von diesem Film reden hört, merkt man, dass er Ihnen ans Herz gewachsen ist. Und obwohl es vielleicht nicht der beste Film ist, bei dem Sie mitgewirkt haben, kommt hier doch vieles zusammen, was für Ihre Arbeit symptomatisch ist: die tragikomische Liebesgeschichte, die Musik, der eindeutige Fokus auf die Menschen und ihre Lebenswege. Außerdem war es kein wahnsinnig teurer, sondern ein Low-Budget-Film, aus dem Sie das Beste herausgeholt haben. In *Baker Boys* verbinden sich zwei Aspekte Ihrer amerikanischen Karriere: Da sind zum einen Filme für Scorsese oder auch Coppola, die eine enorme Gestaltungswut mit der Kamera entfalten, und zum anderen solche wie jene

*Kameras auf
der Motorhaube:
Michael Ball-
haus bei der
Arbeit an*
The Fabulous
Baker Boys.

von Nichols und Brooks, bei denen sich die Kamera extrem zurücknimmt, ja wo man sie eigentlich gar nicht mehr spüren sollte, weil es um die Personen geht, weil sozusagen das Leben im Vordergrund steht. Vielleicht ist Scorsese deshalb Ihr Lieblingsregisseur, weil bei ihm im besten Fall beides zur Symbiose gelangt. Aber auch *Baker Boys* findet in dieser Beziehung eine Balance.

■ ■

8

GoodFellas ■ *Eine Phänomenologie der Rituale* ■ *De Niro und Pesci vs. Positionsmarken und Kontinuität* ■ *Schwebend ins Copacabana* ■ *Eine Kamera, die atmet* ■ Postcards from the Edge ■ *Kann der Meryl Streep filmen?* ■ *Wie man die Spannung hält* ■ Guilty by Suspicion ■ What About Bob? ■ *Was sich hasst, das streitet sich* ■ Bram Stoker's Dracula ■ *Verfolgungsjagd »in House«* ■ *Special-Effects handgemacht* ■ *Die DVD, manchmal besser als das Kino*

T.T. 1989 war ein Spitzenjahrgang in Ihrer Karriere: *Baker Boys, GoodFellas* und *Postcards from the Edge* − ein erstaunliches Triple. Dennoch überragt *GoodFellas* alles andere.

M.B. Mit Abstand. Ich habe mich damals einerseits sehr darauf gefreut, endlich wieder mit Scorsese zu arbeiten, andererseits hat mich das Drehbuch bei aller Faszination auch deprimiert. Eine Geschichte ohne eine wirkliche Identifikationsfigur und dazu diese gewalttätige Atmosphäre, das war nur schwer auszuhalten. Es wurde dann auch in jeder Beziehung ein schwieriger Film.

Gleich am ersten Drehtag haben wir die Szene gefilmt, in der man die beiden erschossenen Leute im pinkfarbenen Cadillac sieht. Eine tolle Einstellung − aber bereits zwei Leichen am ersten Drehtag. Und so ging es weiter. Wenn ich nach Hause kam und Helga mich nach meinem Tag fragte, sagte ich: »Na ja, heute haben wir einen Mafioso erschossen. Mussten das ein paar Mal drehen, weil nicht genug Hirn rausspritzte ...« Es war absurd, weil man dauernd an Dinge denkt und über Dinge redet, die die pure Grausamkeit sind, im Moment der Dreharbeiten aber nichts weiter als ein technisches Problem darstellen. Das schlug sich bei mir dann mit der Zeit schon aufs Gemüt.

T.T. War das der einzige Grund, weshalb Sie die Dreharbeiten als besonders schwierig erlebt haben?

M.B. Nein. Auch Marty war sehr angespannt, die Stimmung zwischen ihm und de Niro war nicht gut, und auch de Niro und Joe Pesci hatten ihre Probleme.

T.T. Die kannten sich doch alle schon seit Ewigkeiten …

M.B. Vor allem Joe hat eine fast beängstigende Obsession zu seiner Rolle entwickelt. Ursprünglich sollte er sie gar nicht spielen, weil Marty fand, er sei zu alt dafür. Aber Joe hat ihn bekniet und irgendwann gedroht: »Wenn ich die Rolle nicht kriege, bring ich dich um.« Und bei Joe wäre ich nicht so ganz sicher, ob das wirklich nur Spaß ist.

T.T. Zum Glück, muss ich da im Nachhinein sagen. Er ist das schauspielerische Ereignis des Films.

M.B. Das sehe ich inzwischen auch so. Aber wenn ich daran denke, wie er sich mit Hilfe von Liftklammern und Perücken jünger gemacht hat und wie er stundenlang nicht aus der Maske kam − das war schon bitter. Dieser Film wurde für uns mehr und mehr zur Umkehrerfahrung zu *Last Temptation*. Dort hatten sich alle Probleme zum Guten gewendet, hier entwickelten sich selbst harmlose Situationen zu Problemen.

T.T. Ein Beispiel?

M.B. Die Szene an der langen Straße mit den Lagerhallen, in der Lorraine Bracco von Robert de Niro aufgefordert wird hineinzugehen …

Französisches Kinoplakat von GoodFellas.

T.T. ... und sie einfach nicht reingeht. Eine besonders starke Szene.

M.B. Aber ein Albtraum beim Dreh! Aus irgendeinem Grund, ich glaube, wegen des Wetters, mussten wir nochmals in dieser Straße drehen. Natürlich musste alles für die Dreharbeiten zurechtgemacht und dekoriert werden. Und als wir also das zweite Mal zu den Besitzern der Geschäfte kamen, haben diese einfach das Doppelte des ursprünglichen Preises verlangt. Sie wussten, dass sie uns erpressen konnten – und haben es eiskalt ausgenutzt.

T.T. Es hat sich aber alles gelohnt. Für mich ist *GoodFellas* einer der absoluten Höhepunkte in Ihrer Karriere, ein Film, bei dem einfach alles stimmt. Obwohl er episodisch angelegt ist – was immer auch ein erzählerisches Risiko darstellt –, ist er wie aus einem Guss. Er hat eine unvorstellbare Wucht und eine umwerfende Vitalität. Das kann keiner so wie Scorsese: eine geradezu exzessive physische Erfahrung filmisch zu formulieren und dennoch immer den tiefen, manchmal sogar traurig-zärtlichen Blick auf die Menschen zu bewahren. Bei Scorsese offenbart sich in der Grausamkeit stets die Schwäche des Individuums, sie ist nie ein Symbol für Kraft.

M.B. Neben dem inszenatorischen Genie von Scorsese hat vor allem seine Detailversessenheit dazu beigetragen, dass *GoodFellas* so intensiv und glaubwürdig geworden ist. Jeder Hemdkragen, jeder Manschettenknopf musste stimmen.

T.T. Das Ganze ist eine Phänomenologie der Rituale: Die Details repräsentieren ein Lebensgefühl, eine ganze Welt. Und mit den Details wird mehr über diese Welt erzählt als mit Totalen. Das verbindet übrigens *GoodFellas* auf faszinierende Weise mit *The Age of Innocence*. Scorsese hat dieses Milieu natürlich seit seiner Jugend in Little Italy gekannt.

M.B. Es ist ein Film über die Welt, in der er groß geworden ist. Ich kann mich erinnern, dass er mir während der Dreharbeiten einen jungen Italiener vorstellte, der der Sohn seines besten Jugendfreundes war, und dieser wiederum war der Sohn eines Mafia-Bosses. Oder einmal wurde in mein Auto eingebrochen, einen VW-Bus, in dem ich in den Mittagspausen geschlafen habe. Ich habe das einem unserer »Freunde« gesagt – zwei Stunden später waren alle gestohlenen Sachen wieder da.

T.T. Dennoch romantisiert *GoodFellas* die Mafia nie.

M.B. Es war vielleicht der erste Mafia-Film, der nicht der Faszination dieser Welt erlegen ist. Am Schluss ist Ray Liotta wirklich am Ende und hat ein verpfuschtes Leben hinter sich.

T.T. Andererseits wird verständlich, wieso ein Junge in diese Welt einsteigen kann und sie so faszinierend finden muss. Damit wird er für uns trotz allem zur Identifikationsfigur. Für Ray Liotta war das ein ziemlich spektakulärer Einstieg. Kamen Sie gut mit ihm zurecht?

M.B. Bei der Arbeit selbst schon. Am Schluss gingen wir uns vielleicht etwas auf die Nerven, aber das hatte wahrscheinlich wieder vor allem mit der Geschichte zu tun. Seine Figur wird immer unsympathischer, und dadurch distanziert man sich mehr und mehr von ihm. Weil ich mit den Figuren eines Films emotional sehr mitlebe, hat sich seine Rolle wohl auch auf unser Verhältnis neben der Kamera niedergeschlagen. Mit anderen Worten: Er war hervorragend in seiner Rolle. Aber es war, wie gesagt, ein schweres Stück Arbeit, und wir waren im Grunde heilfroh, als die Dreharbeiten vorüber waren.

T.T. Liotta strahlt eine zurückgehaltene Aggressivität aus, die ihn beunruhigend wirken lässt. Und dann explodiert er plötzlich ganz unvermittelt – wie etwa in der Szene, in der er über die Straße geht und den Nachbarn verprügelt, der seine Freundin belästigt hat.

M.B. Das sind Momente, in denen ich selbst beim Drehen am liebsten die Augen zumachen würde, weil es selbst als Spiel dermaßen brutal ist. Ray hat in dieser Szene wirklich zugeschlagen. Natürlich war es eine Gummipistole und alles war mit Blut präpariert – aber der Schauspieler, der sich da verprügeln lassen musste, hat dennoch ganz schön was abgekriegt.

T.T. Und solange die Szene nicht abgedreht war, konnte Liotta wahrscheinlich nicht zu seinem Partner hingehen und sich mit ihm »vertragen«, weil er sonst seine Anspannung verloren hätte?

M.B. So etwas ist emotional sehr schwer zu ertragen. Die Brutalität ist zwar gespielt, wirkt aber nur dann überzeugend, wenn sie zumindest teilweise wirklich echt ist. Es wäre übrigens viel einfacher gewesen, in der Szene zu schneiden. Diese lange, ungeschnittene Szene ist für mich ein Paradebeispiel dafür, wie viel intensiver und damit auch brutaler es wirken kann, wenn man ohne Schnitt arbeitet. Entsprechend härter wurden aber eben auch die Dreharbeiten.

T.T. Auch Joe Pesci ist phänomenal: »You think that's funny?« In solchen Momenten erleben wir die Präsenz eines durch und durch gewalttätigen Menschen. Wenn er dann später den Kellner erschießt, das ist für mich die schlimmste Szene überhaupt in *GoodFellas*, und ich habe echte Todesangst vor ihm.

M.B. Pesci war in diesen Momenten so echt, dass sogar wir uns gefürchtet haben. Man dachte unwillkürlich: »Der Kerl ist wirklich unberechenbar, der ist tatsächlich so.«

T.T. Viele Szenen wie diese haben Sie mit Schuss-Gegenschuss gedreht. Und das Erstaunliche bei *GoodFellas* ist, dass es von Anschlussfehlern nur so wimmelt, dass sie aber überhaupt nicht störend auffallen. Wurden de Niro oder Pesci nicht darauf aufmerksam gemacht, dass die Kontinuität in ihrem Spiel nicht stimmt?

M.B. Mit de Niro und Pesci über Anschlüsse zu sprechen ist hoffnungslos. Nicht, dass sie sich verweigern – es ist einfach nicht ihre Art und Weise zu spielen. Und ich glaube auch nicht, dass es den Zuschauern überhaupt auffällt, gerade weil die Intensität so umwerfend ist. Scorsese lässt den Akteuren in dieser Hinsicht oft große Freiheiten. De Niro und Pesci haben nicht nur ihr Spiel variiert, sondern auch den Dialog abgeändert. Vor allem aus Pesci sind die Dialoge nur so herausgesprudelt, der kennt dieses Milieu so genau, dass er Texte bringt, die man gar nicht erfinden kann. Kontinuität kann man da natürlich vergessen …

T.T. … was in diesem Fall völlig egal ist. *GoodFellas* ist stilistisch einer der wegweisenden Filme der neunziger Jahre gewesen. Allein schon wegen des Einsatzes der Steadicam. Die berühmte »Copacabana-Einstellung« ist dafür das prägnanteste Beispiel: Die Kamera folgt den beiden von der Straße durch den Hintereingang, die Gänge, die Küche und durch das Lokal – ohne einen einzigen Schnitt.

M.B. Die Vorbereitungen waren aufwendig, weil es den Gang gar nicht gab. Wir mussten deshalb den Hintereingang bis zur Küche in das echte Lokal bauen. Ich hatte natürlich vor allem Bedenken, weil wir von außen nach innen gingen. Die Sache war schon schwierig genug, da wollte ich nicht auch noch Blende ziehen müssen. Damals gab es außerdem noch keine Fernbedienung für die Steadicam, mit der man die Blende hätte betätigen können. Weil wir durch das »getarnte« Lokal in die Küche gelangt waren, mussten wir eine Runde durch die Küche drehen und anschließend durch den selben Eingang wieder hinausgehen, durch den wir hereingekommen waren, um im richtigen Copacabana zu landen. Während dieser Runde wurde der Eingang schnell umdekoriert, der Gang abgedeckt, und so kamen wir diesmal ins echte Lokal. Und dann, nachdem wir fast vier Minuten perfekt im Kasten hatten, stand auf der Bühne zum Schluss Henny Youngman – und hatte seinen Text vergessen!

T.T. Aber es musste mit Youngman enden?

M.B. Wir wollten unter keinen Umständen vorher schneiden.

T.T. Toll an dieser Szene ist, dass sie nicht nur technisch so brillant ist, sondern auch eine wesentliche Idee vermittelt, nämlich wie Henry ein Mädchen dazu bringt, sich in ihn zu verlieben und von seiner Welt fasziniert zu sein. Das Ganze ist im Grunde eine suggestive Verführungsszene. Ein anderes stilistisches Experiment sind die letzten dreißig Minuten. Da bricht der Film plötzlich mit seinem bisherigen visuellen Stil.

M.B. Es war so etwas wie »Ein Tag im Leben des Henry«, der symptomatisch für sein aus dem Ruder laufendes, hektisches Leben ist, in dem ihm alles über den Kopf wächst, weil er gleichzeitig Drogen verschneidet und abfüllt, Waffen besorgt oder versteckt und zu Hause

Mit der Steadi-
cam hinterher
und vorneweg:
die spektakuläre
»Copacabana«-
Sequenz aus
GoodFellas
(Ray Liotta,
Lorraine
Bracco).

für die Familie Spaghetti kocht. Wir haben das praktisch alles mit der Handkamera gedreht, weil dadurch seine Nervosität und Überforderung sichtbar wird. Mit überlegtem Handeln hat das alles längst nichts mehr zu tun.

T.T. Steadicam, Handkamera – *GoodFellas* ist eine gute Gelegenheit, über verschiedene Kamerastile zu diskutieren. In den letzten Jahren hat sich der Einsatz von Steadicam fast zum erzählerischen Standardmittel entwickelt. Sie scheinen sich damit ebenfalls angefreundet zu haben.

M.B. Ich benutze die Steadicam immer dann, wenn ich keine andere Möglichkeit sehe, eine Bewegung umzusetzen. Ansonsten bevorzuge ich aber nach wie vor die Kamera auf Schienen, weil ich so das Bild viel präziser komponieren und die Kadrierung genau bestimmen kann. Aber es gibt natürlich oft Situationen, in denen die Steadicam genau richtig ist und wo dasselbe mit Schienen gar nicht machbar wäre. Beispielsweise bei der »Copacabana-Szene«. Mit der Steadicam kann ich schwebend und schlendernd durchs Set gleiten – was auf Schienen nicht möglich ist.

Ich bin zugleich aber auch ein Freund der Handkamera und setze diese häufig sogar dort ein, wo gar keine großen Bewegungen sichtbar sind, speziell bei Liebesszenen. Ich liebe es, wenn die Kamera gleichsam atmet. Es ist einfach etwas anderes, ob ich die Kamera in der Hand halte oder ob sie auf einem Wagen steht, den drei Leute schieben. Mit der Handkamera gewinne ich eine ganz andere Sensibilität für die Situation.

T.T. Die Kamera vibriert ja immer auch ein wenig durch die Körperspannung des Operators, so dass man wirklich das Gefühl hat, sie hätte ein Eigenleben.

M.B. Ja, sie wird zu einer atmenden Person.

T.T. Ein anderes auffälliges Stilmittel ist der »Vertigo-Effekt«, den Sie in einer Szene im Restaurant zwischen de Niro und Liotta eingesetzt haben, wenn Liotta realisiert, dass er auf der Abschussliste steht.

M.B. Der Effekt wird dadurch bewirkt, dass man die Kamera zurückzieht und gleichzeitig heranzoomt. Dadurch bleibt der Bildausschnitt derselbe, und doch erhält das Bild eine eigenartige Sogwirkung. Ich mag diesen Effekt unheimlich gerne. Er kommt auch in *Welt am Draht* und in *Quiz Show* vor. Wenn er sich von der Geschichte her anbietet, setze ich ihn immer gerne ein.

T.T. Wir haben dasselbe für *Lola rennt* versucht, sind daran aber fast verzweifelt. Können Sie mir verraten, wie Sie das so perfekt hinkriegen?

M.B. Man braucht dazu einen extrem guten Dollyfahrer. Man kann es nämlich nur von Hand machen, da gibt es keine Vorrichtung und keinen Motor, die das so exakt schaffen. Konkret bedeutet es, dass der Dollyfahrer absolut synchron zum Operator arbeiten muss – die beiden Bewegungen Rückfahrt und Zoom müssen vollkommen aufeinander abgestimmt sein. Entscheidend ist zudem, dass die Kamera in der Höhe absolut stabil bleibt – sobald sie schwankt, funktioniert der Effekt natürlich nicht mehr. Man muss also in der Höhe exakt auf der Achse bleiben. Für den Kameramann besteht die Schwierigkeit vor allem darin, immer genau auf die Bildkanten zu achten, da sich diese nicht verändern dürfen. Bis das alles zusammenpasst, muss man ziemlich lange üben. Bei *GoodFellas* musste ich ziemlich lange auf Scorsese einreden, weil er unsicher war, ob das überhaupt funktionieren konnte. Hinterher fand er die Szene ebenfalls gelungen und diesen Aufwand wert.

T.T. Beeindruckend ist auch der Schnitt, unter anderem deshalb, weil er mit der Kameraarbeit eine absolute Einheit bildet. Ich nehme an, dass Sie an Thelma Schoonmaker, der Cutterin, wenig auszusetzen hatten?

M.B. Im Gegenteil. Die erste Vorführung des fertig geschnittenen Films werde ich nie vergessen. Es war eine Vorführung für Studioleute in einem Kino in Los Angeles. Ich habe im Film gesessen und vollkommen vergessen, dass ich diese Bilder gedreht hatte. Ich war nur noch fasziniert von der Geschichte, die da erzählt wurde.

T.T. Das ist eigentlich die schönste Kinoerfahrung, die man sich denken kann: dass jemand, der den Film selbst mitgestaltet hat, im Kino sitzt und seine eigene Arbeit vergisst.

M.B. Es war wirklich unbeschreiblich: Die perfekt getimten Übergänge, die bildgenaue Musik, einfach alles. Trotzdem gab's keinen Oscar für Scorsese, was ich immer noch für einen Skandal halte.

★

T.T. Während *GoodFellas* ein einziges visuelles Feuerwerk ist, beschränkt sich *Postcards from the Edge* gestalterisch wieder auf ein paar hervorstechende Ideen, die es allerdings in sich haben. Ich nehme an, dass die Steadicam-Sequenz in der Exposition einer jener Eckpfeiler war, die sich Mike Nichols im Voraus überlegt?

M.B. Das war eine seiner Visionen, die er von Anfang an hatte und die dann auch sehr genau geplant waren. Insgesamt habe ich *Postcards* leider gar nicht in guter Erinnerung. Das lag aber nicht an Mike, sondern an Meryl Streep. Sie wollte ursprünglich einen anderen Kameramann haben, doch Mike wollte nur mit mir drehen. Daraufhin hat sie immerhin durchgesetzt, dass ich mit ihr Probeaufnahmen machen musste. Ich musste gewissermaßen beweisen, dass ich die Streep fotografieren konnte.

T.T. Wie ist das, wenn man als Kameramann eine Schauspielerin trifft, von der man weiß, dass sie im Grunde einen anderen will?

M.B. Ach, bei den Amerikanern ist das immer sehr freundlich und nett, ganz professionell, da wird keine offene Antipathie gezeigt. Meryl Streep war zu dieser Zeit sehr unsicher, weil sie befürchtete, für diese Rolle zu alt zu sein.

T.T. Ihren Enthusiasmus hat das wohl kaum gefördert …

M.B. Das kann man so sagen. Erschwerend kam hinzu, dass Meryl Streep einen Visagisten hatte, der einen großen Einfluss auf sie ausübte. Was der sagte, war sakrosankt. Ich hatte mit ihm bereits bei *Working Girl* zusammengearbeitet und ihn dort wohl zu wenig hofiert. Mir war auch nicht bewusst, dass er der Top-Star unter den Visagisten in den USA war, eine richtige Diva. Er hat mir ständig über die Schultern geschaut, mischte sich in Kamerapositionen ein, und am liebsten hätte er das Licht gleich auch noch selber gemacht.

T.T. Er hat Sie direkt aufgefordert, die Kamera anders zu platzieren, damit Meryl Streep vorteilhafter aussieht?

M.B. Ja. So etwas hatte ich bislang noch nie erlebt. Meryl Streep ist übrigens tatsächlich äußerst schwierig zu fotografieren. Man kann sie eigentlich nur von einer Seite filmen, und

Shirley MacLaine und Meryl Streep in Postcards from the Edge.

für die Rolle war sie im Grunde wirklich nicht jung genug. Also begleitete ihre Unsicherheit die ganzen Dreharbeiten, und sie hat sich immer wieder bei Mustervorführungen beklagt.

T.T. Ist sie mit ihren Problemen direkt zu Ihnen gekommen?

M.B. Nein. Sie ist immer zu Mike gegangen, und der hat es dann an mich weitergetragen. Wobei ich betonen muss, dass er nie einen Zweifel daran gelassen hat, dass er mit meiner Arbeit zufrieden war. Obwohl Shirley MacLaine den Ruf hat, ein ziemliches Biest zu sein, war sie im Vergleich der reinste Engel. Ich habe mir geschworen, nie mehr mit diesem Visagisten einen Film zu machen. Das war einer der Gründe, weshalb ich *The Birdcage* nicht gemacht habe, denn da war er ebenfalls involviert.

T.T. Meryl Streep ist trotz allem sagenhaft gut in dem Film.

M.B. Ich sage ja auch nichts gegen sie als Schauspielerin. Aber sie hatte damals so viel Macht, dass sie entscheiden konnte, welche Takes man genommen hat und welche nicht. Wenn sie nicht gut aussah, dann war natürlich ich der Buhmann. Sie hat sich praktisch selbst inszeniert.

T.T. Das ist insofern interessant, als sie genau diese Rolle auch im Film selbst spielt. Vielleicht hat Meryl Streep Sie dazu benutzt, konstanter in ihrer Figur zu bleiben.

M.B. Das ist eine interessante Idee, weil ich mit Robert de Niro in dieser Zeit genau die gleiche Erfahrung gemacht habe. Bei *GoodFellas* war die Zusammenarbeit mit ihm wahrlich kein Honigschlecken. Er war der Typ, den er spielte: gefährlich und unangenehm. Und dann habe ich kurz darauf *Guilty by Suspicion* mit ihm gedreht, wo er einen erfolgreichen Regisseur spielen sollte, einen positiven Helden. Und plötzlich war de Niro auch neben der Kamera wie umgedreht: freundlich und gelöst.

Robert de Niro in Guilty by Suspicion.

T.T. Wie hat sich das Problem zwischen Ihnen, Nichols und dem Visagisten gelöst?

M.B. Vor *Primary Colors* hat mich Nichols angerufen und gesagt: »Wir müssen eine Möglichkeit finden, dass ihr euch vertragt.« Und dann hatten wir tatsächlich eine Aussprache. Der Visagist hat mir versprochen, sich nicht mehr einzumischen, und mir die schwierige Situation mit Meryl Streep zu erklären versucht. Wir haben dann einen Modus Vivendi gefunden. Er hat seinen Job gemacht und ich meinen – und es gab keine Probleme mehr.

T.T. Die Stimmung bei den Dreharbeiten scheint für Sie sehr wichtig zu sein?

M.B. Wenn ich das Gefühl habe, unerwünscht zu sein, werde ich sofort unsicher. Ich bin dann auch nicht mehr wirklich gut in meiner Arbeit. In dieser Situation hat mir mein langjähriger Oberbeleuchter Jimmy Tynes unheimlich viel geholfen, weil er mich immer wieder aufgebaut hat.

T.T. Ihr Team spielt eine wesentliche Rolle?

M.B. Unbedingt. Deshalb arbeite ich ja immer wieder mit denselben Leuten zusammen. Es ist für mich eine unverzichtbare Voraussetzung, dass in meiner Crew gegenseitiges Vertrauen und Respekt voreinander herrschen – anders kann ich nicht arbeiten.

T.T. Irwin Winkler, mit dem Sie *Guilty by Suspicion* gemacht haben, hatte schon eine lange Karriere als Produzent hinter sich – unter anderem von Scorsese –, bevor er Regisseur wurde. *Guilty by Suspicion* ist ein stimmungsvoller und in den Details sehr liebevoll gestalteter Film.

M.B. Das war auch das Interessante an diesem Projekt. Ich konnte ohne zeitliche Einschränkung an den Details feilen. Winkler hat immer eine beruhigende Gelassenheit aus-

167

gestrahlt. Ich habe ihn auch für seinen Umgang mit de Niro bewundert – mit welcher Nonchalance er ihn behandelt hat, obwohl es sein erster Film als Regisseur war.

T.T. Ein rundherum solider, gut gemachter Film, aber irgendwie auch ein wenig langweilig. Es fehlt ein doppelter Boden, der Film hat keine Fallhöhe – aber eine klare, politisch korrekte Botschaft.

Danach kam *What About Bob?*, eine weitere Komödie mit Frank Oz, von der man natürlich annimmt, dass auch die Dreharbeiten locker und entspannt waren. Wie Sie bereits einmal angedeutet haben, war dem aber wohl doch nicht so.

M.B. Der Film spielt größtenteils an einem herrlich gelegenen See in Virginia. Wir dachten deshalb zunächst, dass es wieder ein richtig schöner Sommerfilm wie *Dirty Rotten Scoundrels* werden würde. Die Besetzung war klasse, das Buch witzig …

Aber es kam dann alles ganz anders als erwartet. Vor allem stellte sich als Problem heraus, dass die Besetzung spät zusammengestellt wurde. Richard Dreyfuss war eine Last-Minute-Wahl, diese Rolle sollte eigentlich jemand anders spielen – ich habe keine Ahnung mehr, wer. Aber Dreyfuss war nun drin, und er hatte Scriptapproval.

T.T. Was bedeutet das genau?

M.B. Er konnte, wenn er eine Szene nicht gut fand, zum Regisseur gehen und sagen: »Das will ich so nicht spielen, das muss umgeschrieben werden.« Zunächst fingen die Dreharbeiten ganz harmlos an, die Situation ist dann aber schnell eskaliert, weil Dreyfuss und Murray völlig unterschiedliche Auffassungen von Komödie hatten. Murray war zwar der Star des Films, aber Dreyfuss konnte durch seine Klausel im Vertrag alle terrorisieren. Sie hatten endlose Skript-Meetings und konnten sich nie einigen. Schließlich haben sie sogar angefangen, sich gegenseitig mit Gegenständen zu beschmeißen.

T.T. Beim Dreh?

M.B. Nein, bei den Besprechungen. Irgendwann kamen sie nicht einmal mehr gemeinsam auf den Set. Zum Schluss haben wir tatsächlich Szenen, in denen eigentlich beide im Bild

Es muss nicht unbedingt Spaß machen, einen lustigen Film zu drehen: Bill Murray und Richard Dreyfuss, Partner vor und Feinde hinter der Kamera, in What About Bob?

sein sollten, über die Schulter fotografiert gedreht, und die Schulter gehörte einem Double. Nach und nach hat sich die schlechte Stimmung ausgebreitet, bis auch ich und Frank Oz uns über jede zweite Einstellung uneins waren. Das war mein »schöner Sommerfilm«.

T.T. Dennoch ist es ein wirklich lustiger und auch erfolgreicher Film geworden. Und übrigens eine weitere Bestätigung dafür, dass sich die Konstellationen im Film auf die Stimmung bei den Dreharbeiten übertragen: Dreyfuss spielte die pedantische Nervensäge offenbar durchgehend, und Murray war derjenige, der ihn mit seinem naiven Lächeln permanent zur Weißglut treibt.

M.B. Schon. Aber es war dennoch nicht professionell. Schließlich handelt es sich um zwei hoch bezahlte Profis, die wissen mussten, dass man sich so nicht benimmt.

T.T. Vielleicht sieht man die Spannungen zwischen Ihnen und Oz dem fertigen Film doch an. Visuell ist das alles doch ziemlich beliebig.

M.B. Ein einziges Gewurschtel von Bildern. Keine Linie drin, keine künstlerische Absicht – eine abfotografierte Boulevardkomödie. Es gab lediglich einen technischen Aspekt, der für mich interessant war: Wir hatten mit dem Schluss des Films Probleme und ahnten früh, dass es eventuell zu einem Nachdreh kommen könnte. Deshalb haben wir vom Set, also von dem Haus am See, Fotos gemacht. Als der Nachdreh dann tatsächlich anstand, haben wir bei Disney in Los Angeles vor einem riesigen Foto gedreht, das von hinten beleuchtet wurde. »Translight« nennt man das in Amerika.

T.T. Fototransparent, eigentlich ein riesiges Dia.

M.B. Ich hatte Jimmy, meinen Oberbeleuchter, bei den Dreharbeiten am Originalschauplatz beauftragt, alle Lichtwerte genau zu notieren. Wir hatten ein kompliziertes Diagramm von Werten und haben dann die Lichtverhältnisse im Studio genau nachgebaut. Darauf bin ich heute noch stolz, denn im Film sieht es absolut echt aus. Man merkt nichts.

T.T. Halten Sie diese Methode für besser, als vor einem gemalten Bild zu drehen?

M.B. Auf jeden Fall. Und im Vergleich zu einer Blue Screen war es sogar recht kostengünstig. Es gab zwar eine Menge zu tun, aber teuer war es eigentlich nicht.

T.T. Wenn wir schon dabei sind: Haben Sie mit Blue Screen gute Erfahrungen gemacht?

M.B. Bei *Primary Colors*, um ein praktisches Beispiel zu nennen, gibt es viele Autofahrten, die wir alle mit Blue Screen beziehungsweise mit Green Screen gedreht haben. Die Qualität ist so hervorragend, dass ein durchschnittlicher Kinozuschauer nichts davon merkt.

T.T. Auf der Liste der Regielegenden, mit denen Sie gearbeitet haben, steht jetzt als Nächstes der Name Francis Ford Coppola.

M.B. Ich kann bloß vermuten, wie er gerade auf mich gekommen ist. Sicher weiß ich nur, dass das Studio ihm gesagt hat: »Francis, hier hast du 20 Millionen Dollar. Mach damit diesen Film. Was darüber geht, wird von deiner Gage abgezogen.«

T.T. *Bram Stoker's Dracula* hat 20 Millionen Dollar gekostet?

M.B. Ja!

T.T. Der sieht drei Mal so teuer aus.

M.B. Coppola hatte 20 Millionen zur Verfügung, und da hat ihm vielleicht jemand den Tipp gegeben, er solle es doch mal mit Ballhaus versuchen, weil der schneller und auch ein bisschen billiger als Storaro sei. Damals war ich das noch.

T.T. War das wirklich ein Argument für Coppola?

M.B. Ich glaube, für Coppola und die Produzenten schon. Als wir uns kennen lernten, war das ein wenig wie bei Scorsese: Von meiner Seite her große Bewunderung, und er kannte einige meiner Filme. Er hat diesen Film auch völlig anders vorbereitet als seine vorherigen. Sonst ist er bekannt dafür, dass er sehr locker mit dem Drehbuch umgeht und sehr viel noch auf dem Set improvisiert. Diesmal wollte er es anders machen: »Wir machen für diesen Film ein Storyboard, in dem jede Einstellung, die im Film vorkommt, gezeichnet ist. Das ist dann unsere Partitur, nach der wir den Film spielen.«

T.T. Und wie ist dieses Storyboard entwickelt worden?

M.B. Als Erstes habe ich mit ihm jede Szene besprochen, und er hat mir seine Ideen vermittelt. Das waren natürlich immer zehn Ideen zu viel, weil seine visuelle Fantasie einfach gigantisch ist. Nachdem wir uns auf eine Lösung geeinigt hatten, habe ich mich in mein Büro gesetzt und eine Shotlist erstellt. Damit bin ich zum Zeichner des Storyboards gegangen, der unsere Ideen in Bilder umgesetzt hat und wieder zu mir zurückgekommen ist. Dann habe ich korrigiert, und so ging es weiter hin und her, bis die Szene fertig war und im Büro von Coppola an die Wand gehängt wurde. So haben wir zehn Wochen lang von morgens um neun bis abends um sechs gearbeitet. Am Schluss hatten wir wirklich ein dickes Buch, nach dem wir den Film drehen wollten.

T.T. Der Film hat eine ungewöhnliche Besetzung: Winona Ryder und Keanu Reeves, zwei amerikanische Jungstars, zusammen mit den Briten Gary Oldman und Anthony Hopkins.

M.B. Keanu Reeves war sicher keine Idealbesetzung für diese Rolle.

T.T. Warum?

M.B. Ich gebe zu, er ist ein dufter Typ in den Actionfilmen und sehr beliebt bei den jungen Zuschauern. Problematisch aber wurde mit der Zeit das Verhältnis zwischen Winona Ryder und Gary Oldman. Zunächst haben sie sich ganz gut verstanden, aber allmählich wurde die Stimmung immer gespannter. Oldman steckte in einer schwierigen Phase: Er hatte sich gerade von Uma Thurman getrennt und trank viel zu viel. Vielleicht hat ihn auch gewurmt, dass er als englischer Bühnenstar eine kleinere Gage bekam als Winona Ryder. Er saß stundenlang in der Maske, und wenn er rauskam, war er manchmal nicht mehr ganz nüchtern. Coppola hat das leider nie richtig in den Griff bekommen. Und plötzlich rutschte er selbst nach zwei, drei Wochen in eine Depression! Er rief das ganze Team zusammen und verkündete, was wir bis dahin gemacht hätten, könne man alles vergessen. Auch die Schnapsidee mit dem Storyboard funktioniere überhaupt nicht, er habe inzwischen eine ganz andere Vision des Films. Dann sprudelten aus ihm tausend Ideen hervor, von denen viele toll waren, unter diesen Umständen aber einfach nicht realisierbar. In seiner Krisenstimmung hat er etwas gesagt, was mich damals sehr getroffen hat: »We're two sides of a coin.« Wir sind zwei Seiten einer Münze, und gemeint hat er damit, dass er der kreative Künstler sei und ich aus seiner momentanen Sicht der Pragmatiker.

T.T. Wie haben Sie darauf reagiert?

M.B. Ich habe ihm gesagt: »Okay, wenn du dich eingeengt fühlst, drehen wir jetzt so, wie du das möchtest.« Daraufhin hat er sich zwei Tage lang ausgetobt, es war chaotisch und nicht sehr produktiv. Glücklicherweise ist er dann wieder zu sich gekommen, und wir haben so weitergedreht, wie es ursprünglich geplant war.

T.T. Führte diese Auseinandersetzung nicht zu einem Knacks in Ihrer Beziehung?

M.B. Nein, über die professionelle Beziehung kann ich mich nicht beklagen. Allerdings habe ich es sehr vermisst, dass wir nie zusammen Muster gesehen haben. Er hat diese immer direkt auf Tape überspielt erhalten und sie sich alleine in seinem Trailer angeschaut. Ich habe eigentlich nie ein spontanes Feedback von ihm erhalten. Ich musste immer fragen: »War das gut so?« Das war für mich irritierend und verunsichernd. Wir haben uns trotzdem beide sehr geschätzt und gemocht. Wir haben uns immer wieder getroffen, waren Gäste in seinem Haus in Nappa Valley und waren gemeinsam in der Jury im Festival von Cannes. Wir mögen uns auch beide als Familien!

T.T. *Bram Stoker's Dracula* ist im Grunde eine »gothic opera«, ein durch und durch artifizieller Film. Wie viel davon ist im Studio gedreht worden?

M.B. Alles.

T.T. Alles?

M.B. Bis auf eine einzige Szene – und das war nicht die wilde Verfolgungsjagd am Schluss des Films.

T.T. Welche dann?

M.B. Die Ankunft Draculas in London. Das wurde auf dem Gelände der Universal-Studios gedreht. Dort gibt es einen Straßenzug, der sich »New-York-Street« nennt und der für den Film in die London-Street umgebaut wurde. Das war die einzige Szene, die wir im Freien gedreht haben.

T.T. Und wie ist die Verfolgungsjagd im Studio entstanden?

M.B. Wir hatten dafür die größte Halle in den Columbia-Studios gemietet. Die Halle war 100 Meter lang und 50 Meter breit. Darin wurde sozusagen ein Rundkurs gebaut, den wir von der Mitte her fotografieren konnten. In die Mitte hatten wir also eine Fahrbahn gelegt, wo unsere Kameras auf einem Shotmaker montiert waren. So haben wir teilweise mit drei Kameras gleichzeitig gefilmt. Am Anfang habe ich offen gestanden nicht daran geglaubt, dass es auf diese Weise überhaupt klappen würde. Immerhin ging es um eine Verfolgungsjagd mit Pferdekutschen, es sollte schneien, wir brauchten Nebel und auch noch einen Sonnenuntergang. Aber die Stuntmänner haben versichert, sie könnten es schaffen, wenn die Kurven nicht zu eng gelegt würden. Also dachte ich mir, dass ich meinen Teil wohl auch schaffen muss. Schritt für Schritt haben wir dann für alle Probleme eine Lösung ge-

Das Finale von Bram Stoker's Dracula: eine wilde Verfolgungsjagd zu Pferd und im Wagen – und alles im Studio gedreht.

funden. Beispielsweise für den Schnee. Dafür haben wir riesige Gitter mit feinem Maschendraht über den Set gehängt, obendrauf den Styroporschnee und dann langsam geschüttelt, so dass der Schnee auf den Set rieselte.

T.T. Aber solche Studiobauten sind doch unheimlich teuer? Gleichzeitig sagen Sie, dass der Film mit einem ganz engen Budget auskommen musste.

M.B. Studiobauten sind teuer, aber man kann dafür sein Tagespensum unabhängig vom Wetter schaffen. Und auch Verbindungen von drinnen nach draußen oder umgekehrt einbauen, weil man sie ohne größere Probleme beleuchten kann. Das alles kam Coppola sehr entgegen, denn er liebte es, im Studio zu drehen Er ist ein totaler Studionarr.

T.T. Zumindest ist er dazu geworden – irgendwann im Übergang von *Apocalypse Now* zu *One from the Heart*. Vielleicht hat das mit den traumatischen Erlebnissen rund um die Dreharbeiten von *Apocalypse Now* zu tun.

Ich möchte nochmals auf die Opulenz des Films zurückkommen. Er hat eine so eigenwillig malerische Qualität, dass man oft das Gefühl bekommt, Sie hätten sich vorher viele Gemälde angesehen und vor allem über alte Filme gesprochen und sich davon inspirieren lassen.

M.B. *Nosferatu – Eine Sinfonie des Grauens* von Murnau war natürlich unser großes Vorbild. Von Anfang an hat Francis immer betont: »Wenn wir so gut werden wie *Nosferatu*, haben wir es geschafft.« Deshalb wollten wir auch so viel wie möglich in der Kamera machen und nicht einfach ein CGI-Team damit beauftragen.

T.T. Aber der Film ist doch voller Special-Effects und computergenerierter Bilder.

M.B. Das täuscht etwas. Wir haben wirklich enorm viele Dinge in der Kamera gemacht. Zum Beispiel indem wir den Film zurückgespult und teilweise nochmals belichtet haben.

173

Mit den Tricks der Stumm-filmzeit: Schattenspiele in Bram Stoker's Dracula.

T.T. Sie haben also eher mit ganz altmodischen Mitteln visuelle Effekte erzeugt?

M.B. Ja. Wir haben beispielsweise in manchen Szenen die Kamera rückwärts laufen und auch die Schauspieler ihre Bewegungen rückwärts machen lassen. Wenn man den Film dann wieder vorwärts laufen lässt, erhält die Szene einen eigenartigen Effekt, weil man nicht genau weiß, was hier anders ist als sonst.

T.T. Und für mich war *Dracula* immer das Paradebeispiel für einen Film, bei dem endlich einmal gezeigt wurde, dass man mit neuen Technologien auch etwas anderes machen kann als Science-Fiction.

M.B. Im Grunde haben wir genau das Gegenteil getan, nämlich uralte Tricks wiederentdeckt. In dieser Hinsicht hat das Drehen enormen Spaß gemacht, und ich sehe mir den Film heute noch gerne an.

T.T. *Dracula* platzt geradezu aus allen Nähten vor tollen Einfällen, bei denen man sich immer wieder fragt, wie Sie das wohl gemacht haben. Beispielsweise die Sache mit den Schatten, die plötzlich ein Eigenleben führen.

M.B. Natürlich hätten wird das mit CGI machen können, doch auch hier haben wir uns für eine alte Technik entschieden: Wir hatten einen Pantomimen, der genau dasselbe Kostüm trug wie Dracula und einen Monitor vor sich hatte, auf dem er die Bewegungen von Gary Oldman mitverfolgen konnte. Der Pantomime stand hinter einer Leinwand, die von einem Projektor angeleuchtet wurde, mit der Karte als Diaprojektion. Dann hat er genau die Bewegungen von Oldman mitgemacht, bis er an einem ganz bestimmten Punkt zu seinen eigenen Bewegungen ansetzte. Es war reines Schattenspiel.

T.T. Das macht den Film natürlich noch schöner, zumal all diese Effekte an die Frühzeit des Kinos erinnern, an Georges Meliès oder die Brüder Lumière. Denen wird in der Szene mit dem Kinematographen sogar ausdrücklich gehuldigt, wo ausgerechnet ihr erster Film gezeigt wird. Auch die Ankunft Draculas in London ist eindeutig von einer Stummfilm-Ästhetik geprägt.

M.B. Francis hatte eine alte Kamera von 1928 oder 1930, die noch mit Handkurbel betrieben wird. Er wollte unbedingt einen Test machen, um zu wissen, ob man mit dieser Kamera noch drehen konnte. Wie sich herausstellte, war die Optik immer noch in einem tadellosen Zustand und die Kamera vollkommen funktionsfähig. Und so ist es zu diesem surrealen Bild gekommen: ein Titan-Kran, der modernste Kran in Hollywood, darauf eine Kamera aus den zwanziger Jahren samt einem Operator, der mit der Hand die Kurbel dreht. Natürlich hätte man diesen Stummfilm-Effekt auch mit einer modernen Kamera simulieren können, aber so hatte es den Reiz des Authentischen. Übrigens habe ich nach den Dreharbeiten zu *Gangs of New York* selbst eine solche Kamera von 1935 geschenkt bekommen, mit Kurbel und Objektiven, in bestem Zustand – von Harvey Weinstein. Eine andere Szene, die uns Kopfzerbrechen bereitet hat und die wir schließlich mit relativ einfachen Mitteln gelöst haben, war die, in der Keanu Reeves von Dracula abgeholt und mit einem Arm in die Kutsche hineingezogen wird.

T.T. Man hat den Eindruck, als würde er schweben.

M.B. So war es von Coppola auch beabsichtigt. Um das zu erreichen, wurde eine Wippe gebaut, bei der Keanu auf der einen Seite stand und auf der anderen ein Gewicht angebracht war, damit er hochgehoben werden konnte. Coppola fand das schön, wollte aber zusätzlich, dass man sieht, wie Dracula den Arm ausstreckt und den Mann reinholt. »Ja«, habe ich im ersten Moment zu bedenken gegeben, »das kann man machen, aber dafür müssen wir eine Armverlängerung bauen, die ausfahrbar ist, einen mechanischen Arm. Und das dauert ein bisschen, das können wir nicht heute machen.« In dem Moment kam Pat Daily, unser Key Grip, und sagte: »Warum machen wir nicht die Bank, auf der Dracula sitzt, beweglich? Wir stellen sie auf ein Dolly oder eine Schiene. Wenn die Wippe sich hebt, wird der Sitz mit der Hand ausgefahren und synchron zum Senken der Wippe wieder eingezogen.« Danach dauerte es eine halbe Stunde, bis wir die Sache gelöst hatten. So einfache Lösungen sind möglich, wenn man mit Fantasie ans Werk geht.

Ein anderes technisches Problem, das wir ebenso simpel gelöst haben, war Folgendes: Wir wollten, dass die Kamera an einigen Stellen die Treppe hochrast und dabei fast die Stufen berührt. Bald war uns klar, dass wir das nur mit einem Pendel machen konnten. Also hat Pat Daily ein Pendel gebaut, an dem er die Kamera festmachen konnte. Durch Parallel-

Die Kamera am Pendel: subjektive Raserei in Bram Stoker's Dracula.

achsen blieb sie immer waagerecht. Dann wurde das Pendel an der Decke festgemacht und so austariert, dass die Linse nur ein paar Zentimeter über die Treppenstufen gesaust ist.

T.T. Es gibt einige Momente, in denen Dracula zu schweben scheint. Ich nehme an, dass Sie das ebenfalls auf ganz einfache Weise gelöst haben.

M.B. Wir haben ihn für diese Szenen auf ein Wägelchen gestellt, mit einer Stütze im Rücken, damit er beim Anfahren nicht umkippt, und ihn dann so herumgeschoben.

T.T. Der Effekt ist verwirrend und wirklich gruselig. Da gibt es auch noch diese Szene, in der Dracula Keanu Reeves rasiert und sich allmählich die Proportionen des Zimmers verändern. Welcher Trick steckt in diesem Fall dahinter?

M.B. Im Grunde ein ganz ähnlicher: Wir haben die Wände an Schienen aufgehängt, damit wir den Raum ganz langsam verengen konnten. Selbst wenn man genau erkennt, wie das gemacht wurde, wirkt das Ganze doch sehr beängstigend.

T.T. Und wieder völlig mechanisch erzeugt. Auch wenn das jetzt alles so einfach klingt, braucht man für solche Lösungen ein sehr kreatives Team.

M.B. Deshalb arbeite ich so gerne in Amerika, weil dort die Teamarbeit derart entscheidend ist und gefördert wird. Für mich sind meine Mitarbeiter Kollegen, nicht einfach Angestellte. Mit ihnen bespreche ich mich und frage sie nach ihren Ideen. Auch bei meinem Oberbeleuchter Jimmy Tynes würde ich nie auf die Idee kommen, ihm Anweisungen zu geben, wo er eine Lampe hinstellen muss. Wir besprechen die Szene und die Stimmung zusammen, und danach arbeitet er im Grunde selbstständig – er ist mein Partner.

T.T. Was mich an dieser Stelle interessieren würde, ist die Zeit nach den Dreharbeiten. Es ist schließlich noch ein relativ langer Weg bis zur Premiere. Sie treten ja nochmals in Aktion, wenn der Film fertig geschnitten ist und Sie die Lichtbestimmung und Farbkorrekturen vornehmen. Haben Sie das allein oder mit Coppola zusammen gemacht – gerade *Dracula* ist ja farblich und stimmungsmäßig sehr ambitioniert?

M.B. Ich war damals ziemlich auf mich gestellt. Gerade bei *Dracula* stand ich unter enormem Zeitdruck, weil der Premierentermin schon feststand und sich einige Arbeiten, die vor der Farbbestimmung geleistet werden mussten, verzögerten. Für einen solchen Film braucht man normalerweise vierzehn Tage für die Lichtbestimmung, aber die hatte ich nicht. Letztlich war ich mit der Premierenkopie nicht hundertprozentig zufrieden, ich hätte gerne nochmals zwei Kopien gehabt, um ein paar zusätzliche Dinge zu korrigieren.

T.T. Eigentlich ein Unding, dass bei einem Film wie diesem am Schluss gehetzt werden muss – angesichts des Aufwands, der für Produktion und Promotion betrieben wurde, ein groteskes Missverhältnis. Die Projektion im Kino ist ja überhaupt so ein Thema, denn im Grunde ist sie das schwächste Glied in der Kette.

M.B. Das ist ein gutes Argument für digitale Vorführmethoden: Erstens stimmt die Projektion immer, und zweitens sieht es überall perfekt aus, vorausgesetzt, die Masterkopie ist in Ordnung. Was ich schon für Kopien von meinen Filmen gesehen habe! Als ich einmal in Texas *Color of Money* gesehen habe, bin ich fast weinend aus dem Kino gelaufen.

T.T. Weshalb?

M.B. Die Kopie war zerkratzt und matschig in den Farben, die Projektoren waren alt und verdreckt, die Lampen durchgebrannt. Leider sieht man in manchen Kinos nur noch den halben Film.

T.T. Kann man das denn überhaupt kontrollieren? Bei *Dracula* waren wahrscheinlich allein in den USA um die 3000 Kopien in Umlauf. Wie stellt man sicher, dass der Film in einer konstanten Qualität gezeigt wird?

M.B. Es lässt sich gar nicht kontrollieren. Ich begutachte lediglich die so genannten Premierenkopien, das sind vielleicht sechs Stück, die direkt vom Original gezogen werden, und die sind natürlich brillant. Aber anschließend werden die Massenkopien gezogen, auf schnell laufenden Maschinen mit teilweise 120 Bildern pro Sekunde. Mit dieser kurzen Belichtungszeit erhält der Film einfach einen anderen Charakter.

T.T. Das ist skandalös, weil es bedeutet, dass im Grunde nur ein privilegiertes Publikum den Film in jener Fassung sehen wird, die sich der Regisseur und der Kameramann erträumt haben. Das führt – konsequent weitergedacht – dazu, dass eine sorgfältig bearbeitete DVD die bessere Referenz ist als die Kinokopie.

M.B. Das ist so. Die DVD von *Dracula* ist besser als das, was die meisten Zuschauer im Kino gesehen haben. Unter anderem deshalb, weil ich für die DVD nochmals eine Lichtbestimmung gemacht habe, bei der ich mehr Zeit hatte als für die Premierenkopie und viel ruhiger arbeiten konnte.

■ ■

9

Die Zeit ohne Marty ■ The Age of Innocence ■ *Raffiniertes Spiel mit Licht und Farbe* ■ *Dante Ferretti* ■ *Noch eine Kreisfahrt* ■ *Ein Hauch von* Lola Montez ■ *Was ein Achsensprung bewirken kann* ■ Quiz Show ■ *Ein normalsterblicher Star* ■ Outbreak ■ *Ist das nicht ein toller Beruf?* ■ *Ein Projekt schlägt auf den Magen, und Dustin Hoffman ist ein ganz normaler Held*

T.T. Bevor wir zu *Age of Innocence* kommen, noch eine grundsätzliche Frage zu Ihrer Partnerschaft mit Scorsese. Nachdem er zuvor vier Filme in Folge mit Ihnen gedreht hatte, war *Cape Fear* der erste lange Spielfilm nach sechs Jahren, den er ohne Sie gemacht hat. Wird man da nicht ein bisschen nervös, weil man befürchtet, dass er vielleicht bei dieser Gelegenheit jemand anderen trifft und dann mit dem weiterarbeitet?

M.B. Bei Marty hatte ich diese Angst nie. Er hat seit *After Hours* jeden Film zuerst mir angeboten. Manchmal konnte ich einfach aus terminlichen Gründen nicht mitarbeiten, was wir dann beide bedauert haben, aber es hat unsere Beziehung in keiner Weise gestört. Ehrlicherweise muss ich aber zugeben, dass ich bei einigen Filmen nicht so traurig war, sie nicht gemacht zu haben. *Cape Fear* war so einer, oder auch *Bringing Out the Dead*. Vielleicht hätten die Filme anders ausgesehen, wenn ich dabei gewesen wäre, und mit Marty hätte ich sicher auch diese Filme nicht bereut, aber diese düsteren und trostlosen Geschichten waren nicht unbedingt die Themen, die mich interessieren.

T.T. War es für Sie eine Überraschung, als er mit *The Age of Innocence* ankam? Auf den ersten Blick war das für Scorsese ja ein sehr ungewöhnlicher Stoff.

M.B. Natürlich war ich überrascht, weil solche Liebesgeschichten nun nicht gerade sein bevorzugtes Thema sind. Aber ich war zugleich begeistert, weil es eine Liebesgeschichte war, die alles besaß, was ich mag.

T.T. Die erdrückende Schicksalsergebenheit der Figuren in *Age of Innocence*, der schwe-

bende Zustand einer Liebe, die sich nie verwirklichen kann, und vor allem die sanfte Passivität der männlichen Hauptfigur – all das sind beinahe exotische Zutaten für einen Scorsese-Film. Aber der Film markiert in Scorsese Entwicklung auch eine Art Wende.

M.B. Wir hatten Glück mit der Besetzung, die auch nicht typisch für einen Scorsese-Film war. Dass Daniel Day-Lewis großartig sein würde, war eigentlich zu erwarten, auch Michelle Pfeiffer war eine hervorragende Besetzung. Aber dass Winona Ryder so stimmig sein würde, hat uns alle fasziniert. Sie strahlt genau die richtige Naivität und das Wissen aus und ist dadurch äußerst glaubwürdig.

T.T. Liebesfilme sind nicht Scorseses Genre, und er ist auch nicht gerade berühmt für erotische Szenen, aber in *Age of Innocence* …

M.B. Die Szene in der Kutsche, in der Daniel Day-Lewis den Handschuh von Michelle Pfeiffer öffnet und auszieht, zeige ich meinen Studenten immer wieder, wenn wir das Thema »Erotik« behandeln. Im Grunde zieht er ja sie aus, es ist letztlich ein Liebesakt, der hier gezeigt wird – dabei sieht man nur, wie er ihr den Handschuh auszieht.

T.T. Bei näherem Hinschauen merkt man, dass die Erzählung von Edith Wharton doch besser in den Scorsese-Kosmos passt, als man das zunächst vermuten könnte. Mit zahllosen unscheinbaren Ritualen wird eine Gesellschaft beschrieben und damit der reiche Subtext der Geschichte eigentlich erst erschlossen, und der ist manchmal spannender als die Geschichte selbst.

M.B. Sie meinen all die Zeremonien des Essens, des Servierens, der Dekoration, die Konventionen in den Umgangsformen – das haben wir fast bis zum Exzess getrieben. Wir haben immer alles komplett gedreht, also beispielsweise das Aufschneiden des Truthahns von A bis Z, was sicher drei Minuten gedauert hat – im Film waren davon fünf Sekunden zu sehen.

  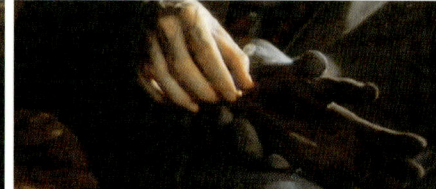

T.T. Ich würde behaupten, eher anderthalb …

M.B. … und selbst dafür haben wir mit drei verschiedenen Truthähnen gedreht.

T.T. Wie wurde so etwas überwacht, damit es dann auch stimmte?

M.B. Es waren immer Berater dabei, die auf jedes Detail geachtet haben: Da war ein Koch, der sich genau in der Art, in der damals gekocht wurde, auskannte; eine Frau, die die Blumen im Stil der Zeit arrangiert hat; jemand, der die Kostüme kontrolliert hat, und auch die Gemälde an den Wänden mussten genau zur Epoche und den jeweiligen Hausbesitzern passen. Dafür brauchten wir eine ganze Riege von historisch geschulten Künstlern, die auf jedes Detail geachtet haben. Scorsese hat später einen wunderbaren Bildband herausgegeben, in dem man nachverfolgen kann, welche historischen Bilder für den Film das Vorbild waren, wie er diesen authentischen Look hingekriegt hat.

Michelle Pfeiffer und Michael Ballhaus bei der Arbeit an The Age of Innocence.

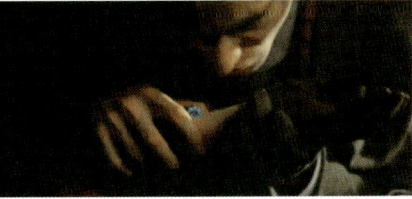

T.T. Wie lange dauert die Vorbereitung auf ein so komplexes Projekt?

M.B. Zehn Wochen. Das ist bei amerikanischen Produktionen eigentlich das Maximum.

T.T. Sie haben sich doch sicher schon vorher mit Scorsese getroffen und über das Projekt gesprochen. Sind diese zehn Wochen gewissermaßen die vertraglich geregelte Arbeitszeit?

M.B. In dieser Zeit passieren Motivsuche und -besichtigung, Planung und Vorbereitung der Tests. Je nachdem – bei Marty ganz sicher – gibt es vorher schon Vorbesprechungen.

T.T. *Age of Innocence* ist ein Film, der äußerst raffiniert mit Farbe und Licht arbeitet. Oft wird ja vergessen, dass der Director of Photography auch und vor allem für die Beleuchtung zuständig ist. Was bedeutet das beispielsweise bei einem Film wie diesem?

M.B. Ich kann es an einer Szene erklären, auf die ich ganz besonders stolz bin: wenn sich Daniel Day-Lewis und Michelle Pfeiffer alleine in dieser Hütte treffen und man hofft und eigentlich erwartet, dass sie nun endlich zusammenkommen.

T.T. Sie umarmen sich, was sich dann allerdings als Fantasie von Day-Lewis herausstellt.

M.B. Ja, und er bemerkt, dass sich sein Rivale der Hütte nähert, und glaubt, sie habe eine Verabredung mit diesem. Das macht ihn eifersüchtig und lässt ihn sofort wieder auf Distanz gehen. Für diesen Moment der plötzlichen Entfremdung wollte ich, dass die warme Stimmung, die bis dahin geherrscht hatte, urplötzlich umschlägt. Wir haben deshalb eine Blaufolie vor die Lichter geschoben, und plötzlich wurde die Szene kalt, die ganze Stimmung der Szene kippte.

T.T. Das haben Sie ohne Schnitt gemacht?

M.B. Ohne zu schneiden, einfach indem wir innerhalb von zwei, drei Sekunden eine Blaufolie hineingeschoben haben. Zusätzlich sind wir mit der Kamera etwas zurückgefahren, so dass die ganze Stimmung distanziert und kalt wurde. Aber das Wesentliche haben wir eigentlich nur mit Licht gemacht. Das sind Dinge, die ich dann einbringen kann. Was Beleuchtung betrifft, lässt mir Scorsese praktisch freie Hand.

T.T. Das ist faszinierend, weil ich es bislang nie bewusst wahrgenommen und doch immer darauf reagiert habe. Es tut also seine Wirkung, ohne dass man die Ursachen erkennt. Das

Erotik ohne Nacktheit: Daniel Day-Lewis entkleidet Michelle Pfeiffer – ohne sie auszuziehen. So ordnet sich The Age of Innocence der prüden Raserei seiner Protagonisten unter.

ist natürlich ein wunderbares Beispiel dafür, dass die Form vor allem den Figuren und der Geschichte dienen soll und dass man sehr experimentell sein kann, ohne gleichzeitig aufdringlich zu werden. Wie reagiert Scorsese auf solche Einfälle?

M.B. Marty ist nicht der Typ, der vor Freude hochspringt – bei allem Enthusiasmus für das Kino und seine Arbeit. Wenn er so etwas sieht und sagt: »Hmm. Das ist gut – That's excellent!«, dann ist das für ihn viel.

T.T. *Age of Innocence* ist derart reich an Details und Inserts – haben Sie dafür eine Second Unit engagiert?

M.B. Nein, wir haben alles selber gedreht, jedes Insert, jedes noch so winzige Detail – Knöpfe, Blumensträuße, Tischdekorationen – alles. Marty arbeitet nicht gerne mit Second Unit, weil für ihn jede Einstellung entscheidend ist, er kennt da keine unterschiedlichen Kategorien. Das ist auch für mich ein wunderbares Gefühl, denn am Schluss habe ich wirklich das Gefühl: Das ist ganz meins, da hat niemand anders reingepfuscht.

Bei *Gangs of New York* wäre es dann allerdings ohne eine Second Unit nicht gegangen, das musste selbst Marty einsehen. Ich hatte allerdings das Glück, dass mein Sohn Florian für die Kamera der Second Unit verantwortlich war. Und was er dreht, sieht genauso gut aus wie meins, manchmal dachte ich sogar, noch besser. Es ist für mich eine traumhafte Situa-

Winona Ryder, Daniel Day-Lewis, Michael Ballhaus und Martin Scorsese während der Dreharbeiten zu The Age of Innocence.

tion, dass wir seit zehn Jahren zusammenarbeiten und er wie niemand sonst ein Gefühl für meinen Stil hat.

T.T. Sie haben in *Age of Innocence* das erste Mal mit dem Produktionsdesigner Dante Ferretti gearbeitet. Worin besteht seine besondere Qualität?

M.B. Er ist in jeder Beziehung ein schier unglaublicher Perfektionist und gleichzeitig ein großer Künstler. Er achtet auf jedes Detail, selbst wenn es im Film nie zu sehen ist. Bei ihm kann man in der Dekoration jeden Quadratzentimeter fotografieren – 360 Grad im Kreis und vom Fußboden bis zur Decke. Um ein Beispiel zu nennen: Für *Gangs of New York* hat er bei einer Treppe, die über vier Stockwerke ging, die Stufen abschleifen lassen, damit man das Gefühl hatte, hier seien jahrzehntelang Füße rauf- und runtergegangen – er hat tatsächlich eine ausgetretene Treppe gebaut! Weil ich Dantes Arbeit so bewundere, macht es natürlich Spaß, möglichst viel von dem auch zu zeigen, was er gemacht hat. Ich versuche seinen Set gewissermaßen zum Leben zu erwecken.

T.T. Schauplatzwechsel: Wie ist bei *Age of Innocence* die Szene in der Oper entstanden?

M.B. Wir haben das in Philadelphia in der Music Hall gedreht. Unsere Hauptschwierigkeit bestand darin, dass die Szenen, die in den Logen spielten, auch wirklich in den Logen gedreht werden mussten. Wir konnten das nirgendwo nachbauen. Und wir konnten das Haus nur für fünf Tage bekommen, wegen anderer Termine.

T.T. Die Logen waren doch bestimmt auf acht, zehn Meter Höhe.

M.B. Deshalb hatten wir den »Technocrane«, einen Teleskopkran mit einem Arm, der variabel zwischen drei und zehn Metern ausgefahren werden kann. Die Frage war nur: Wohin mit diesem Ungetüm, weil das Parkett ja bestuhlt war und wir möglichst nicht umbauen wollten. Wir haben dann eine Plattform ins Parkett gebaut, auf Stelzen, und da den Technokran draufgestellt, der bestimmt eine Tonne wiegt. Damit waren aber noch nicht alle Probleme gelöst, denn der Technokran ist auch noch sehr diffizil zu koordinieren. Es braucht dafür drei Leute: Einer schwenkt rauf und runter, der andere führt ihn seitlich, und der Dritte fährt den Arm rein und raus. Bis diese drei Leute synchron arbeiten, dauert es natürlich eine Weile.

The Age of Innocence und seine Frauen: Winona Ryder, Geraldine Chaplin, Michelle Pfeiffer.

185

T.T. Mich verblüfft immer wieder die Fahrt an der Sängerin vorbei, die gerade ihre Arie vollendet, und hinein ins Publikum, das in tosenden Applaus ausbricht. Wie geht das?

M.B. Dafür haben wir Platten gelegt und ein Dolly auf Gummireifen benutzt, weil die Bühne sehr uneben war – mit Schienen wäre da nichts zu machen gewesen, die wären im Bild gewesen.

T.T. Und das Publikum, das in tosenden Applaus ausbricht?

M.B. Wir hatten vielleicht 300 Statisten in Kostümen, aber in diesen Raum gehen sicher um die 800 Menschen rein. Deshalb wurden vorher die Leute in ihren verschiedenen Kostümen fotografiert. Dann wurden lebensgroße Abzüge gemacht, auf Pappe aufgeklebt und ausgeschnitten. Diese Figuren wurden in den Raum gesetzt und dazwischen immer wieder lebendige Leute, damit man ein wenig Bewegung gesehen hat. Wir hatten da also um die 250 Pappfiguren sitzen.

T.T. Es ist immer wieder erstaunlich: Da befinden wir uns in den neunziger Jahren, und Sie machen Filme mit Methoden, die aus einer anderen Epoche zu stammen scheinen.

M.B. Das beherrschen Leute wie Dante Ferretti, der schon mit Fellini Filme gemacht hat. Der kommt mit seinem unkonventionellen Erfindungsreichtum auf solche Ideen, und das finde ich phänomenaler als jeden Computertrick.

T.T. Wie die »Copacabana-Szene« in *GoodFellas* gibt es hier auch eine lange Steadicam-Fahrt, wenn Daniel Day-Lewis nach der Oper zum Empfang kommt. Eine endlose Fahrt ohne Schnitt und unmittelbar daran anschließend eine Kreisfahrt, bei der die verschiedenen Figuren vorgestellt werden und wo Sie offenbar obendrein noch mit Speed Change gearbeitet haben.

M.B. Das Knifflige an der Kreisfahrt bestand darin, dass wir sie mit der Voice-Over-Stimme synchronisieren mussten, die nachher über die Bilder gelegt wurde. Wir haben eine Kreisschiene ins Zentrum der Tanzfläche gelegt, haben die Tanzenden gefilmt, und jedes Mal wenn jemand ins Bild kam, den die Erzählerstimme vorstellen musste, sind wir von 24 Bildern in der Sekunde auf 30 Bilder gegangen. Für diese Szene hat jemand am Set den Text gelesen, damit wir genau timen konnten, wann wir wieder auf 24 Bilder zurückmussten, bis wir dann am Schluss auf Winona Ryder gelandet sind.

T.T. Wenn Sie so davon erzählen, erhält man den Eindruck, als würden Ihnen gerade solche Szenen unglaublichen Spaß bereiten.

M.B. Das sind meine Highlights, weil die Kamera dann anfängt, selbst eine Geschichte zu erzählen, und nicht bloß sprechende Köpfe abfotografiert. Wenn die Kamera eine Atmosphäre schafft, wenn sie mit Bildern erzählt – das macht am meisten Freude.

T.T. Sie haben am Anfang davon gesprochen, dass Sie für *Age of Innocence* ganz besonders stark von *Lola Montez* inspiriert wurden. Ich nehme an, dass auch das Spiel mit den Formaten von dort stammt. Oft ändern Sie das Format durch Gegenstände, beispielsweise Kerzenleuchter oder Balken.

M.B. In dieser Beziehung halte ich *Lola Montez* bis heute für unerreicht. Wie Ophüls mit dem Format umgegangen ist, mal wirklich Breitwand und dann wieder fast quadratisch, das hat bis heute niemand mehr so raffiniert geschafft. Wir haben es in *Age of Innocence* wenigstens ansatzweise hingekriegt. Aber ich träume immer noch davon, dass ich einmal die Chance habe, in einem Film ganz konsequent mit dem Format zu spielen.

T.T. Es gibt Stellen, wo Vignetten vom Rand förmlich ins Bild hineinwachsen.

M.B. Wir haben in schwarzen Tüll ein Loch geschnitten, ihn in einen Filterhalter einge-

Reminiszenz an Max Ophüls: der Einsatz von Bildmasken in The Age of Innocence.

passt und dann vor die Linse gesetzt. Der Filterhalter ist ja auf zwei Stützen angebracht, und je weiter vorne er ist, desto kleiner wird der Bildausschnitt. Also haben wir den Filter während dem Drehen nach hinten geschoben, und so wurde das Loch allmählich größer.

T.T. Also wieder ein mechanischer Effekt …

M.B. … und spottbillig.

T.T. In einem der markantesten Bilder steht Michelle Pfeiffer auf einem Steg am Meer, und irgendwann, nach wiederholtem Anschauen, habe ich mich plötzlich gefragt: Aus wie vielen Elementen wurde das zusammengesetzt?

M.B. Das war sehr kompliziert. Nur schon einen solchen Steg zu finden war schwierig, denn er musste so am Hang liegen, dass jemand von oben darauf herunterschauen konnte, das Gelände durfte aber auch nicht zu steil sein, weil das Wasser zu sehen sein musste.

188

Darin sollte sich dann auch noch die Sonne spiegeln, was an der Ostküste nicht so leicht zu finden ist, weil die Sonne dort unpraktischerweise landeinwärts untergeht. All diese Elemente in der Natur anzutreffen war schier unmöglich. Wir haben dann immerhin einen Steg gefunden, der allerdings halb zerfallen war. Er wurde dann wenigstens in dem Teil restauriert, wo Michelle stehen musste. Natürlich gab es da aber keinen Leuchtturm und auch kein Boot. Also haben wir ein Matte-Painting machen lassen, haben den Vordergrund und den Steg vor Ort aufgenommen und die Kadrierung des Bildes genau bestimmt. Dann wurde hinterher der Steg fertig gemalt, auch der Leuchtturm wurde gezeichnet, das Boot, das vorbeisegelt, wurde separat aufgenommen, und wegen der Sonne, die an diesem Tag grade nicht scheinen wollte, wurde auch noch Wasser gedreht, in dem sich die Sonne spiegelte. Zum Schluss wurden all diese Elemente zu einem Bild zusammengebastelt – das, muss ich zugeben, könnte man heute mit CGI besser machen.

T.T. Ich finde, dass gerade diese spezielle Künstlichkeit – auch die des Trickeffekts – sehr gut zur Szene passt. Eben weil sie etwas sehr Gemäldehaftes hat, betont sie den symbolischen Charakter der Situation. Eine andere, sehr unauffällige Schlüsselszene spielt sich ab, wenn Michelle Pfeiffer und Daniel Day-Lewis auf der Parkbank sitzen und er sie fragt, ob sie mit ihm zusammen den Nachmittag verbringen will. Hier kommt es zu einem signifikanten Achsensprung.

M.B. Das ist einer dieser begründeten Achsensprünge, wie ich sie bei Fassbinder kennen gelernt habe. Pfeiffer und Day-Lewis haben sich längere Zeit nicht gesehen und wissen nicht so recht, ob da noch etwas von den alten Gefühlen übrig geblieben ist. Die Szene hat etwas Scheues, was dadurch verstärkt wird, dass es über ihre Schulter gefilmt wird. Aber dann, wenn sie zusagt und beide entdecken, dass die Zuneigung noch da ist, springt die Kamera über die Achse, und plötzlich ist die Szene wieder offen. Alleine mit diesem Achsensprung wird also deutlich, dass ein Stimmungswandel eingetreten ist.

T.T. Wie wichtig sind Achsen, und wie gut wissen Sie während des Drehs darüber Bescheid? Bei Zweiersituationen ist das ja kein Problem, wenn aber mehrere Menschen in einem Raum bewegt werden, wird es ganz schön kompliziert.

Ein Achsensprung illustriert den Wechsel einer Stimmung: Michelle Pfeiffer und Daniel Day-Lewis in The Age of Innocence.

M.B. Ich weiß immer ganz genau, wo meine Achsen liegen. Manchmal besser als Marty, aber das ist schließlich auch mein Job. Es passiert mir eigentlich nie, dass ich einen Achsensprung fabriziere, der nicht geplant war. Andererseits habe ich zu Achsen auch ein ganz freies Verhältnis. Ich denke, wenn es den Zuschauer nicht irritiert, kann man prinzipiell jederzeit über die Achse springen. Wenn es dramaturgisch legitimiert ist, finde ich es ein gutes Stilmittel.

T.T. Nun sind wir bei Robert Redford angekommen, der Sie für *Quiz Show* engagierte. War die Zusammenarbeit mit einem Regisseur, der sein Leben lang Schauspieler und Star war, etwas Spezielles? Was zeichnet ihn aus?

M.B. Redford weiß vor allem um die Verletzlichkeit der Schauspieler vor der Kamera, und dementsprechend sensibel geht er mit ihnen um. Er ist kein Regisseur, der mir viele visuelle Impulse gibt. Er hat zwar Sinn für schöne Bilder, aber nicht so sehr für Bildfolgen. An *Quiz Show* hat mich – neben der Möglichkeit, mit Redford zu arbeiten – vor allem die Geschichte gereizt. Es ist ein Stück amerikanische Zeitgeschichte, das ich sehr spannend und im Grunde auch wieder sehr aktuell finde: die Manipulation in den und durch die Medien.

Redford macht, und das ist sehr angenehm, kein Theater aus seiner Berühmtheit. Ich habe ihn nie mit einem Bodyguard erlebt, er läuft ganz normal durch die Straßen. Redford ist schon so lange ein Star, dass er sich offensichtlich daran gewöhnt hat.

Quiz Show: Robert Redford und Michael Ballhaus besprechen eine Kameraeinstellung. Links Florian Ballhaus.

T.T. Wirkt sich das auch auf die Arbeit am Set aus? Extreme Gelassenheit kann auch zu einer Art Unterspannung führen.

M.B. Unterspannung ist ein interessanter Ausdruck. Wenn damit supercool gemeint ist, dann trifft es zu. Am Set gibt es bei ihm keinen Stress, er scheint ein anderes Gefühl für Zeit zu haben, kommt ein bisschen zu spät und diskutiert lange mit seinen Schauspielern. Das macht seine Produzenten manchmal ganz schön nervös, aber am Ende haben wir sowohl *Quiz Show* als auch *The Legend of Bagger Vance* innerhalb der veranschlagten Zeit und des Budgets abgedreht.

Ich erlebe Redford als jemanden, der keinerlei Starallüren hat, der wirklich noch fest auf dem Boden der Tatsachen steht. Und trotz seines Ruhms muss auch er um die Finanzierung seiner Filme und um die Besetzung kämpfen – das alles fällt ihm nicht einfach in den Schoß. Er kann es sich höchstens leisten, wählerisch zu sein und nur jene Geschichten zu realisieren, die ihn auch interessieren.

T.T. Ich habe deshalb gefragt, weil seine Filme mitunter einen Hang zur Bedächtigkeit haben. Mit bedächtig meine ich, dass sie immer ein bisschen hinter ihrem Potenzial zurückbleiben, es fehlt etwas der Biss. Das empfand ich schon bei *Quiz Show* so und noch viel stärker bei *Bagger Vance*.

M.B. Er geht sicher anders an seine Geschichten ran als Scorsese. Aber man muss ihm zugestehen, dass er ein politisch wacher Mensch ist, der engagierte Stoffe aussucht, die er dann auf seine eigene Art verfilmt, und die ist nun mal ganz anders als jene von Scorsese.

T.T. Sagen wir, an Redfords Filmen fehlt mir manchmal das Gefühl, dass sie gar nicht anders sein könnten, dass ein unbedingter Wille zu einer bestimmten Vision sie angetrieben hat. Sie sind immer sehr interessant, sehr sorgfältig gestaltet und inszeniert, aber der letzte Funke zündet nicht.

M.B. Aber wie viele Filme dieser Art gibt es denn? Wenn ich auf die Filme zurückblicke, die ich gemacht habe – wie viele davon haben diesen Funken, dieses Außergewöhnliche und Einzigartige? Selbst bei Scorsese gilt das nicht für alle Filme, die ich mit ihm gedreht habe.

T.T. Da haben Sie natürlich Recht. Ich will auch gar nicht weiter insistieren, denn wir tun *Quiz Show* damit auch sehr unrecht.

191

T.T. Bis zu *Outbreak* hatten Sie zehn Jahre lang immer mindestens zwei Filme pro Jahr gedreht. Tat sich nie eine Lücke auf, in der Sie befürchteten: Jetzt geht's nicht mehr weiter?

M.B. Ich kann mich erinnern, dass wir nach *After Hours* vier Monate lang nur Angebote hatten, die sich immer wieder zerschlagen haben. Damals dachten wir ernsthaft daran, nach Deutschland zurückzukehren und unsere New Yorker Wohnung aufzulösen. Andere Pausen entstanden später dadurch, dass sich Dreharbeiten verschoben haben. Da Scorsese eigentlich immer enorme Finanzierungsprobleme hat, haben sich die Dreharbeiten oft verschoben. Für *Casino* beispielsweise habe ich mich ein halbes Jahr lang bereitgehalten. Ich habe gewartet und gewartet, bis ich irgendwann dem Studio nach sechs Monaten Warterei ohne Vertrag ein Ultimatum gesetzt habe. Als dieses verstrichen war, habe ich für *Outbreak* unterschrieben. Zwei Tage später rief ein Studioboss von Universal an und wollte mir einen Vertrag für *Casino* anbieten. Aber da war es schon zu spät.

T.T. Hat Scorsese nicht alle Hebel in Bewegung gesetzt?

M.B. An ihm hat es sicher nicht gelegen. Er hat natürlich alles versucht, und Universal war sogar bereit, mich sofort auf die Lohnliste zu setzen und fürs Warten zu bezahlen. Doch ich hatte Petersen bereits zugesagt und wollte mein Wort halten. Heute kann ich gestehen, dass mir auch nicht ganz wohl war bei dem Gedanken, sechs Monate meines Lebens in Las Vegas zu verbringen, selbst wenn es für einen Scorsese-Film gewesen wäre. Vegas ist wirklich keine Stadt, in der ich freiwillig länger Zeit verbringen möchte.

T.T. Sie haben wahrscheinlich nie einen tagesaktuelleren Film als *Outbreak* gemacht. Es war geradezu beängstigend, dass gerade als der Film ins Kino kam, das Ebola-Virus wieder ausbrach. Das können Sie bei Drehbeginn gar nicht geahnt haben.

M.B. Die Situation bei *Outbreak* war sehr ungewöhnlich. Es gab von 20th Century Fox und Warner Bros. zwei Projekte zum selben Thema. Unseres war von Warner Bros., und die wollten unbedingt als Erste mit dem Film rauskommen. Es gab ein gutes Drehbuch, aber das Studio wollte noch einiges ändern, also ein Rewrite. Um aber in Hollywood ein Signal zu setzen, hat das Studio beschlossen, auch ohne die letzte Drehbuchfassung die Dreharbeiten zu beginnen. Also reisten wir alle in die kleine Stadt Eureka im Norden Kaliforniens und fingen an, Szenen zu drehen. Nach zwei Wochen kam dann das neue Drehbuch, und Wolfgang und Dustin waren sehr enttäuscht. Es gab eine Krisensitzung, in der Wolfgang erklärte, dass er dieses Buch nicht verfilmen wolle. Man akzeptierte seine Kritik, und Wolfgang schlug nun einen Autor vor, mit dem er zuvor gearbeitet hatte. Der kam also. Da die Struktur des Films stand, ging es hauptsächlich um Dialoge oder Veränderungen der Szene. Konkret bedeutete das aber, dass wir oft die neue Szene am Morgen unter der

Zimmertür im Hotel vorfanden. Das parallele Projekt von Fox mit Jodie Foster und Robert Redford wurde übrigens nach einigen Wochen aufgegeben.

T.T. Und dennoch wirkt der Film nicht unübersichtlich oder zusammengeflickt. Das ist wahrscheinlich Petersen zu verdanken?

M.B. Er wusste genau, wie man diese Art von Filmen macht. Deshalb war er mit der ersten Überarbeitung des Drehbuchs auch nicht zufrieden und verlangte, dass es noch einmal umgeschrieben wurde. Das ging allerdings ins Geld. Der Autor hat sicher über eine Million Dollar gekriegt, obwohl am Ende auch von seinem Text nicht mehr viel übrig war, denn der wurde von den Schauspielern noch auf dem Set laufend abgeändert.

T.T. Wie war die Zusammenarbeit mit einem Regisseur, der Jahre zuvor an der dffb Ihr Student gewesen war und mit dem Sie jetzt − unter völlig anderen Umständen − Ihren ersten Film machten?

Dustin Hoffman und Michael Ballhaus bei der Arbeit an Outbreak.

M.B. Er ist der bestgelaunte und offenste Regisseur, mit dem ich je gearbeitet habe. Wolfgang hat eine solche Freude an seiner Arbeit, dass er jeden Morgen auf den Set kommt und freudestrahlend verkündet: »Ist es nicht toll, dass wir zusammen diesen Film machen dürfen? Haben wir nicht einen wunderbaren Beruf?« Selbst wenn, wie bei jedem Film, Katastrophen passieren, bleibt er immer ruhig, schreit nicht rum und beschuldigt niemanden. Man fühlt sich bei ihm nie unter Druck. Mit seiner Art hat er sogar einen Schauspieler wie Dustin Hoffman in den Griff bekommen, der dafür bekannt ist, dass er mitunter schwierig werden kann, wenn er kein Vertrauen zum Regisseur hat. Wolfgang führt seine Schauspieler absolut souverän, ohne dass dabei je der Verdacht aufkommt, er wüsste nicht genau, was er will. Selbst wenn ich eigentlich lieber *Casino* gemacht hätte – *Outbreak* hat sicher wesentlich mehr Spaß gemacht.

T.T. Auch da war wieder Ihr Sohn Florian als Operator engagiert. Wie ist das für Sie als Vater, mit einem Familienmitglied das Department zu teilen?

M.B. Eigentlich ist das bei uns überhaupt kein Problem. Er hat das immer so professionell und gut gemacht, dass ich nie in Konflikte geraten bin und auch nicht der Verdacht aufkam, er sei nur deshalb dabei, weil er mein Sohn ist. Er hat es inzwischen ja auch zum Director of Photography gebracht – und ich muss gestehen, er leistet hervorragende Arbeit. Übrigens hat Sebastian bei beiden Petersen-Filmen die Second Unit geleitet.

T.T. Auch bei *Outbreak* kommen wir nicht an der Steadicam vorbei, vor allem in der Titelsequenz. Sind da wirklich keine unsichtbaren Schnitte drin?

M.B. Doch, einer.

T.T. Nur einer?

M.B. An der Tür, wenn dieser Mann an die Sicherheitstür kommt und seine Erkennungskarte einschiebt. Da ist auf seinem Rücken ein Schnitt. Das war aber der einzige.

T.T. Diese Fahrt ist nicht nur technisch spektakulär, sie trägt wieder wesentlich dazu bei, dass man frühzeitig die Spannungsräume des Films begreift. Vor der Sicherheitstür endet die Steadicam-Reise, und wir Zuschauer dürfen nur noch durch das Sicherheitsglas zuschauen. Wir müssen optisch draußen bleiben, weil alles, was hinter dieser Tür liegt, so enorm gefährlich ist – das ist psychologisch toll gemacht. Damit und auch in seinem weiteren Verlauf löst der Film seine Aufgabe sehr gut, einen unsichtbaren Feind – nämlich ein Virus – spürbar, greifbar zu machen.

Eine andere Frage, die sich bei diesem Film aufdrängt, ist die Arbeit mit Tieren. Es gibt viele Szenen mit Tieren, vor allem mit Affen, in denen Tier, Mensch und Technik verbunden werden, was ich mir unheimlich aufwendig vorstelle.

M.B. Die Arbeit mit Hunden ist relativ einfach, weil die leicht zu dressieren sind. Mit den Affen war es etwas schwieriger. Ich erinnere mich, dass die Szene, in der das Mädchen den Affen locken musste, ziemlich mühsam war. Es hat fürchterlich lang gedauert, und wir waren dann sogar gezwungen, die Szene anders aufzulösen, weil der Affe nicht das Drehbuch gelesen hatte.

T.T. Selbstverständlich hat auch *Outbreak* seinen Ballhaus-Kreis: Wenn der junge Mann aus dem Flugzeug steigt und so krank ist, dass er seiner Freundin in den Arm fällt. Da fliegt die Kamera so irrsinnig schnell rundherum, dass man meint, jetzt würde man gleich von der Fliehkraft weggehoben.

M.B. Wir haben eine Rundschiene hingelegt, und die ganzen Kabel mussten in der Mitte über den Darstellern hochgezogen werden, damit die Technik einerseits nicht ins Bild kam und sich andererseits immer mit uns drehen konnte. Auch diese Kreisfahrt war dramaturgisch begründet, weil wir den Wahnsinn ausdrücken wollten, der in diesem Moment durch die Übertragung des Virus seinen Lauf nimmt.

T.T. Nach *Outbreak* haben Sie deutlich weniger Filme gemacht als in den Jahren davor. Wollten Sie bewusst einen Gang zurückschalten?

M.B. Nach *Outbreak* wurde ich für *Up Close and Personal* engagiert. Dafür sprach, dass ich mit Robert Redford und Michelle Pfeiffer hätte arbeiten können. Während der Motiv-suche habe ich den Regisseur Jon Avnet näher kennen gelernt und hatte auf Anhieb kein so gutes Gefühl. Auf einem Flug von Los Angeles nach New York hat er mir das Konzept des Films erklärt. Seine Ideen haben mich leider nicht sehr überzeugt, im Gegenteil, ich bekam schon Bauchschmerzen, wenn ich nur an die Dreharbeiten dachte. Wir kamen also in New York an, und irgendwann wurde mir speiübel, und ich musste dauernd erbrechen. Also habe ich eine Aspirin nach der anderen geschluckt, fünf Stück am Tag. Wieder in Los Angeles, ging es mir immer noch nicht besser. Bis ich eines Morgens aufwache, ins Bad stürze und Blut spucke − es war wie im Horrorfilm. Ich wurde ohnmächtig und wachte in einer Blutlache auf. Helga war noch in Deutschland, weil ich ja nach dieser Motivsuche nach Berlin zurückkommen wollte, um bei den Filmfestspielen *Quiz Show* vorzustellen. Ich dachte nur: ›Nein, so elend verreckst du hier nicht.‹ Glücklicherweise konnte ich mit Müh und Not den Notfalldienst anrufen und landete schließlich frühmorgens im Kranken-haus, aber da war noch nicht einmal ein Arzt im Dienst. Als dann endlich einer kam, war die Diagnose sofort klar: Magendurchbruch. Ich war wegen des großen Blutverlusts völlig kaputt. Nachdem ich Helga endlich erreichen konnte, hat sie bei unseren Freunden in L. A. herumtelefoniert, und irgendwie hat Dustin Hoffman die Sache mitgekriegt. Der kam sofort ins Krankenhaus und hat denen die Hölle heiß gemacht. Und plötzlich wurde ich behandelt wie ein Star, plötzlich war ein kompetenter Arzt da, und es wurde eine Notopera-tion organisiert. Heute glaube ich, dass Dustin mir das Leben gerettet hat. Wenn er nicht da gewesen wäre, hätten sie mich wahrscheinlich verbluten lassen. Ich habe vier Liter Blut verloren.

T.T. Und im Krankenhaus wurde es zunächst nicht ernst genommen?

M.B. Die waren offenbar überfordert. Ich war auch nicht in einer speziellen Klinik gelan-det, sondern einfach im nächstgelegenen Krankenhaus. Als Superstar Dustin da war, haben sie mich natürlich sofort operiert. Dustin war bei mir und hat Witzchen gemacht, um mich aufzuheitern, aber ich dachte wirklich, das sei's gewesen. ›Na, war doch eigentlich ein tol-les Leben. Ist doch okay‹, habe ich gedacht. Als sie mich in den Operationssaal geschoben haben, hat Dustin noch geflachst: »Guck dir das Licht hier an, das kannst du vielleicht mal verwenden.« Da musste ich lachen, dann kriegte ich eine Spritze und war weg. Als ich wie-der aufwachte, war Helga da, mit Sebastian, und auch Wolfgang Petersen stand mit seiner Frau am Bett, Dietrich Lohmann mit Babette.

T.T. Deute ich das richtig, dass Sie den Magendurchbruch mit dem Widerwillen gegenüber den bevorstehenden Dreharbeiten in Verbindung bringen?

M.B. Ich glaube, mein Körper hat dagegen rebelliert, diesen Film mit Avnet zu machen.

T.T. Dafür haben Sie aber einen hohen Preis bezahlt.

M.B. Ich bin nah am Tod gewesen, aber das hatte auch seine guten Seiten, weil ich wieder ganz am Boden ankam und mir überlegte: »Was ist eigentlich das Wichtigste im Leben? Ist es wirklich die Arbeit? Der Film? Nein, das ist es nicht!« Man kommt wieder etwas zu Bewusstsein, nimmt sich eine Menge vor – und hält das dann auch eine Weile durch. Ein bisschen vorsichtiger bin ich seither allerdings schon, und vor allen Dingen sagt auch Helga hin und wieder energisch »Stopp!«. Das ist einer der Gründe, weshalb ich seither deutlich weniger Filme gemacht habe.

T.T. Von *After Hours* bis *Outbreak* haben Sie innerhalb von zehn Jahren 22 Filme gedreht. Seit 1995 noch sieben. Mussten Sie wegen des Magendurchbruchs auch noch andere Filme außer *Up Close and Personal* absagen?

M.B. Es war bereits fest geplant, mit Scorsese *Kundun* zu drehen. Die Dreharbeiten sollten in Indien in der Region stattfinden, wo sich auch der Sitz des Dalai-Lama befindet. Ich habe dann herausgefunden, dass das nächste Krankenhaus mit dem Flugzeug zwei Stunden entfernt war. Deshalb hat mir mein Arzt abgeraten, diesen Film zu machen. Das Dumme war, dass auch Marty gemerkt hat, dass er mit seinem Asthma in dieser Höhe ebenfalls Probleme kriegen könnte, weshalb der Film zum Schluss in Marokko gedreht wurde. Durch die bei Scorsese üblichen Verschiebungen war ich dann allerdings schon für ein anderes Projekt engagiert.

■ ■

10

Sleepers ■ *Ein problematischer Fall von Selbstjustiz* ■ Air Force One ■ *Ein problematischer Fall von Patriotismus* ■ *Wie leuchtet man drei Kilometer Landebahn aus?* ■ *Kreisfahrt in extremis* ■ Primary Colors ■ *John Travolta und seine persönlichen Monitore* ■ Wild Wild West ■ *Schneller! Lustiger!* ■ *Endlich: der Ballhaus-Stil* ■ What Planet Are You From? ■ The Legend of Bagger Vance ■ *Tausche alt gegen jung*

T.T. Bei *Sleepers* hat man immer ein wenig das Gefühl von zwei Filmen in einem: Die Geschichte, die sich in der Jugend der Hauptfiguren abspielt, und dann der Prozess fünfzehn Jahre später – das fügt sich meines Erachtens nie zu einem Ganzen zusammen.

M.B. Ich finde auch, dass diese Zweiteilung den Film problematisch macht. Trotzdem war die Arbeit mit Barry Levinson interessant. Ich kannte zwar schon einige seiner Filme und habe ihn auch persönlich gesprochen, aber ich ahnte nicht, dass er ein so gutes Gefühl für Bilder und visuelle Einfälle hat. Zuvor haben mich Kollegen gewarnt, dass er einem nie Zeit ließe. Nachdem ich das wusste, habe ich mir natürlich erst recht Mühe gegeben, die Dreharbeiten optimal vorzubereiten. Zudem verstand ich mich mit dem First A. D. Joe Reidy hervorragend, mit dem ich vorher schon bei einigen Filmen zusammengearbeitet hatte. Wir haben also unsere Hausaufgaben minutiös gemacht und sind immer eine Stunde früher am Set gewesen. Wenn Barry ankam, hatten wir ihm bereits einiges anzubieten. Dann hat er noch ein bisschen korrigiert und unsere Ideen manchmal auch verbessert, aber es wurde eine absolut harmonische Zusammenarbeit, bei der er mir nie so im Nacken saß, wie die Kollegen vorausgesagt hatten.

T.T. Visuell betrachtet, ist *Sleepers* ein typischer Ballhaus-Film. Er sieht sehr reich aus – ich meine, es wirkt, als hätten Sie viel Drehzeit zur Verfügung gehabt.

M.B. Ich glaube, wir hatten um die 72 Drehtage. Trotzdem war der Film nicht so wahnsinnig teuer. Dank seiner guten Beziehungen konnte Levinson jemanden wie Dustin Hoffman davon überzeugen, eine kleine Rolle für verhältnismäßig wenig Geld zu spielen.

T.T. Irgendwie vermute ich in diesem Fall auch das Kalkül, mit Leuten wie Robert de Niro, Dustin Hoffman und Brad Pitt verschiedene Generationen von Kinogängern in diese an sich ziemlich finstere Geschichte zu locken?

M.B. Das war sicher der Fall. Solange dadurch nicht die Geschichte aus der Balance kippt, habe ich auch nichts gegen solche kommerzielle Überlegungen, erst recht nicht, wenn es dazu dient, einen »unverkäuflichen« Stoff einem breiten Publikum zugänglich zu machen.

T.T. Ja, aber zugleich erschien es mir, als seien alle beteiligten Schauspieler ziemlich unterfordert.

Zurück zur Üppigkeit des Films. Als ballhaustypisch empfinde ich die vielen schönen Übergänge. *Sleepers* ist sehr dynamisch, immer in Bewegung, und sehr ausgefeilt in der Verbindung der Szenenkomplexe. Daran erkennt man immer auch das Ausmaß der Vorbereitung.

M.B. Dafür hatte ich mit Barry genau den richtigen Partner. Und er hatte, wie gesagt, reizvolle Einfälle. Zum Beispiel dieses dramatische Football-Spiel: Ich bin kein großer Sportfan und kenne die Regeln des Football-Spiels nicht. Also habe ich gesagt: »Ihr müsst mir erklären, worauf es in diesem Spiel ankommt, damit ich seine besondere Dynamik einfangen kann.« Eines Tages kam Barry mit folgender Idee: »Wir drehen das Spiel in Schwarz-Weiß und alles aus der Hand, praktisch aus dem Blickwinkel eines Spielers.« Damit haben wir uns von einer Standardsportszene wegbewegt und konnten gleichzeitig ausdrücken, dass es zum Schluss kein Spiel mehr war, sondern eine Schlacht zwischen den unterdrückten Jugendlichen und ihren Wärtern.

T.T. Eindrucksvoll ist die Szene, in der sich die Kamera bei der Vergewaltigung immer mehr zurückzieht, in einen Tunnel hinein, der nicht mehr aufzuhören scheint. Wurde das im Studio gedreht?

M.B. Wir haben die Gefängnisszenen in einer alten Psychiatrie gedreht, und dort fanden wir auch dieses Kellergewölbe. Die Szene, wie sie jetzt zu sehen ist, passierte uns eigentlich fast aus Versehen. Es war nämlich nicht geplant, derart weit zurückzufahren. Wir fuhren und fuhren und warteten vergeblich auf das »Cut!«. Es war bereits noch schwach ein Lämpchen zu sehen, aber wir fuhren immer noch weiter, und es wurde immer schwärzer. Als wir die Szene danach bei der Mustervorführung auf der Leinwand sahen, wussten wir sofort, dass wir sie so im Film lassen mussten.

T.T. Alles nur entstanden, weil nie einer »Cut!« gerufen hat?

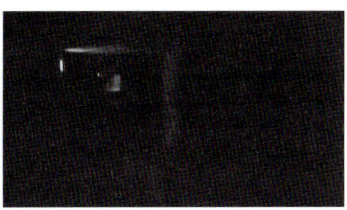

»Wir fuhren und fuhren und warteten vergeblich auf das ›Cut!‹«. Wie ein starker Moment beinahe zufällig entsteht: die endlose Rückwärtsfahrt in den dunklen Gang aus Sleepers.

M.B. Genau. Es war eine endloser Kellergang, den ich auch nicht ausgeleuchtet hatte, weil ich annahm, dass wir ja eh nur ein paar Meter zurückfahren würden.

T.T. So interessant der Film visuell ist, inhaltlich habe ich mich sehr über ihn geärgert. Ich finde, dass er bisweilen sehr schematisch seine Gewichtungen setzt. Emotional findet man es ganz in Ordnung, dass der Kerl, der ein fieser Vergewaltiger ist, erschossen wird, aber moralisch bleibt es – nüchtern betrachtet – dennoch ein Dilemma. Ich bin immer wütend auf Filme, die es mir allzu einfach machen, einen Täter zu hassen und Selbstjustiz letztlich begeistert oder zumindest als unvermeidlich hinzunehmen. So gesehen halte ich *Sleepers* für einen psychologisch undifferenzierten und sehr fragwürdigen Film, der sich den wahren Herausforderungen seines Sujets nicht stellt. Denken Sie während der Dreharbeiten über solche inhaltliche Fragen nach?

M.B. Amerikaner haben dazu eine andere Einstellung als Europäer. Diese Art von Selbstjustiz liegt in ihrem Rechtsempfinden durchaus drin. *Sleepers* ist in dieser Beziehung ein sehr amerikanischer Film, bei dem wir Europäer automatisch Bedenken haben. Für mich waren die Dreharbeiten insofern speziell, als der Autor der Vorlage, Lorenzo Carcaterra, immer am Set war. Er hat diese Geschichte selbst erlebt und geht mit dem Bösen, das ihm widerfahren ist, verständlicherweise nicht differenziert um, sondern mit dem Herzblut des geschundenen Jungen. Das waren für ihn Folterknechte, wie sollte er da zu einer differenzierten Sicht fähig sein? Diese Stimmung hat sich auch auf das Team übertragen.

T.T. Es wäre dann vielleicht die Aufgabe des Regisseurs gewesen, eine gewisse Distanz zu wahren, um dem Stoff wirklich gerecht zu werden.

M.B. Und diese Distanz hat der Film nicht, da gebe ich Ihnen Recht.

T.T. Ist es Ihnen jemals passiert, dass Sie bei Dreharbeiten gedacht haben: »Was dreh ich hier eigentlich, finde ich das überhaupt gut und vertretbar?«

M.B. Bei *GoodFellas* hatte ich dieses Gefühl einige Male. Da habe ich wirklich gelitten und mich gefragt: »Muss das wirklich so gewalttätig sein?« Auf Grund des Drehbuchs hätte ich den Film mit keinem anderen Regisseur als Scorsese gemacht. Bei allen anderen hätte ich abgesagt, weil mich diese Art von Gewalt abstößt. Ich habe natürlich schon eingesehen, dass damit auch eine nachvollziehbare Absicht verbunden war, nämlich genau mit diesen Mitteln eine gewalttätige Welt zu entlarven, aber die Dreharbeiten waren dennoch überaus hart. Bei *Gangs of New York* gab es ebenfalls Momente, in denen ich mich gefragt habe: »Muss man ihm unbedingt den Schädel mit der Axt einschlagen und das Blut nur so spritzen lassen?« Mit Gewaltszenen habe ich immer Probleme, die mag ich gar nicht gern.

T.T. Ich unterscheide da relativ simpel: Egal, wen die Gewalt in einem Scorsese-Film trifft, ob die Sympathischen oder die Unsympathischen, sie tut immer mörderisch weh. Dagegen wird die Gewalt bei *Sleepers* mit dem Gefühl verbunden: »Gott sei Dank.« Sogar dass die Jugendlichen ihn so langsam und qualvoll umbringen, findet man prima, wenn man der Dramaturgie des Films folgt. Das ist für mich ein ganz entscheidender Unterschied.

M.B. Aber das ist doch bei den alten Western mit John Wayne genauso: Man schreit »Hurra!«, wenn die Bösen um die Ecke gebracht werden.

T.T. Ja, nur dass es dort eine genreimmanente Logik gibt – es gehört zu den Spielregeln. Aber *Sleepers* ist kein Western, auch kein Thriller, sondern er kommt mit der Attitüde daher: »Wir beschreiben einen sehr problematischen und realistischen Hintergrund. Wir wollen ernst genommen werden, denn das ist eine wahre Geschichte.« Damit übernimmt der Film eine Verantwortung, die er nicht einlöst, ganz im Gegensatz zu *GoodFellas*.

M.B. Im Rückblick bin ich mit dieser Kritik einverstanden. Während der Dreharbeiten war ein Argument für uns immer auch das, dass wir es so drastisch zeigen wollten, um die Leute aufzurütteln, denn solche Dinge passieren nicht nur in Amerika nach wie vor. Die Darstellung der Brutalität wurde dadurch legitimiert, dass man durch den Schock etwas verändern wollte.

T.T. Für mich ist es am Ende ein ziemlich reaktionärer Film geworden – wenn auch auf einem sehr hohen formalen Niveau.

Aber zurück zum Dreh: Gerichtsszenen sind immer sehr kompliziert zu gestalten, weil sie schnell langweilig werden können. Wie sind Sie dieser Gefahr begegnet?

M.B. Man besitzt einfach nicht so viele Variationsmöglichkeiten. Es ist wie bei Szenen im Auto. Wie viele Einstellungsmöglichkeiten hat man in einem Auto? Größer, aber genauso begrenzt ist ein Gerichtssaal. Deshalb habe ich versucht, mit verschiedenen Lichtstimmungen zu arbeiten: Einmal scheint die Sonne direkt durchs Fenster, dann wieder ist es ein trüber Tag, ein andermal Morgenlicht und so weiter. Das sind keine gravierenden und auffälligen Dinge, aber sie geben der Szenerie doch Leben und Kontur.

T.T. Mit *Air Force One* können wir nahtlos an unsere Diskussion zu *Sleepers* anschließen. Hier werden ebenfalls von vornherein Spielregeln aufgestellt: Gewalt ist ein Spiel, die Menschen, die hier sterben, sterben wie in der Playstation. Es gibt eine Hauptfigur und dahinter ein paar computeranimierte Gestalten, die in regelmäßigen Abständen über die Klinge springen müssen. Das werfe ich diesem Film allerdings überhaupt nicht vor, weil ich mich von Anfang an auf eine Achterbahnfahrt einstelle und mich nicht nachher beschweren kann, wenn mir schlecht wird.

M.B. Ich glaube nicht, dass Wolfgang Petersen darin nur das gesehen hat. Er hielt es für eine interessante Geschichte, die er erzählen wollte, mit einem interessanten Konflikt im Zentrum: Was tut jemand in dieser Situation? Der Film sollte durchaus etwas Realistisches haben.

T.T. Aber gerade das ist das Problem von *Air Force One*, dass man ahnt, dass auch eine Botschaft vermittelt werden soll. Das ist grotesk, weil der Film in fast jeder Hinsicht vollkommen absurd ist: in seiner psychologischen Konstruktion, in technischen Details, aber auch in der Zeichnung des Präsidenten. Gegen Harrison Ford ist Bush harmlos und Reagan auch. Und dennoch soll Clinton diesen Film lieben.

M.B. Er hat ihn sich mehrmals angeschaut.

Szenenprobe zu Air Force One. *In der Mitte Glenn Close. Rechts (im Hintergrund) Wolfgang Petersen und Michael Ballhaus.*

T.T. Unfassbar.

M.B. Ich glaube, man kann den Film genau wie *Sleepers* nicht mit europäischen Augen sehen. Das ist ein uramerikanischer Film, den man in dieser Schublade lassen sollte.

T.T. Aber die Macher des Films sind Deutsche. Ausgerechnet ein deutscher Regisseur und ein deutscher Kameramann machen den patriotischsten amerikanischen Film der Neunziger, mal abgesehen von *Independence Day*, der ebenfalls von zwei Deutschen gemacht wurde.

M.B. Ich war über die Reaktion der Presse in Deutschland, ehrlich gesagt, überrascht. Wir hatten eine große Premiere in München, und als ich hinterher die Kritiken las, dachte ich: ›Um Gottes willen, was habe ich denn da gemacht?‹ Die Kritiker sind über den Film ganz schön hergefallen. Ich habe offenbar beim Drehen eine amerikanische Brille aufgehabt und das Ganze als Amerikaner gesehen. Außerdem hat Sebastian die ganze Second Unit unter anderem in Moskau gemacht. Die Dreharbeiten haben also auch noch furchtbar viel Spaß gemacht.

T.T. Was man übrigens auch merkt. *Air Force One* ist absolut perfekt gemachtes Popcorn-Kino: Ein Mann in einem Flugzeug alleine gegen Entführer – das ist eine geniale Idee und faszinierend umgesetzt. Ich kann mir auch vorstellen, dass Sie deswegen den Film so gerne machen wollten. Ich behaupte nur, dass der Film ohne den ganzen pathetischen und fanfarenhaften Gestus viel besser geworden wäre.

M.B. Wenn Sie die Rede von Harrison Ford am Anfang meinen, die war sicher nicht der Grund, weshalb ich den Film gemacht habe. Aber die Amerikaner finden diese Art Patriotismus unglaublich toll. Mich haben vor allem die technischen Herausforderungen gereizt.

T.T. Beispielsweise die versuchte Notlandung in Ramstein?

M.B. Die haben wir in den ersten neun Drehtagen inszeniert, und es gehört zum Schwierigsten, was ich je gedreht habe. Als wir zur Besichtigung des Drehorts auf einen stillgelegten Armeeflughafen im Staat Columbia kamen, war es bereits nachts. Wir haben uns vom Tower aus die Landebahn angeschaut, und als die Markierungslichter eingeschaltet wurden, war es nicht viel heller als vorher. Also war mir klar, dass ich eine dreieinhalb Kilometer lange Landebahn ausleuchten musste – ein schier unvorstellbarer Aufwand. Zudem wollte ich unbedingt in der Magic Hour drehen, damit sich der Himmel noch ein wenig abzeichnete. Ich hasse eine schwarze Leinwand, aus der dann ein paar Lichtlein rausgucken. Die Aufgabe war also klar: Wir hatten drei Kilometer auszuleuchten, und die Lichter mussten vom Rollfeld so weit entfernt sein, dass eine Boeing 747 ohne Schwierigkeiten landen konnte.

T.T. Können Sie sich noch ungefähr an die Menge der Lichteinheiten erinnern, die Sie verwendet haben?

M.B. Wir hatten zum einen drei Musco Lights (15x6 K HMI) als Seitenlicht, die normalerweise benutzt werden, um Fußballfelder zu beleuchten. Auf der anderen Seite standen zur Aufhellung nochmals zwei kleinere fahrbare Einheiten – Bebe-Nightlight. Und dazu kamen noch unzählige Bounces als Grundlicht. Wir haben alleine für die Beleuchtung über dreißig Kilometer Kabel verlegt.

T.T. Der Spielraum für die Blende wurde dadurch aber wahrscheinlich immer noch nicht besonders groß?

M.B. Nein. Wir hatten alles gemessen und genau festgelegt, an welcher Stelle wir welche Einstellung machen wollten. Es hing also sehr stark vom Piloten der 747 ab. Der stellte sich aber als dermaßen routiniert heraus, dass er die Maschine mit vielleicht fünf Metern Differenz zu unseren Marken aufsetzen konnte.

T.T. Wie haben Sie solche Szenen gedreht wie jene, in der das Flugzeug plötzlich kippt und in diesem Konferenzraum alle durcheinander purzeln?

M.B. Unser Flugzeugset war auf einer Hydraulik aufgebaut, so dass man das Flugzeug in alle Richtungen bewegen konnte. In dieser Szene wollten wir, dass das Flugzeug wirklich heftig kippt. Daraufhin haben die Special-Effects-Leute den Set so abrupt gekippt, dass der Tisch umgefallen ist und vier Leute ins Krankenhaus mussten. Glücklicherweise war aber niemand schwer verletzt. Wir hatten diese Szene natürlich mit zwei Kameras aufgenommen, dadurch hatten wir alles mitgekriegt. Es war also eigentlich ein Unfall, der dann als besonders spektakuläre Szene verwendet werden konnte.

T.T. In der Kadrierung und der Beweglichkeit der Kamera erkennt man selbst in *Air Force One* noch Ihre Handschrift. Aber der Look des Films, das Licht und die Farben, entspricht eigentlich überhaupt nicht Ihrem Stil.

M.B. Normalerweise filtere ich das Licht sehr gerne, was aber zu diesem Film nicht gepasst hätte, weil wir einen neutralen, technischen Look erreichen wollten.

T.T. Gerade dadurch wird es aber nicht realistischer, sondern erst recht künstlich, fast schon aseptisch.

M.B. In dieser Beziehung fällt er aus meinen übrigen Filmen deutlich heraus. Nur *Wild Wild West* ist noch weniger mein Stil.

T.T. Sie haben erzählt, dass es bei *Dracula* mit Gary Oldman schwierig war. Wiederholte sich das bei *Air Force One?*

M.B. Diesmal war Gary die Disziplin in Person und erstklassig vorbereitet. Sein Charakter war eigentlich die interessanteste Figur überhaupt im Film, ein ambivalenter Typ, der nicht einfach schwarz-weiß gezeichnet wurde.

T.T. Seine Figurenzeichnung bestätigt dennoch meine Haltung, dass *Air Force One* im Grunde ein Propagandafilm ist. Oldmans diabolische Tiefe – aber auch seine Weinerlichkeit – macht ihn letztlich umso abstoßender; er porträtiert den politischen Terroristen als perversen Sadisten, dem man den schlimmsten aller Tode wünschen darf. Aber ich sag's noch mal – ansonsten ist der Film phänomenal, wie er auf engstem Raum sein Spektakel zu entfalten versteht.

M.B. Eines Tages kam Wolfgang zu mir und fragte: »Du machst doch so gerne die 360-Grad-Fahrt. Also hier, wenn Harrison Ford die Treppe herunterkommt, seine Frau sucht und nach ihr ruft, das wäre doch der ideale Moment für eine Kreisfahrt, damit man sieht, dass sie verschwunden ist.« – »Aber Wolfgang, wie stellst du dir das denn vor? Wir haben vielleicht knapp drei Meter Platz, wie soll ich da mit einer Kamera um jemanden rumfahren.« – »Probier es doch mal.«

T.T. Das musste natürlich eine Steadicam sein, oder?

M.B. Sowieso. Aber selbst eine Steadicam ist nicht so klein, und es musste ja auch noch ein Operator Platz haben. Harrison Ford hatte schließlich die rettende Idee: »Passt mal auf. Ich versuche den Abstand zwischen mir und der Kamera zu vergrößern, indem ich mich mit der Kamera im Kreis bewege.«

T.T. Er macht also denselben Kreis, den auch die Kamera macht.

M.B. Genau. Statt in der Mitte zu stehen, geht er an der Außenwand mit der Kamera im Kreis herum.

⊛

T.T. Nach einer längeren Unterbrechung haben Sie anschließend wieder einen Film mit Mike Nichols gedreht – *Primary Colors*. Ein Film mit lauter Schauspielern, mit denen Sie in Ihrer langen Karriere bis dahin noch nie gearbeitet hatten.

M.B. Das hat mich natürlich gereizt: Emma Thompson, Kathy Bates, Billy Bob Thornton und John Travolta – und niemanden davon kannte ich.

T.T. In diesem Film wird wieder deutlich, dass Mike Nichols Schauspieler an einen Ort bringen kann, an dem sie noch nie vorher waren. Travolta hat ein paar wirklich außergewöhnliche Momente.

M.B. Ja, Travolta ist schon paradox: Er umgibt sich mit einer großen Entourage und hat auch alle möglichen Sonderklauseln in seinen Verträgen, aber in der Arbeit am Set ist er sehr angenehm und sehr gut.

T.T. Entourage? Beschreiben Sie das mal.

M.B. Er hat einen Privatsekretär, einen Masseur, einen eigenen Koch, einen Fahrer und einen Maskenbildner – das ist ein richtiges Nest, das er überallhin mitnimmt. Was die Verträge betrifft: Da stehen dann Sachen drin wie: Nicht mehr als zehn Stunden Arbeit pro

Tag – und zwar vom Moment, wo er zu Hause abgeholt wird, bis zu dem, wo er wieder nach Hause zurückgekehrt ist. Jede Minute darüber hinaus kostet viel Geld. Er war damals derart gefragt, dass alleine durch seine Mitwirkung ein solcher Film finanziert wurde. Nicht mehr die Regisseure sind es, die die Macht haben, sondern die Stars. Man ist den Stars ausgeliefert. Wenn da einer wegläuft, ist der Film geplatzt – eine Entwicklung, die mir gar nicht gefällt.

T.T. Was genau gefällt Ihnen daran nicht?

M.B. Für mich sollte immer der Regisseur der Kopf eines Films sein. Es ist seine Vision, die verwirklicht werden soll. Wenn plötzlich die Stars das Sagen haben, gerät das ganze Geschäft in eine Schieflage. Ich habe es bei meinen fünf letzten Filmen erlebt: John Travolta, Garry Shandling, Will Smith und Leonardo DiCaprio – wenn einer von denen gesagt hätte, ich mach den Film nicht, wären wahrscheinlich alle Projekte geplatzt.

T.T. Hat man diesen Einfluss bei *Primary Colors* gespürt?

M.B. Am Anfang hatte sich Mike Nichols noch Sorgen gemacht, wie er Travolta inszenieren sollte: »Wie sag ich's ihm, wenn etwas nicht gut ist, wenn er etwas wiederholen muss?« Aber Travolta hat dann die Kritik von Nichols nicht nur akzeptiert, sondern richtiggehend gefordert. Er wollte inszeniert werden. In dieser Beziehung hat sich die Spannung gelegt. Sicher,

Michael Ballhaus und Mike Nichols drehen Primary Colors.

er kam oft ein wenig zu spät, war etwas undiszipliniert, saß manchmal sehr lange in der Maske – aber das sind Starallüren, wie ich sie bei unzähligen anderen Schauspielern erlebt habe. Ein wirkliches Problem, das wir nie ganz lösen konnten, war dagegen, dass er seinen Text nicht behalten konnte. Er konnte also keine fünf Sätze auswendig …

T.T. … hatte aber manchmal ziemlich lange Monologe abzuliefern.

M.B. Deshalb standen überall am Set Monitore, von denen er seinen Text abgelesen hat. Und das kann er richtig gut. Er konnte ganz lässig von einem Monitor zum anderen wechseln und seinen Text immer weiter ablesen, ohne dass man das gemerkt hätte. Aber es gab natürlich Szenen, in denen das nicht möglich war, weil er mit Partnern spielen musste, und für diese war seine Textschwäche ziemlich mühsam. Kathy Bates und Emma Thompson sind manchmal fast verzweifelt, wenn er nach einer dreiminütigen großen Szene seine zwei Zeilen nicht hingekriegt hat und das Ganze dann zehn, fünfzehn Mal wiederholt werden musste. Emma Thompson ist das absolute Gegenteil von Travolta. Die ist fast schon überprofessionell, hat ihren Text so drauf, dass sie ihn jederzeit ohne Hänger bringen kann, kommt mit einem ausgetüftelten Konzept ihrer Rolle zu den Dreharbeiten und liefert das mit einer Brillanz ohnegleichen ab. Und trotz alledem bleibt sie immer offen für andere Ideen. Eine Schauspielerin, wie man sie sich als Regisseur nur wünschen kann.

T.T. Das klingt jetzt im Nachhinein ganz witzig, aber für einen Regisseur muss diese Konstellation ein Albtraum sein.

M.B. Manchmal hat Nichols wegen Travolta innerlich gekocht. Einmal habe sogar ich Magenkrämpfe bekommen, als er gegen Ende des Films eine Allee entlanggehen sollte und etwa drei Seiten Dialog zu sprechen hatte. Ich wollte, dass die Sonne schräg durch die Bäume kommt, damit ein schönes Wechselspiel von Licht und Schatten entstand. Aber er hat es nicht ein einziges Mal geschafft, den Take bis zum Ende durchzukriegen. Dabei hatte er für diese Szene drei Monitore mit dem Text, einen vorne, einen links und einen rechts – er hat's trotz allem nie fehlerfrei geschafft.

T.T. Wie war denn das Verhältnis zwischen Travolta und Thompson? Die könnten ja vom Naturell her nicht unterschiedlicher sein.

M.B. Also so sehr herzlich war es nicht. Dafür war es professionell. Bis auf die Szenen, in denen Travolta seinen Text nicht konnte – das hat natürlich auch Emma genervt.

T.T. Welches waren denn in diesem Film die visuellen Eckpfeiler, die Nichols sich vorgenommen hatte?

M.B. Das war vor allem die Szene, wo Kathy Bates und Adrian Lester im Auto sitzen und diskutieren, während sie in Florida unterwegs sind. Zuerst fährt die Kamera frontal vor den beiden im Auto her und dann langsam nach rechts über Kathy und Adrian, dann verlassen wir sie, und das Auto entfernt sich von uns, bis man es ganz klein Richtung Miami Beach fahren sieht.

T.T. Wie haben Sie es gemacht?

M.B. Zunächst dachten wir daran, es mit CGI zu versuchen. Aber dann stellte sich heraus, dass das um die 350 000 Dollar kosten würde. Da hatte ich eine Idee, wie es anders gelingen könnte: Wir haben den Bus, in dem sie fahren, im Studio vor einer Green Screen aufgenommen und, im Bus fahrend, den Hintergrund gedreht. Dann sind wir mit der Kamera im Studio um den Bus herumgefahren, und in dem Augenblick, wo wir Kathy Bates aus dem Bild verloren hatten, bauten wir ein Morphing ein, das zum Helikopterschuss überleitete. Den haben wir tatsächlich mit einer Wescam gedreht, ganz tief neben dem Auto fliegend, mit der genau gleichen Bildeinstellung, mit der wir zuvor im Studio aufgehört hatten. So konnte man die beiden Szenen mit Morphing verbinden, ohne dass ein Schnitt zu sehen war. Das war entschieden billiger als CGI.

T.T. Die Fahrt ist schön. Was sie allerdings nicht hat, ist dieses tolle Element wie in *Working Girl*, wo die formale Entscheidung auch eine inhaltliche ist.

M.B. Das stimmt, solche Eckpfeiler gab es in diesem Film nicht.

T.T. Der Film ist im Kino weit hinter den Erwartungen zurückgeblieben. Das hat wahrscheinlich damit zu tun, dass die Realität, die er abzubilden versuchte, so viel spektakulärer war.

M.B. Die Leute wollten nicht für etwas bezahlen, was sie jeden Abend im Fernsehen sehen

konnten. Das war genau das Problem. Wir hatten ursprünglich die Hoffnung, dass die Lewinsky-Affäre den Film pushen würde, aber genau das Gegenteil war der Fall.

T.T. Was mich zur Zusammenarbeit mit Nichols noch interessiert: Sie hatten acht Jahre nicht mehr miteinander gearbeitet. Brauchten Sie da einen neuen Anlauf, um sich wieder näher zu kommen?

M.B. Wir konnten nahtlos weiterarbeiten. Und das sind Erlebnisse, die mich unheimlich freuen. Ich glaube aber auch, dass Nichols und ich ein wenig verwandte Seelen sind. Es war so, als hätten wir gerade gestern mit dem letzten Film aufgehört.

T.T. Womit wir bei diesem bizarren Projekt angekommen wären, das sich *Wild Wild West* nennt. Wie sind Sie denn da hineingeraten?

M.B. Ich bin praktisch reingeschliddert. Eigentlich war mit Scorsese *Dino* geplant, ein Biopic über Dean Martin. Das Buch von Jay Cocks und Scorsese war bereits fertig, aber schon bei der Lektüre empfand ich es als problematisch, weil es keine Figur gab, mit der man sich identifizieren konnte. Emotional blieb man immer außen vor. Dass das Projekt

dann vom Studio verschoben wurde, kann ich deshalb verstehen, weil dieser Film die hundert Millionen Dollar, die er gekostet hätte, wahrscheinlich nicht wieder eingespielt hätte.

T.T. Und daraufhin hat Sie Barry Sonnenfeld für *Wild Wild West* angefragt?

M.B. Der hatte mich schon zwei Monate vorher angerufen, und ich war ganz froh, dass ich sagen konnte: »Sorry, Barry, aber ich dreh mit Marty.« Weil aber *Dino* vom selben Studio geplant wurde wie *Wild Wild West*, war Sonnenfeld einer der Ersten, die erfuhren, dass das Projekt verschoben wurde. Er rief mich sofort an: »Du weißt es vielleicht noch nicht, aber ich weiß, dass *Dino* nicht gemacht wird. Du bist also frei. Könntest du jetzt nicht mit mir arbeiten?«

T.T. Kleine Notiz am Rande: Sonnenfeld hatte als Kameramann bereits ein paar Tage an *GoodFellas* mitgewirkt. Dort haben Sie sich wahrscheinlich kennen gelernt.

M.B. Ich besaß damals einen Vertrag mit Nichols, der meinetwegen bereits *Postcards from the Edge* verschoben hatte. Weil sich *GoodFellas* immer weiter in die Länge zog, musste ich schließlich eine Woche vor Drehschluss weg. Barry hat dann die letzten fünf Tage für mich gedreht. Von daher kannte ich ihn. Mein Sohn Florian hatte bereits als Operator für Barry gearbeitet, fand ihn sehr nett und hat mir ebenfalls zugeredet, den Film zu machen.

T.T. Fanden Sie das Buch gut?

M.B. Richtig gut fand ich es nicht, aber lustig. Und ich dachte: ›Was kann schon passieren?‹ Zunächst ließ sich die Arbeit noch ganz gut an, die Stimmung auf der Motivsuche war locker, und Barry ist ein witziger, geselliger Typ. Nur reicht sein Witz leider nicht sehr lange. Nach drei Wochen kennt man dann eigentlich all seine Sprüche, und es wird albern. Und bei den Dreharbeiten merkte ich bald, dass er als ehemaliger Kameramann und ich doch oft einen anderen Stil hatten. Er verlangte im Grunde von mir, dass ich seinen Stil übernehme. Zum Beispiel wollte er, dass ich mit einem 18-mm-Objektiv eine Großaufnahme von einer Frau aufnehme, so dass ich der Schauspielerin unmittelbar vor der Nase stehen musste. Das ist einfach nicht meine Art. Bis dahin hatte ich zwar immer behauptet, keinen eigenen Stil zu haben, aber bei *Wild Wild West* habe ich gemerkt, dass das eben doch der Fall war. Die Art und Weise, wie er Regie geführt hat, war nicht mein Fall: Er und Will Smith haben ständig rumgealbert und einen Peniswitz nach dem anderen gebracht. Ich habe oft gedacht: ›Mein Gott, in was für eine Welt bin ich da hineingeraten?‹

T.T. Hat es dann überhaupt noch einen Dialog zwischen Ihnen gegeben?

M.B. Wir haben schon geredet, und manchmal musste ich ja auch zugeben, dass er Recht hatte. Selma Hayek kann man tatsächlich mit einem Achtzehner filmen, weil sie ein so flaches Gesicht hat und dann der Raum dahinter ungeheuer imposant aussieht. Auch technisch habe ich eine Menge gelernt, weil es ein derart komplizierter Film war – mit Motion Control, Blue Screens und jeder Menge ILM-Zeugs. Damit bei der Endmontage alles präzise zusammenpasste, musste beispielsweise jeder Quadratmeter die gleiche Helligkeit haben. Ich habe also technisch eine Menge gelernt, aber Technik hat mich nie so wahnsinnig interessiert, erst recht nicht, wenn die Dreharbeiten über 130 Tage dauern.

T.T. Haben Sie sich gestritten?

M.B. Nein, es wurde nie böse zwischen uns. Aber er hat sicher gemerkt, dass ich frustriert war. Und auch für einen Regisseur ist es natürlich nicht lustig, wenn der Kameramann offensichtlich nicht glücklich ist. Kevin Kline war übrigens genauso frustriert, denn die einzige Anweisung, die er von Sonnenfeld jeweils gehört hat, hieß: »Schneller! Lustiger!«

T.T. Man merkt dem Film einfach an, dass Sonnenfeld kein besonderes Interesse an den Figuren hatte. Und das ist wohl auch der Punkt, weshalb Sie beide so gar nicht zusammenpassen. Sie haben sich immer besonders gut mit Regisseuren verstanden, die sowohl einen großen Gestaltungswillen als auch ein Gespür für Menschen und Charaktere besitzen.

M.B. Das reine Spektakel interessiert mich einfach nicht. In *Wild Wild West* hatten wir theoretisch sehr gute Schauspieler, nur Sonnenfeld hat sich für sie nicht interessiert. Der Film wurde, gemessen am Budget, auch kein großer Erfolg.

T.T. An den Erfolg von *Men in Black* konnte er auf jeden Fall nicht anknüpfen.

M.B. Schon die ersten Screenings liefen nicht gut. Das Studio kriegte es mit der Angst zu tun, weil der Film nicht lustig genug sei. Also haben sie vierzehn Tage lang nachgedreht, um ihn noch witziger zu machen. So haben sie beispielsweise die Szene im Wasserturm mit einem anderen Mädchen und anderem Dialog nochmals gedreht.

Michael Ball-
haus und sein
Mitarbeiter
Jim Tynes bei
der Arbeit an
Wild Wild West.

T.T. Die Szene ist nachgedreht? Aber die ist kein bisschen lustig!

M.B. Eben − sie wurde nicht lustiger, sondern nur noch pubertärer − was sie allerdings für erotisch hielten.

T.T. Ihr nächstes Projekt − *What Planet Are You From?* − war leider auch nicht gerade ein Glücksgriff, obwohl der Regisseur diesmal Mike Nichols hieß.

M.B. Hier bestand das Problem darin, dass das Buch von einem bekannten Fernseh-Entertainer stammte, Garry Shandling. Er hatte das Buch nur unter der Bedingung an Columbia verkauft, dass er die Hauptrolle spielte. Nichols hätte ihn sicher nicht von sich aus besetzt, aber er wurde dazu gezwungen.

T.T. Unabhängig von der Besetzung, war das doch überhaupt kein Nichols-Stoff. Was hat der in einer Science-Fiction-Burleske verloren?

M.B. Wahrscheinlich hat ihn sein alter Freund John Calley, der Studioboss von Columbia, darum gebeten.

T.T. Abgesehen von Shandling spielten immerhin Leute wie John Goodman, Annette Bening und Ben Kingsley mit.

M.B. Darauf hatte ich mich ja gerade gefreut. Aber schon am zweiten Tag war klar, dass Shandling eine Katastrophe war. Mike war nah dran, alles hinzuschmeißen, weil man ihm keine Anweisungen geben konnte. Shandling hat sie schlicht nicht verstanden und war absolut unfähig, im Ensemble zu spielen. Er wollte sich immer als Alleinunterhalter produzieren. Nichols hat sehr gelitten.

T.T. War es also schon beim Drehen klar, dass aus diesem Film nichts Gutes werden würde?

M.B. Es gab ein paar lustige Szenen, der Film hat während des Drehs viel Spaß gemacht, aber aufs Ganze gesehen, waren wir unsicher.

T.T. Ich muss gestehen, dass ich mir den Film nie am Stück habe ansehen können, sondern immer nur häppchenweise. Ich wurde einfach nie das Gefühl los, als sei hier jeder zur falschen Zeit am falschen Ort. Als ob sich Nichols in der Studiohalle geirrt hätte. Eigentlich hätten da John Landis oder die Zucker-Brothers reingehört, aber stattdessen ist zufällig Mike Nichols hineingestolpert.

M.B. So war es leider.

T.T. Wurde Ihr gegenseitiges Verhältnis durch diese Erfahrung getrübt?

M.B. Überhaupt nicht. Wir haben auch schon wieder ein Projekt, das wir gerne zusammen machen möchten.

T.T. Robert Redford bezeichnen Sie immer wieder als einen Ihrer Lieblingsregisseure, obwohl Sie mit ihm effektiv nur zwei Filme gedreht haben.

M.B. Ich hatte für *The Horse Whisperer* bereits einen Vertrag, habe den Film auch ein halbes Jahr vorbereitet, aber da sich die Dreharbeiten über ein Jahr verzögert haben, war ich am Ende mit einem anderen Film beschäftigt.

T.T. Das Interessanteste an *The Legend of Bagger Vance*, Ihrem zweiten Film mit Redford, ist für mich eigentlich die Frage, wie Sie an einen Film über Golf herangehen. Hat Sie Golf überhaupt interessiert?

M.B. Nein, ich wusste auch nicht viel darüber. Mich hat vor allem die Geschichte gereizt, die Epoche, in der sie spielt, und dann noch in einem Teil Amerikas, den ich überhaupt nicht kannte, in Savanna, Charleston. Leider tauchte wieder dasselbe Problem auf wie schon in meinen letzten Filmen: Das Projekt war nur finanzierbar, wenn ein Star mitspielte. Will Smith hatte davon gehört und wollte unbedingt die Rolle des Caddies spielen. Redford hatte sich ursprünglich Morgan Freeman in dieser Rolle vorgestellt, und für die Rolle des Matt Damon wollte er ursprünglich Brad Pitt.

Matt Damon und Michael Ballhaus bei den Dreharbeiten zu The Legend of Bagger Vance.

Michael Ballhaus und Robert Redford bei den Dreharbeiten zu The Legend of Bagger Vance.

T.T. Matt Damon und Brad Pitt sind ja zumindest in etwa gleichaltrig, aber mit Morgan Freeman anstelle von Will Smith wäre das ein erheblich anderer Film geworden. Dadurch hätte sich eine Spannung zwischen den Generationen ergeben, von der jetzt nichts zu sehen ist. Eigentlich sollen ja zwei Welten und Zeiten aufeinander treffen.

M.B. Als Brad Pitt absagte, fand das Studio, Morgan Freeman reiche als Zugpferd nicht aus. Und weil sich Will Smith für die Rolle interessierte, hat er sie auch gekriegt, denn damit wurde der Film finanzierbar. Dann habe ich bei den Dreharbeiten etwas erlebt, was nur sehr selten vorgekommen ist: Dass ein Star von seinem Regisseur nicht richtig angenommen wird.

T.T. Weil ihm Will Smith vom Studio vorgeschlagen wurde?

M.B. Ich glaube, es war das erste Mal in seiner Karriere, dass eine Besetzung nicht allein seine Entscheidung, sondern die des Studios war.

T.T. Wenn man diese Hintergründe kennt, versteht man auch besser, weshalb Will Smith so verhalten und steif spielt. Dabei liegen seine Stärken gerade in einer enorm entspannten Ausstrahlung vor der Kamera. Matt Damon ist sogar die interessantere Figur, obwohl auch hier eine Fokussierung fehlt. Das Hauptproblem des Films ist ganz einfach, dass er ein bisschen langweilig ist. Haben Sie eine gute Erinnerung daran?

M.B. Ja! Redford hatte ein besonderes Interesse an Nachtszenen, die wir so realistisch wie möglich machen wollten – und das ist natürlich immer eine Herausforderung. Nachts im Wald, das ist ein Albtraum für mich, weil ich mich immer frage, wo kommt da das Licht her? Bei jedem Autor, der sich eine Szene nachts im Wald ausdenkt, stöhne ich: »Du Blödmann, warst du schon einmal nachts im Wald? Was siehst du nachts im Wald? Nichts!«

Und dann sollten sie auch noch Golf spielen! Zunächst habe ich einmal durchgesetzt, dass in der Magic Hour gedreht wurde, damit man den Himmel noch ein wenig sah. Ich habe eine Lichtquelle von einem imaginären Clubhaus eingesetzt und auf einem Kran eine Lichtquelle, die den Mond simulieren sollte. Das hat ganz gut funktioniert. Doch dann gab

Am Set von The Legend of Bagger Vance: *»Gebounctes« Licht und Dreharbeiten am Oldtimer.*

es eine Szene, in der der Junge nachts in ein verlassenes Haus kommt. Bob wollte es wirklich sehr dunkel haben, und so habe ich die Szene am Ende mit zwei kleinen Lampen gedreht.

★

T.T. Gibt es einen Regisseur, von dem Sie denken: ›Weshalb hat der noch nie angerufen?‹

M.B. Anthony Minghella steht ganz oben auf der Liste meiner Wunschregisseure. Als ich mit Petersen *Air Force One* drehte, kriegte ich das Skript von *The English Patient* in die Hand und wusste sofort: Diesen Film möchte ich unbedingt machen. Also habe ich, was ich sonst nie mache, die Produktion angerufen und mitgeteilt, dass ich gerne an diesem Film mitarbeiten würde – aber sie hatten bereits einen Director of Photography. Wie sich später herausstellte, hatten sie zuvor bei meinem Agenten angefragt, von ihm aber eine Absage erhalten, weil ich bereits ein Projekt hätte. Für *The English Patient* hätte ich fast alles abgesagt. Bei *The Talented Mr. Ripley* hat es dann wieder nicht geklappt, denn Minghella hatte seiner Crew von *The English Patient*, die alle für sehr wenig Geld gearbeitet hatten, versprochen, den nächsten Film gewissermaßen zur Belohnung wieder mit ihnen zu drehen.

T.T. Wer steht sonst noch auf der Wunschliste?

M.B. Es gibt unter anderem noch einen französischen Regisseur, den ich besonders schätze: Patrice Chéreau, von dem wir ja bereits gesprochen haben. Sie sehen, es sind lauter Leute auf meiner Liste, die eine besondere Vorliebe für unerfüllte Liebesgeschichten haben.

T.T. Was ist für Sie ein starker Regisseur?

M.B. Jemand mit einer starken Vision, der mich herausfordert. Die Visionen von Scorsese zu verwirklichen, das ist ein Hochgenuss, eine Herausforderung, die ich bei allen Schwierigkeiten, die sich natürlich auch einstellen können, genieße. Und dann gibt es jene Regisseure, wie beispielsweise Nichols, Redford oder Petersen, die mir sehr viele Freiheiten lassen. In diesen Partnerschaften schätze ich die menschliche Komponente sehr und ebenso die interessanten Geschichten.

T.T. Weshalb haben Sie nie selbst Regie geführt? Es war doch immer wieder die Rede von einem Film über Lotte Lenya und Kurt Weill, den Sie inszenieren wollten?

M.B. Ja, mir war immer klar, dass ich als Regisseur, wenn überhaupt, für eine europäische Geschichte in Frage käme, für ein Milieu und eine Kultur, in denen ich mich auskenne. Als

ich 1990, ein Jahr nach dem Fall der Mauer, Jurypräsident der Berlinale war, gab mir das Jurymitglied Steven Bach, ein renommierter amerikanischer Filmjournalist und Autor, ein Drehbuch mit der Bemerkung: »Das ist ein Stoff, der Sie vielleicht als Regisseur interessieren könnte.« Es war die Geschichte von Lotte Lenya und Kurt Weill. Ich war von der Story begeistert und rief unseren Freund Mark Rosenberg an, den Produzenten von *The Fabulous Baker Boys*, der gerade in London drehte. Mark kam sofort nach Berlin, las das Drehbuch und bot an, es zu produzieren. Wir waren begeistert von der Möglichkeit, dieses Projekt mit ihm zu verwirklichen. Da Mark und ich andere Projekte hatten, konnte mit den Vorbereitungen nicht gleich begonnen werden. Während der Dreharbeiten zu *I'll Do Anything* erreichte uns die erschütternde Nachricht vom plötzlichen Tod Marks. Wir hatten nicht nur unseren besten Freund in Amerika, sondern auch den Produzenten für unser Lenya-Projekt verloren. Nach einer Periode totaler Erschütterung suchten wir nach neuen Möglichkeiten, den Film zu realisieren. In Wolf Bauer von Ufa-Bertelsmann fanden wir einen neuen Freund dieses Projekts. Mit einer neuen Fassung des Drehbuchs von der Autorin Pam Katz war Wolf Bauer in der Lage, in Deutschland etwa die Hälfte des Budgets aufzutreiben. Für die andere Hälfte suchten wir gemeinsam amerikanische Partner. Eine Produktionsgruppe war bereit, sich an dem Projekt zu beteiligen. Die Bedingung allerdings war, zwei amerikanische Schauspieler zu gewinnen. Die Liste der Vorschläge war nicht sehr überzeugend. Richard Gere war bereit, Weill zu spielen, und Winona Ryder und Julia Roberts wurden für Lenya vorgeschlagen. Das sind hervorragende Schauspieler, aber vom Typ her einfach nicht richtig. Es gab viele Treffen und Diskussionen, aber kein überzeugendes Resultat. Die Verwirklichung des Projekts konnte nicht so stattfinden, wie wir es erträumt hatten. Es

*Michael Ball-
haus und der
Produzent Mark
Rosenberg.*

wäre allenfalls eine amerikanische Version über Lotte Lenya und Kurt Weill geworden, und daran war ich nicht interessiert. Das Projekt ist jetzt bei Teamworks, Nico Hoffmanns Firma, der das Drehbuch von Pam Katz begeistert übernommen hat, und Helga und ich sind Coproduzenten. Wir sind auch in Zukunft daran interessiert zu produzieren, da wir mit dem Remake von *Welt am Draht*, dem Film *13th Floor*, produziert von Roland Emmerich, gute Erfahrungen gemacht haben. Die Rechte des Buches hatten wir vor ein paar Jahren erworben.

■ ■

11

Gangs of New York ■ *Cinecittà oder die italienische Art zu drehen* ■ *Dante Ferretti wächst über sich hinaus* ■ *Farbe und Licht* ■ *Ein seltenes Glück*

T.T. Nun sind wir bei *Gangs of New York* angekommen, dem ambitioniertesten und sicherlich aufwendigsten Film, den Sie und Scorsese bisher zusammen realisiert haben. Können Sie sich an die Entstehung des Projekts gut erinnern?

M.B. Natürlich. Es war ein Herzensprojekt von Scorsese seit vielen, vielen Jahren, und ein ganz essenzieller Film für ihn, da es gewissermaßen der Ursprungsfilm seiner eigenen Geschichte ist. Nur erschien das Ganze immer unfinanzierbar und musste immer wieder zurück in die Schublade gelegt werden – bis eines Tages Mike Ovitz, Scorseses Agent, Leonardo DiCaprio für das Projekt ins Spiel brachte und das Ganze mit der Ergänzung durch Cameron Diaz und Daniel Day-Lewis plötzlich eine Chance bekam. Hinzu kam, dass die Möglichkeit, den gesamten Film in Italien in den Cinecittà-Studios zu realisieren, das ohnehin sehr hohe Budget etwas entlastete. Marty hat mit Jay Cocks angefangen, und als dann Harvey Weinstein mit Miramax einstieg, kamen von dessen Seite Autoren hinzu. Weinstein hat sehr darauf geachtet, dass im Drehbuch die emotionale Seite ein stärkeres Gewicht bekommt und das von Scorsese so präzis bis ins Detail ausgelotete historische Kolorit etwas in den Hintergrund trat. Das war schon zu diesem Zeitpunkt ein ziemlicher Kampf, ein Ringen um die beste Fassung, was sich ja später beim Schnitt auch fortsetzen sollte. Die Dreharbeiten zögerten sich – wie immer bei Marty – weiter und weiter hinaus, und als schließlich die Schauspieler Terminprobleme bekamen, konnte es endlich, im Herbst 2000, losgehen.

T.T. Und zu diesem Zeitpunkt gab es dann eine endgültige Drehbuchfassung?

M.B. Nun ja, eigentlich nicht, aber man hatte einen sehr guten Autor gefunden, Kenneth

Lonergan, der fast bis zum Ende der Dreharbeiten mit Marty und den Schauspielern am Skript feilte.

T.T. Bis zum Ende der Dreharbeiten?

M.B. Ja, aber es hat sich gelohnt – er hat noch eine Menge leisen Humor und etwas mehr Lockerheit hineingebracht. Ich glaube, dass die ganze intensive Arbeit an dem Drehbuch dem Film sehr gut getan hat, auch wenn das Timing manchmal etwas knapp war.

T.T. Das ist, nach dem, was Sie bisher beschrieben haben, nicht unbedingt typisch für Scorseses und Ihren Arbeitsstil – normalerweise war man doch schon im Voraus exakt durchs Skript gegangen und hatte entsprechend seine Shotlists gemacht.

M.B. Ja, das stimmt schon zum Teil. Storyboards waren nicht sehr verlässlich in diesem Fall. Für *Gangs of New York* haben wir eine etwas andere Methode ausprobiert. Morgens wurde intensiv mit den Schauspielern geprobt, und daraufhin hat man erst die gestalterischen Feinheiten abgestimmt. Dadurch gab es mehr Raum für spontane Entscheidungen auch im Kamerabereich. Aber Scorsese hatte natürlich eine Menge schon im Voraus bedacht und wusste immer, welche entscheidenden visuellen Ideen in die Szene einfließen müssen. Die Mischung aus Improvisation und klarer Vision war allerdings ganz toll, sie hat uns alle beflügelt, auch die Schauspieler.

T.T. Wie lange wurde gedreht?

M.B. 137 Tage, das waren mehr als sieben Monate. Ich allein war gute neun Monate in Italien. Doch die Länge des Drehs wurde niemals wirklich zur Last, denn die Begeisterung über das Projekt hat sich auch auf die Crew übertragen. Ich habe mein Stammteam aus den USA mitgebracht – den Oberbeleuchter Jimmy Tynes, den Key Grip Patrick Daily, den Operator Andrew Rowland und den Kameraassistenten Tom Lapin – und diesen kreativen Kern mit den wirklich tollen und sehr enthusiastischen italienischen Kollegen ergänzt. Die Italiener haben uns auch rein physisch gerettet: Da dort gewerkschaftlich festgelegt ist, dass man nicht länger als 11 Stunden am Tag arbeitet, waren die sieben Monate natürlich auch eher durchzuhalten als bei den für Scorsese ansonsten durchaus üblichen 14 oder 15 Stunden am Tag.

T.T. Über *Gangs of New York* kann man nicht sprechen, ohne auf Dante Ferretti einzugehen, den Production Designer, der ja auch schon *The Age of Innocence* ausgestattet hatte.

M.B. Ja, Dante Ferretti ist einfach bei diesem Film über sich hinausgewachsen. Dass wir in Italien drehten, war ja unter anderem auch auf sein Drängen hin entschieden worden, da er vor Ort sehr viel besser an die unzähligen Originalmaterialien und Stoffe herankommen

konnte als in Amerika. Ferretti hat mit seinen etwa 250 Mitarbeitern über drei Monate an den Sets gebaut. Als ich das erste Mal nach Rom kam, standen dort schon die fünf kompletten Straßenzüge, ein Hafen, zwei bewegliche Schiffe – und es war, als wäre man in einer eigenen kompletten Welt, alles war so ungeheuer präzise gearbeitet, jedem Quadratmeter war liebevollste Beachtung geschenkt worden. Wirklich unglaublich. Wir konnten wie an einem Originalmotiv drehen, in jede Richtung schauen – und doch waren wir auf dem Studiogelände. Dante ist nun schon fünf Mal für den Oscar nominiert worden und hat nie einen bekommen – hoffen wir, dass es diesmal endlich klappt.

T.T. Der Film hält eine erstaunliche Balance zwischen epischem Atem und einer ruppigen, hautnahen Direktheit, die von der Kamera große Flexibilität verlangt.

M.B. Wir haben versucht, den Set bis in den hintersten Winkel zu nutzen, alle Potenziale auszuschöpfen. Dadurch wurde auch sehr viel mit der Steadicam gearbeitet. Ich muss sa-

*Einsatz einer
Cable Cam
bei* Gangs of
New York.

gen, inzwischen ist die Steadicam – zumindest, wenn mein Operator sie führt – fast so etwas wie ein menschlicher Dolly geworden. Er macht das so unglaublich stabil, dass das ansonsten typische »schwimmende« Element von Steadicam fast komplett verschwindet. Dann haben wir eine so genannte Cable Cam gehabt, eine Konstruktion, in der die Kamera an einem quer durch den Set gespannten Seil hängt und durch die Location geradezu hindurchfliegen kann – so was kann man natürlich nur sehr selten nutzen. Und was ich zugleich sehr genossen habe, war die Tatsache, dass wir vom Close-Up bis zur Totalen aufziehen konnten und immer ein New York aus der Mitte des letzten Jahrhunderts vor der Linse hatten. Ich weiß noch, wie eines Abends, nachdem wir die ersten Muster gesehen hatten, Dante Ferretti zu mir kam, mich umarmte und sagte, so schön habe er seine Sets noch nie fotografiert gesehen. Was mich natürlich sehr gefreut hat.

T.T. So wurde also nicht viel Blue Screen benutzt?

M.B. Weniger, als man sich vorstellt. Aber natürlich gibt es auch Sequenzen – etwa die Boxkampfsequenz auf dem Floß –, wo eine Blue Screen unverzichtbar war.

T.T. Und die auseinander treibenden Schiffe im Hintergrund dieser Szene, waren das die echten aus dem Studio?

M.B. Nein, nein – die sind auch nachträglich eingesetzt.

T.T. Auch farblich und in der Lichtstimmung geht der Film unterschiedliche Wege – und kommt doch zu einem sehr homogenen Gesamteindruck.

M.B. Wir wollten einem Gefühl dieser Zeit in Licht und Farbe möglichst nahe kommen. Den ganzen Anfang des Films stellte sich Scorsese fast in Schwarzweiß vor; dabei half uns natürlich auch der Schnee, der dem ganzen die Farbe nimmt. Langsam sollten dann bestimmte Farben in den Film hineinwachsen – speziell natürlich über das Kostüm. Cameron Diaz ist immer ein farbiger Fixpunkt von *Gangs of New York*. Für die Innenaufnahmen kamen vor allem Rottöne hinzu, was damit zusammenhängt, dass wir viel mit Kerzenlicht und Feuer gearbeitet und höchstens im Hintergrund noch etwas Kunstlicht hinzugefügt haben, im Prinzip aber die Original-Lichtquellen, also die Flammen, nutzen wollten.

Das neue Kodak Highspeed-Material hat ein Übriges getan – die Schwärzen sind noch intensiver, es ist wirklich sehr satt und kräftig, und zugleich lichtstark.

Soft Box bei Gangs of New York.

T.T. Wenn Sie Ihre erste Erfahrung mit Scorsese, *After Hours*, mit Ihren Erlebnissen bei *Gangs of New York* vergleichen – woran denken Sie dann?

M.B. Wir hatten uns die letzten drei Filme, die er ohne mich gemacht hatte, vermisst, und wir waren wirklich froh, für diesen so wichtigen Film endlich wieder zusammenzukommen. Ich habe zu ihm auch im Voraus gesagt: »Diesmal ist es mir egal, wie lange es dauert, bis wir endlich drehen – ich sage alles andere ab, ich werde warten.«

Ansonsten war es eine überaus intensive, sehr gute Erfahrung – auch wenn die Umstände so extrem anders waren als früher. Vor allem für Scorsese hat sich der Druck, der auf dem Projekt lag, schon sehr bemerkbar gemacht. Seine letzten Filme waren finanziell nicht ganz so erfolgreich gewesen, und nun kostete dieser Film 100 Millionen. Es hat dazu geführt, dass er mehr gecovert hat als früher, dass er mehr Spielraum für den Schnitt zugelassen hat – um sich Möglichkeiten offen zu halten. Bei früheren Filmen, besonders bei

227

The Age of Innocence, haben wir deutlich mehr auf Schnitt gedreht, alles war im Voraus klar. Andererseits gab es diesmal dadurch gewisse Freiheiten, die gerade mit den Schauspielern viele Entdeckungen möglich machten.

T.T. *Gangs of New York* ist auch wieder ein sehr gewalttätiger Film.

M.B. Ja, aber ich hatte ein bisschen Glück: Ein Großteil der sehr brutalen Kampf- und Schlachtszenen wurde von der Second Unit gedreht – zum ersten Mal gab es das bei Scorsese. Und der Kameramann dieser Sequenzen war mein Sohn Florian. Der hat das meiste Blut abgekriegt.

T.T. Sind Sie zufrieden mit seiner Arbeit?

M.B. Uneingeschränkt. Ich finde manche Sachen, die er gemacht hat, fast besser als meine eigenen. Ein beträchtlicher Teil der visuellen Kraft des Films stammt von Florian.

T.T. Sie waren also meist bei den Hauptdarstellern. Erzählen Sie ein bisschen darüber – alle drei sind doch ziemlich verschiedene Schauspielertypen.

M.B. Ja. Daniel Day-Lewis ist völlig versunken in seiner Rolle, rund um die Uhr, monatelang. Man konnte ihn auch gar nicht als »Daniel« ansprechen, sondern nur als »Bill« – eben Bill the Butcher. Auch seine Sprache war vor und neben der Kamera immer die von Bill, niemals die von Daniel. Auch nicht nach Feierabend. Leonardo DiCaprio ist wiederum

etwas spielerischer, er kann immer wieder aus seinem Charakter raus- und dann gleich wieder reinspringen. Und er hat ein unglaubliches Gefühl für die Kamera. Er kommt immer sehr genau und präzise in das Licht, das man für ihn setzt, er spürt genau und intuitiv, wann er wo sein muss. Er versteht sich blind mit der Linse, die er als Publikum wahrnimmt. So ist er in ständiger Kommunikation mit der Kamera.

Cameron Diaz wiederum entwickelt eine wunderbare Vitalität, schafft eine tolle Stimmung – und ist dann hochkonzentriert in der Szenenarbeit. Sie und Leo kannten sich schon lange und haben so eine umso tiefere Nähe in ihre gemeinsamen Szenen eingebracht. Das war wichtig für den Film, ihre Intensität, ihre erotische Spannung als Gegenpol zu dem Druck zwischen Daniel und Leo.

T.T. Wie ordnen Sie *Gangs of New York* in Ihre Karriere ein?

M.B. Der Film ist schon so etwas wie eine Krönung, irgendwie ein Höhepunkt. Auch wenn's nicht mein letzter Film sein wird, so habe ich manchmal gedacht, er könnte eine Art Quintessenz darstellen, inhaltlich und auch formal.

Es war eine absolut kompromisslose Arbeit, wir haben genau das gemacht, was wir machen wollten, niemals musste ich einen Schauspieler »schön«-leuchten oder irgendetwas tun, weil jemand zu alt oder zu jung für eine Rolle war. Es gibt nur wenige Filme, bei denen

Michael Ball-haus, Leonardo DiCaprio, Daniel Day-Lewis und Jim Broadbent (v. r. n. l.) bei den Dreharbeiten zu Gangs of New York.

man so viele Menschen auf einen Fleck bekommt, die so euphorisch und zugleich auf höchstem Niveau arbeiten können und wollen. *Gangs of New York* war so ein seltenes Glück.

■ ■

Glossar

Achsensprung Die Kamera überspringt eine gedachte Achse, das heißt, die räumliche Beziehung der Figuren verändert sich dadurch: wer gerade noch links im Bild stand, befindet sich nun rechts − und umgekehrt. Achsensprünge werden normalerweise vermieden, weil die Gefahr besteht, dass die Zuschauer dadurch die räumliche Orientierung verlieren.

Anschlussfehler Da ein Film nur in den seltensten Fällen chronologisch dem Drehbuch entsprechend gedreht wird, muss besonders darauf geachtet werden, dass die Anschlüsse zwischen zwei Szenen stimmen und die Kontinuität des Ablaufs nicht gestört wird. Das betrifft die Dekoration, die Kostüme, das Licht, die Positionen der Schauspieler, aber auch deren Spiel. Wird die Kontinuität durch einen dieser Faktoren gestört, nennt man das Anschlussfehler.

Arriflex Die Münchner Firma Arnold & Richter (ARRI) stellte 1937 die erste 35-mm-Spiegelreflexkamera her. Ihre handliche 16-mm-Spiegelreflexkamera aus den 50er Jahren ermöglichte erst den Siegeszug der Handkamera in der Nouvelle Vague und einen neuen Kamerastil.

Assembling Ein erstes Zusammenstellen von Einstellungen in ihrer richtigen Reihenfolge, noch ohne exakte Schnitte.

Biopic Ein Spielfilm, der das Leben einer historischen Persönlichkeit darstellt. Das Wort entstand aus den beiden englischen Begriffen *Biography* und *Motion Picture*.

Blocking Die Planung und Einübung der Positionen und Bewegungen der Schauspieler, bevor die Szene gedreht wird.

Blue Screen/Green Screen Dank der Blue Screen können zwei verschiedene Bildebenen zusammengefügt werden. Praktisch bedeutet das: Eine Szene wird vor einem blauen Hintergrund gespielt. Vom erhaltenen Bild wird dann alles, was in diesem Blau gehalten ist, subtrahiert und durch ein anderes Bild ergänzt. Mit anderen Worten: Trägt ein Schauspieler vor der Blue Screen eine blaue Hose, wird er später zum Mann ohne Unterleib. Die Green Screen funktioniert technisch genau wie die Blue Screen, Blau wird lediglich durch Grün ersetzt. Am häufigsten wird die Blue Screen eingesetzt, wenn eine Szene im Studio oder auf einem begrenzten Set aufgenommen werden muss, im fertigen Film aber in der freien Natur spielen soll und deshalb mit dem entsprechenden Hintergrund ergänzt werden muss.

Bounce light Eine Szene wird indirekt beleuchtet, indem man die Beleuchtung auf eine helle Fläche richtet und die Szene mit dem davon reflektierten Licht ausleuchtet. Dadurch erhält man ein weicheres, diffuseres Licht als bei einer Direktbeleuchtung.

Brennweite Die Entfernung zwischen der Linse und dem zu belichtenden Film in der Kamera.

CGI Digital hergestellte Bilder oder Bildteile: Computer Generated Images.

Close-Up Nahaufnahme.

Covern Eine Szene wird mit mehreren Kameras gleichzeitig oder in verschiedenen Varianten aufgenommen. Die damit verknüpfte Hoffnung ist, dass für den Schnitt des Films verschiedene Möglichkeiten der Szeneauflösung offen gehalten werden.

Day for Night Eine Nachtszene wird tagsüber gedreht, wobei die Nachtstimmung durch den Einsatz von Filtern erzeugt wird. Wird auch die Amerikanische Nacht genannt, nach der französischen Bezeichnung *La nuit américaine*.

Dolly Ein Kamerawagen, der auf Schienen läuft oder auf weich federnden Gummireifen.

E-Kameras Elektronische Fernsehkamera, bei der das Bild nicht auf Film belichtet oder aufgezeichnet, sondern direkt in ein Sendesignal umgewandelt wird.

Establishing shot Erste Einstellung einer Sequenz, die den Ort der Handlung definiert und/oder die Stimmung der Szene anzeigt.

Galgen Mikrofone, manchmal auch Kameras werden an beweglichen Armen aufgehängt und so über die Szene gehalten. Der englische Begriff dafür ist *Boom*.

ILM Nach dem sagenhaften Erfolg von *Star Wars* gründete George Lucas die Firma Industrial Light and Magic (ILM), die seither zu den führenden Firmen im Bereich Spezialeffekte gehört.

Insert Die kurze Aufnahme eines Gegenstandes, der eine wichtige Information vermittelt und in den Film eingefügt wird.

Kadrierung Die exakte Komposition eines Bildes, mit der Bestimmung der Bildränder und der Positionen von Figuren und Gegenständen.

Key Grip Grips werden alle Bühnenarbeiter genannt, die bei einem Film mitwirken. Sie sind unter anderem für technische Konstruktionen zuständig, welche ein Drehen in der geplanten Art erst ermöglichen. Ihr Chef ist der Key Grip, der eng mit dem Director of Photography zusammenarbeitet.

Low-Budget Was früher B-Film hieß, wird heute Low-Budget-Produktion genannt, wobei der Unterschied darin besteht, dass damit früher billig produzierte Massenware bezeichnet wurde und heute Filme, die ohne großes Budget auskommen müssen. Nach Hollywood-Standard sind deshalb nahezu alle europäischen Filme Low-Budget-Produktionen.

Magic Hour Der kurze Moment unmittelbar vor Sonnenauf- oder -untergang, bei dem für das Drehen gerade noch genügend natürliches Licht vorhanden ist und die Szenerie in ein »magisches« Licht getaucht wird und in intensiven Farben strahlt.

Matte Painting Gemaltes Hintergrundbild, das im Studio mit einer bewegten Szenerie verbunden und optisch zu einer Einheit verschmolzen wird. Möglich sind auch Matte Paintings im Vordergrund, in denen Bereiche ausgespart werden, die dann im Hintergrund bespielt werden.

Morphing Ein Bild wird computergesteuert stufenlos in ein anderes überführt, ohne dass der Schnitt zwischen den beiden Einstellungen sichtbar wird.

Motion Control Erstmals in Stanley Kubricks *2001: A Space Odyssey* wurde die Kamera nach einem genau definierten Muster bewegt. (Motion Control = Bewegungskontrolle). Diese Methode ist besonders beliebt für Kamerabewegungen in Modellen oder komplizierte Fahrten, die nach einem exakten Schema ablaufen müssen.

Motiv Alles, was aufgenommen wird, ist grundsätzlich ein Motiv. Mit Motivsuche ist die Auswahl der Drehorte gemeint.

Operator Derjenige, der die Kamera physisch führt, auch Schwenker genannt.

Plansequenz Eine lange Szene an einem Stück mit oft komplizierten Kamerafahrten, entsprechend dem französischen Begriff *plan séquence*.

Positionsmarke Gibt den Schauspielern die genaue Position an, wo sie sich zu einem bestimmten Zeitpunkt befinden müssen.

Preview Früher vor allem in den USA, heute auch in Europa weit verbreitete Praxis, einen Film vor seiner Veröffentlichung einem ausgewählten Publikum vorzuführen und von diesem bewerten zu lassen, um noch allfällige Nachbesserungen vornehmen zu können.

Schärfe ziehen Während der Operator für die Kamerabewegung zuständig ist, muss der Focus Puller dafür sorgen, dass die Schärfe den Vorgaben entsprechend gezogen, also eingestellt wird.

Schuss / Gegenschuss Vor allem Dialoge werden oft mit Schuss/Gegenschuss gedreht: Es wird beispielsweise immer die jeweils sprechende Person gezeigt, also zwischen den Personen hin und her geschnitten. Dabei gilt es besonders auf die Achsensprungregel und die Kontinuität zu achten.

Schwenker s. Operator

Second Unit Ein zweites Filmteam, das unabhängig vom Hauptteam Aufnahmen ohne die Hauptdarsteller dreht, also Dinge wie Landschaftsaufnahmen, Inserts, Stunts oder Spezialeffekte.

Sequenz Mehrere im Schnitt zusammengefügte Einstellungen verbinden sich zu einer inhaltlichen Einheit, einer Sequenz.

Shotmaker Der sogenannte »Shotmaker« ist ein kleinerer Lastkraftwagen, auf dessen Ladefläche ein Kamerakran installiert ist. So lassen sich Fahraufnahmen auf der Straße mit Schwenk- und Gleitbewegungen der Kamera verbinden.

Speed Change Die normale Geschwindigkeit des Filmlaufs beträgt 24 Bilder pro Sekunde. Für spezielle Effekte wird dieser oft aber nach oben oder unten korrigiert, manchmal sogar innerhalb einer Einstellung – also ohne Schnitt.

Steadicam Der Kameramann Garrett Brown entwickelte ein besonderes Tragstativ, mit dem sich auch mit der Handkamera ruhige Bewegungen ohne Wackeln filmen ließen. Dadurch gewann die Kameraarbeit eine ganz neue, die Filmästhetik in den letzten Jahren revolutionierende Bewegungsfreiheit.

Storyboard Das Drehbuch wird in einzelne Bilder aufgelöst, in eine gezeichnete Version. Storyboards werden vor allem für besonders komplexe Szenen verwendet, manchmal aber auch für einen gesamten Film.

Take Englischer Fachbegriff für (Kamera-)Einstellung

Unterdrehen Eine Einstellung wird mit weniger als 24 Bildern pro Sekunde aufgenommen, also im Zeitraffer. Das Gegenteil, die Zeitlupe, nennt man auch überdrehen.

Voice-Over Eine Kommentar-Stimme, die über den Film und dessen eigentliche Tonspur gelegt wird.

Zooms Anstatt mit der Kamera näher an das aufzunehmende Objekt heranzufahren, kann derselbe Effekt auch mit einem Zoom-Objektiv erreicht werden, bei dem die Brennweite stufenlos verändert werden kann. Allerdings ist die perspektivische Wirkung eine andere, weshalb Zooms sich optisch für den Zuschauer von Kamerafahrten unterscheiden. Im Kinofilm lange als Ausdruck billiger Fernsehdramaturgie verpönt.

■ ■

Filmografie Michael Ballhaus

Erstellt von Sandra Walser

Traumland der Sehnsucht
BRD 1958. 95 Minuten.
Produktion: Wolfgang Müller-Sehn-Film. Regie: Wolfgang Müller-Sehn. Kamera: Wolfgang Müller-Sehn, Michael Ballhaus. Schnitt: Wolfgang Müller-Sehn, Elsbeth Straub. Dokumentarfilm.

Die Kassette
BRD 1960. 88 Minuten.
Produktion: SWF. Regie: Rudolf Noelte. Buch: Karl Sternheim. E-Kamera: Michael Ballhaus. Musik: Peter Zwetkoff. Ausstattung: Horst Scheel. Besetzung: Theo Lingen, Bruni Löbel, Elisabeth Markus, Käte Jaenicke.

Die Nachbarskinder
BRD 1960. 84/36 Minuten.
Produktion: SWF. Regie: Peter Lilienthal. Buch: Benno Meyer-Wehlack. Kamera: Michael Ballhaus. Musik: Peter Zwetkoff. Ausstattung: Lothar Regentrop-Boncoeur. Besetzung: Hanne Hiob, Elisabeth Botz, Norbert Kappen, Lili Schoenborn-Anspach.

Der Klassenaufsatz
BRD 1963. 70 Minuten.
Produktion: SWF. Regie: Harald Benesch. Buch: Harald Benesch; nach einem Hörspiel von Erwin Wickert. Kamera: Michael Ballhaus. Schnitt: Annemarie Weigand. Musik: Peter Zwetkoff. Ausstattung: Horst Scheel, Jost Bednar. Besetzung: Karl Georg Saebisch, Paul Edwin Roth, Marc Luxemburger, Helga Roloff.

Das Martyrium des Peter O'Hey
BRD 1964. 57 Minuten.
Produktion: SWF. Regie: Peter Lilienthal. Buch: Peter Lilienthal, Günther Kieser; nach einem Stück von Sławomir Mrożek. Kamera: Michael Ballhaus. Schnitt: Edith von Seydewitz. Ausstattung: Günther Kieser, Gerda Kieser. Besetzung: Angelika Hurwicz, Joachim Wichmann, Thomas Rosengarten, Günter Graf-Weisköppel, Helga Ballhaus.

Große Liebe
BRD 1965.
Produktion: ARD/SFB. Regie: Johannes Schaaf. Buch: Gabriele Wohmann. Kamera: Michael Ballhaus. Besetzung: Tilly Breitenbach, Heinz Meier, Immy Schell.

Abschied
BRD 1965. 70 Minuten.
Produktion: SFB. Regie: Peter Lilienthal. Buch: Günter Herburger, Peter Lilienthal; nach einer Erzählung von Günter Herburger. Kamera: Michael Ballhaus. Musik: Albert Mangelsdorff. Schnitt: Annemarie Weigand. Ausstattung: Günther Naumann. Besetzung: Max Haufler, Angelika Hurwicz, Andrea Grosske, Ingrid Mannstaedt.

Ganze Tage in den Bäumen
BRD 1966. 85 Minuten.
Produktion: SWF. Regie: Tom Toelle. Buch: Tom Toelle, Werner Spiess; nach der Erzählung von Marguérite Duras. Kamera: Michael Ballhaus. Schnitt: Helga Scharf. Ausstattung: Gerd Straub. Besetzung: Roma Bahn, Heinz Bennent, Ulli Philipp, Hans E. Schons.

Der Kidnapper
BRD 1967.
Produktion: WDR. Regie: Tom Toelle. Buch: Henry Kolarz. Kamera: Michael Ballhaus. Besetzung: Lia Eibenschütz, Ralf Gregan, Rudolf Kalvius, Immy Schell.

Ivo
BRD 1967.
Regie: Tom Toelle. Kamera: Michael Ballhaus.

Mehrmals täglich (a.k.a. Darf ich Sie zur Mutter machen?)
BRD 1968. 91 Minuten.
Produktion: Cid. Regie u. Buch: Ralf Gregan, Dieter Hallervorden. Kamera: Michael Ballhaus. Musik: Rolf Bauer. Besetzung: Rotraud Schindler, Rolf Bauer, Editha Horn, Heidrun Kussin, Helga Ballhaus.

Deine Zärtlichkeiten

BRD 1969. 92 Minuten.

Produktion: Peter Schamoni/Stella/Rinco. Regie: Peter Schamoni. Buch: Herbert Vesely; nach einem Roman von Esteban Lopez. Kamera: Michael Ballhaus. Musik: Roland Kovác. Besetzung: Doris Kunstmann, Ulli Lommel, Bernhard Wicki, Irene Soederberg.

Wir zwei

BRD 1969. 88 Minuten.

Produktion: Terra. Regie: Ulrich Schamoni. Buch: Ulrich Schamoni. Kamera: Michael Ballhaus. Musik: Xhol Caravan. Schnitt: Heidi Genée. Besetzung: Sabine Sinjen, Christoph Bantzer, Ulrich Schamoni, Corny Collins.

Whity

BRD 1970. 95 Minuten.

Produktion: Atlantis-Film/antitheater X/Omnia. Regie u. Buch: Rainer Werner Fassbinder. Kamera: Michael Ballhaus. Musik: Peer Raben. Schnitt: Franz Walsch, Thea Eymèsz. Ausstattung: Kurt Raab. Besetzung: Ron Randall, Katrin Schaake, Ulli Lommel, Hanna Schygulla.

Warnung vor einer heiligen Nutte

BRD/Italien 1970. 103 Minuten.

Produktion: Antiteater/X-Film/Nova. Regie: Rainer Werner Fassbinder. Buch: Rainer Werner Fassbinder. Kamera: Michael Ballhaus. Musik: Peer Raben. Schnitt: Franz Walsch, Thea Eymèsz. Ausstattung: Kurt Raab. Besetzung: Eddie Constantine, Lou Castel, Hanna Schygulla, Marquard Bohm.

Fassbinder produziert: Film Nr. 8

BRD 1970. 30 Minuten.

Produktion: WDR. Regie: Michael Ballhaus, Dieter Buchmann. Kamera: Michael Ballhaus. Dokumentarfilm.

Sand

BRD 1971.

Produktion: WDR. Regie: Peter Palitzsch. Buch: Tankred Dorst. Kamera: Michael Ballhaus. Besetzung: Werner Dahms, Malte Jaeger, Valentin Jeker.

Ich bin ein Bürger der DDR

BRD 1972. 95 Minuten.

Regie: Erika Runge. Kamera: Michael Ballhaus. Dokumentarfilm.

Tschetan, der Indianerjunge

BRD 1972. 94 Minuten.

Produktion: Produktion 1. Regie: Hark Bohm. Buch: Hark Bohm. Kamera: Michael Ballhaus. Musik: Peer Raben. Schnitt: Jutta Brandstaedter, Norbert Herzner. Besetzung: Marquard Bohm, Dschingis Bowakow, Willy Schultes, Erich Dolz.

Die bitteren Tränen der Petra von Kant

BRD 1972. 124 Minuten.

Produktion: Tango. Regie u. Buch: Rainer Werner Fassbinder; nach seinem Theaterstück. Kamera: Michael Ballhaus. Musik: Giuseppe Verdi, The Platters, Walker Brothers. Schnitt: Thea Eymèsz. Ausstattung: Kurt Raab. Besetzung: Irm Hermann, Margit Carstensen, Hanna Schygulla, Eva Mattes.

Adele Spitzeder

BRD 1972. 95 Minuten.

Produktion: Filmverlag der Autoren/WDR. Regie: Peer Raben. Buch: Martin Speer, Peer Raben. Kamera: Michael Ballhaus. Musik: Peer Raben. Besetzung: Ruth Drexel, Ursula Strätz, Monika Bleibtreu, Peter Kern.

Martha

BRD 1973. 116 Minuten.

Produktion: WDR/pro-ject/Rainer Werner Fassbinder Foundation (Rekonstruktion 1993). Regie: Rainer Werner Fassbinder. Buch: Rainer Werner Fassbinder; frei nach einer Erzählung von Cornell Woolrich. Kamera: Michael Ballhaus. Musik: Max Bruch, Gaetano Donizetti, Orlando di Lasso. Schnitt: Liesgret Schmitt-Klink. Ausstattung: Kurt Raab. Besetzung: Margit Carstensen, Karlheinz Böhm, Gisela Fackeldey, Adrian Hoven.

Das sündige Bett

BRD 1973. 85 Minuten.

Produktion: City. Regie: Ralf Gregan (alias Ilja von Anutroff). Buch: Michael Wildberger. Kamera: Michael Ballhaus (alias Michael Alexander). Musik: Rolf Bauer. Besetzung: Heidrun Hankammer, Knut Reschke, Judith Fritsch, Günther Glaser.

Welt am Draht

BRD 1973. Teil 1: 99 Minuten, Teil 2: 105 Minuten.

Produktion: WDR. Regie: Rainer Werner Fassbinder. Buch: Fritz Müller-Scherz, Rainer Werner Fassbinder; nach einem Roman von Daniel F. Galouye. Kamera: Michael Ballhaus. Musik: Gottfried Hungsberg. Schnitt: Marie Anne Gerhardt. Ausstattung: Horst Giese, Walter Koch, Kurt Raab. Besetzung: Klaus Löwitsch, Mascha Rabben, Adrian Hoven, Ivan Desny.

Tatort – Tote brauchen keine Wohnung

BRD 1973.
Regie: Wolfgang Staudte. Buch: Michael Molsner. Kamera: Michael Ballhaus. Schnitt: Engelbert Kraus. Besetzung: Gustl Bayrhammer, Helmut Fischer, Willy Harlander, Hans Bauer, Helga Ballhaus.

Das Amulett des Todes

BRD 1974. 80 Minuten.
Produktion: City-Film/Televox. Regie: Ralf Gregan, Günter Vaessen. Buch: Günter Vaessen. Kamera: Michael Ballhaus. Musik: Rolf Bauer. Schnitt: Christel Orthmann. Ausstattung: Herbert Kluever. Besetzung: Rutger Hauer, Vera Tschechowa, Horst Frank, Walter Richter.

Rosenmontag

BRD 1974.
Regie: Peter Beauvais. Kamera: Michael Ballhaus.

Aus der Familie Panzerechsen

BRD 1974.
Regie: Wim Wenders. Kamera: Michael Ballhaus.

Faustrecht der Freiheit

BRD 1974. 123 Minuten.
Produktion: Tango/City. Regie: Rainer Werner Fassbinder. Buch: Rainer Werner Fassbinder. Kamera: Michael Ballhaus. Musik: Peer Raben. Schnitt: Thea Eymèsz. Ausstattung: Kurt Raab. Besetzung: Rainer Werner Fassbinder, Peter Chatel, Karlheinz Böhm, Rudolf Lenz.

Das Sparschwein

BRD 1974.
Regie: Peter Stein. Kamera: Michael Ballhaus.

Mutter Küsters Fahrt zum Himmel

BRD 1975. 120 Minuten.
Produktion: Tango. Regie: Rainer Werner Fassbinder. Buch: Rainer Werner Fassbinder. Kamera: Michael Ballhaus. Musik: Peer Raben. Schnitt: Thea Eymèsz. Ausstattung: Kurt Raab. Besetzung: Brigitte Mira, Ingrid Caven, Margit Carstensen, Karlheinz Böhm.

Sommergäste

BRD 1975. 115 Minuten.

Produktion: Regina Ziegler. Regie: Peter Stein. Buch: Botho Strauß; nach einem Roman von Maxim Gorki. Kamera: Michael Ballhaus. Musik: Peter Fischer. Schnitt: Siegrun Jäger. Ausstattung: Karl-Ernst Herrmann. Besetzung: Sabine Andreas, Edith Clever, Bruno Ganz, Ilse Ritter.

Dorothea Merz

BRD 1975.

Regie: Peter Beauvais. Kamera: Michael Ballhaus.

Die Wahl

BRD 1975

Regie: Rainer Boldt. Kamera: Michael Ballhaus.

Ich will doch nur, daß ihr mich liebt

BRD 1975. 103 Minuten.

Produktion: Bavaria/WDR. Regie: Rainer Werner Fassbinder. Buch: Rainer Werner Fassbinder; nach einer Erzählung von Klaus Antes und Christiane Erhardt. Kamera: Michael Ballhaus. Musik: Peer Raben. Schnitt: Liesgret Schmitt-Klink. Ausstattung: Kurt Raab. Besetzung: Vitus Zeplichal, Elke Aberle, Alexander Allerson, Erni Mangold.

Satansbraten

BRD 1975/76. 112 Minuten.

Produktion: Albatros/Trio. Regie: Rainer Werner Fassbinder. Buch: Rainer Werner Fassbinder. Kamera: Michael Ballhaus, Jürgen Jürges. Musik: Peer Raben. Schnitt: Thea Eymèsz, Gabi Eichel. Ausstattung: Ulrike Bode, Kurt Raab. Besetzung: Kurt Raab, Margit Carstensen, Helen Vita, Volker Spengler.

Auf dem Chimborazzo

BRD 1976.

Regie: Peter Beauvais. Kamera: Michael Ballhaus.

Chinesisches Roulette

BRD/Frankreich 1976. 86 Minuten.

Produktion: Albatros/Les Films de Losange/Michael Fengler. Regie: Rainer Werner Fassbinder. Buch: Rainer Werner Fassbinder. Kamera: Michael Ballhaus. Musik: Peer Raben. Schnitt: Ila von Hasperg. Ausstattung: Helga Ballhaus. Besetzung: Margit Carstensen, Anna Karina, Alexander Allerson, Ulli Lommel.

Adolf und Marlene
BRD 1976. 88 Minuten.
Produktion: Albatros/Trio. Regie: Ulli Lommel. Buch: Ulli Lommel. Kamera: Michael Ballhaus. Musik: Richard Wagner, Franz Liszt. Besetzung: Kurt Raab, Margit Carstensen, Ulli Lommel, Andrea Schober.

Nur zum Spaß – Nur zum Spiel (a.k.a. Kaleidoskop: Valeska Gert)
BRD 1976. 60 Minuten.
Produktion: Bioskop. Regie: Volker Schlöndorff. Kamera: Michael Ballhaus. Schnitt: Gisela Haller. Dokumentarfilm.

Also es war so ...
BRD/Österreich 1976. 90 Minuten.
Produktion: Karin Thome/ZDF/Kuratorium Junger Deutscher Film/Sascha/SKW. Regie: Karin Thome. Buch: Karin Thome. Kamera: Michael Ballhaus, Lothar Elias Stickelbrucks. Musik: Heinz Leonhardsberger. Schnitt: Josef Jovancic, S. Geiger-Haas. Ausstattung: Johannes Schütz, Jean Paul Bacquer, Erhard Stiefel, Marlies von Soden. Besetzung: Giovanni Widmann, Anna Karina, Ulli Lommel, Andrea Schober, Helga Ballhaus.

Bolwieser
BRD 1976/77. Teil 1: 104 Minuten, Teil 2: 96 Minuten. Kinofassung: 112 Minuten.
Produktion: Bavaria/ZDF. Regie: Rainer Werner Fassbinder. Buch: Rainer Werner Fassbinder; nach einem Roman von Oskar Maria Graf. Kamera: Michael Ballhaus. Musik: Peer Raben. Schnitt: Ila von Hasperg, Juliane Lorenz, Franz Walsch. Ausstattung: Nico Hehrhan, Kurt Raab. Besetzung: Kurt Raab, Elisabeth Trissenaar, Bernhard Helfrich, Udo Kier.

Frauen in New York
BRD 1977. 111 Minuten.
Produktion: NDR. Regie: Rainer Werner Fassbinder. Buch: Rainer Werner Fassbinder; nach einem Stück von Clare Boothe Luce. Kamera: Michael Ballhaus. Schnitt: Wolfgang Kerhutt. Ausstattung: Rolf Glittenberg. Besetzung: Christa Berndl, Margit Carstensen, Heide Grübl, Anne-Marie Kuster. Aufzeichnung der gleichnamigen Theaterinszenierung.

Despair (Despair – Eine Reise ins Licht)
BRD/Frankreich 1977. 119 Minuten.
Produktion: NF Geria II/WDR/S.F.P. Regie: Rainer Werner Fassbinder. Buch: Tom Stoppard; nach einem Roman von Vladimir Nabokov. Kamera: Michael Ballhaus. Musik: Peer Raben. Schnitt: Juliane Lorenz, Franz Walsch. Ausstattung: Rolf Zehetbauer. Besetzung: Dirk Bogarde, Andra Ferréol, Volker Spengler, Klaus Löwitsch.

Deutschland im Herbst

(Gemeinschaftsfilm; die Angaben beziehen sich auf die Episode von Rainer Werner Fassbinder)
BRD 1977. 26 Minuten.

Produktion: Project/Hallelujah/Kairos. Regie: Rainer Werner Fassbinder. Buch: Rainer Werner Fassbinder. Kamera: Michael Ballhaus. Schnitt: Juliane Lorenz. Ausstattung: Henning von Gierke, Winfried Henning, Toni Lüdi. Besetzung: Rainer Werner Fassbinder, Liselotte Eder, Armin Meier.

Venedig – Die Insel der Glückseligen am Rande des Untergangs

BRD 1977. 100 Minuten.

Produktion: Christian Rischert/BR. Regie: Christian Rischert. Kamera: Michael Ballhaus. Dokumentarfilm.

Bourbon Street Blues

BRD 1977.

Produktion: HFF. Regie: Hans Schönherr, Douglas Sirk, Tilman Taube. Buch: Georg Borgel, Hans Schmid, Hans Schönherr, Douglas Sirk; nach einem Stück von Tennessee Williams. Kamera: Michael Ballhaus, Klaus Eichhammer, Kurt K. Hieber. Besetzung: Michael Breining, Annemarie Düringer, Rainer Werner Fassbinder, Doris Schade.

Die erste Polka

BRD 1978. 96 Minuten.

Produktion: NDF/Bavaria/WDR. Regie: Klaus Emmerich. Buch: Helmut Krapp; nach einem Roman von Horst Bienek. Kamera: Michael Ballhaus. Musik: Edward Aniol. Schnitt: Hannes Nikel. Ausstattung: Herbert Strabel, Ralf Zehetbauer. Besetzung: Maria Schell, Erland Josephson, Guido Wieland, René Schell.

Der Gehilfe

BRD 1978.

Regie: Ludwig Cremer. Kamera: Michael Ballhaus. Besetzung: Doris Buchrucker, Georg Corten, Ruth Hausmeister, Marius Müller-Westernhagen.

Trilogie des Wiedersehens

BRD 1978. 128 Minuten.

Produktion: Schaubühne am Halleschen Ufer. Regie: Peter Stein. Buch: Peter Stein; nach einem Theaterstück von Botho Strauß. Kamera: Michael Ballhaus. Schnitt: Clarissa Ambach. Ausstattung: Karl-Ernst Hermann. Besetzung: Libgart Schwarz, Peter Fritz, Otto Mächtlinger, Edith Clever.

Die Ehe der Maria Braun
BRD 1978, 120 Minuten.
Produktion: Albatros/Trio/WDR. Regie: Rainer Werner Fassbinder. Buch: Peter Märthesheimer, Pea Fröhlich; nach einer Idee von Rainer Werner Fassbinder. Kamera: Michael Ballhaus. Musik: Peer Raben. Schnitt: Juliane Lorenz, Franz Walsch. Ausstattung: Helga Ballhaus, Norbert Scherer. Besetzung: Hanna Schygulla, Klaus Löwitsch, Ivan Desny, Gottfried John.

Alpensaga – Teil 5: Der deutsche Frühling
BRD 1979.
Regie: Dieter Berner. Buch: Wilhelm Pevny, Peter Turrini. Kamera: Michael Ballhaus. Musik: Peer Raben. Besetzung: Monika Bleibtreu, Karl Kröpfl, Bernd Spitzer, Elisabeth Stepanek.

Der Aufstand
BRD 1979. 101 Minuten. Produktion: Independent/Von Vietinghoff/Provobis/Ismo/ZDF. Regie: Peter Lilienthal. Buch: Peter Lilienthal, Antonio Skármeta. Kamera: Michael Ballhaus. Musik: Claus Bantzer. Schnitt: Siegrun Jäger. Ausstattung: Peter Lilienthal, Fernando Castro, Maria Victoria Cardona, Mercedes Galeyno Manzanares. Besetzung: Agustin Pereira, Carlos Catania, Maria Lourdes, Centano de Zelaya.

Groß und Klein
BRD 1980. 270 Minuten.
Produktion: Regina Ziegler/SFB/HR/WDR. Regie: Peter Stein. Buch: Botho Strauß, Peter Stein; nach einem Theaterstück von Botho Strauß. Kamera: Michael Ballhaus. Schnitt: Clarissa Ambach. Ausstattung: Fred Berndt. Besetzung: Edith Clever, Gunter Berger, Gerhard Bienert, Tina Engel.

Looping
BRD 1980. 110 Minuten.
Produktion: Entenproduktion. Regie: Walter Bockmayer, Rolf Bührmann. Buch: Pea Fröhlich, Peter Märthesheimer. Kamera: Michael Ballhaus. Musik: Bryan Ferry, Roxy Music. Schnitt: Ila von Hasperg. Besetzung: Hans Christian Blech, Shelley Winters, Ingrid Caven, Sydne Rome.

Malou
BRD 1980. 94 Minuten.
Produktion: Regina Ziegler. Regie: Jeanine Meerapfel. Buch: Jeanine Meerapfel. Kamera: Michael Ballhaus. Musik: Peer Raben. Schnitt: Dagmar Hirtz. Ausstattung: Rainer Schaper. Besetzung: Ingrid Caven, Ivan Desny, Grischa Huber, Helmut Griem.

Heute spielen wir den Boß – Wo geht's denn hier zum Film?
BRD 1981. 82 Minuten.
Produktion: Luxor/Lisa/Oceanic/ZDF. Regie: Peer Raben. Buch: Kurt Raab. Kamera: Michael Ballhaus. Musik: Peer Raben. Schnitt: Helga Borsche. Ausstattung: Kurt Raab. Besetzung: Peter Kern, Kurt Raab, Volker Spengler, Barbara Valentin.

Der Zauberberg
BRD/Frankreich/Italien 1981. Kinofassung: 153 Minuten, TV-Fassung: 336 Minuten.
Produktion: Seitz/ZDF/Iduna/Gaumont/FR 3/Opera. Regie: Hans W. Geissendörfer. Buch: Hans W. Geissendörfer; nach dem Roman von Thomas Mann. Kamera: Michael Ballhaus. Musik: Jürgen Knieper. Schnitt: Peter Przgodda, Helga Borsche. Ausstattung: Heidi Lüdi, Toni Lüdi. Besetzung: Marie-France Pisier, Flavio Bucci, Christoph Eichhorn, Hans Christian Blech, Rod Steiger.

Dear Mr. Wonderful
BRD 1981. 116 Minuten.
Produktion: Von Vietinghoff/WDR/SFB. Regie: Peter Lilienthal. Buch: Sam Koperwas. Kamera: Michael Ballhaus. Musik: Claus Bantzer, Joe Pesci, Larry Fallon. Schnitt: Siegrun Jäger. Ausstattung: Jeffrey Townsend. Besetzung: Joe Pesci, Karen Ludwig, Evan Handler, Ivy Ray Browning.

Der Auslöser
BRD 1982.
Regie: Maria Neocleous. Kamera: Michael Ballhaus. Musik: Gianna Nannini. Besetzung: Nicolas Brieger, Beate Finckh, Peter Fitz, Judy Winter.

Baby It's You
USA 1982. 105 Minuten.
Produktion: Double Play. Regie: John Sayles. Buch: John Sayles; nach einer Erzählung von Amy Robinson. Kamera: Michael Ballhaus. Schnitt: Sonya Polonsky. Ausstattung: Jeffrey Townsend. Besetzung: Rosanna Arquette, Vincent Spano, Joanna Merlin, Jack Davidson.

Heller Wahn
BRD/Frankreich 1982. 105 Minuten.
Produktion: Bioskop/Les Films du Losange/WDR. Regie: Margarethe von Trotta. Buch: Margarethe von Trotta. Kamera: Michael Ballhaus. Musik: Nicolas Economou. Schnitt: Dagmar Hirtz. Ausstattung: Jürgen Henze. Besetzung: Hanna Schygulla, Angela Winkler, Peter Striebeck, Christine Fersen, Helga Ballhaus.

Reckless (Jung und rücksichtslos)
USA 1982/83. 89 Minuten.
Produktion: MGM/UA. Regie: James Foley. Buch: Chris Columbus. Kamera: Michael Ballhaus. Musik: Thomas Newman. Schnitt: Albert Magnoli. Ausstattung: Jeffrey Townsend. Besetzung: Aidan Quinn, Daryl Hannah, Kenneth McMillan, Cliff De Young.

Ediths Tagebuch
BRD 1983. 108 Minuten.
Produktion: Hans W. Geissendörfer/Roxy/pro-ject. Regie: Hans W. Geissendörfer. Buch: Hans W. Geissendörfer; nach dem Roman von Patricia Highsmith. Kamera: Michael Ballhaus. Musik: Jürgen Knieper. Schnitt: Helga Borsche. Ausstattung: Toni Lüdi. Besetzung: Angela Winkler, Vadim Glowna, Leopold von Verschuer, Hans Madin.

Old Enough (auch: Around the Block) (*Girls Wanna Have Fun*)
USA 1983. 87 Minuten.
Produktion: Silverfilm/Orion. Regie: Marisa Silver. Buch: Marisa Silver. Kamera: Michael Ballhaus. Musik: Julian Marshall. Schnitt: Mark Burns. Ausstattung: Jeffrey Townsend. Besetzung: Danny Aiello, Sarah Boyd, Rainbow Harvest, Susan Kingsley.

Das Autogramm
BRD/Frankreich 1983. 92 Minuten.
Produktion: Provobis/von Vietinghoff/Euro-Americana/ZDF. Regie: Peter Lilienthal. Buch: Peter Lilienthal; nach einem Roman von Osvaldo Sariano. Kamera: Michael Ballhaus. Musik: Juan José Mosalini, Claus Bantzer. Schnitt: Siegrun Jäger. Ausstattung: Giorgio Carrozzino. Besetzung: Juan José Mosalini, Angel del Villar, Anna Larreta, Hanns Zischler.

Heartbreakers (Die Herzensbrecher)
USA 1984. 98 Minuten.
Produktion: Orion. Regie: Bobby Roth. Buch: Bobby Roth. Kamera: Michael Ballhaus. Musik: Tangerine Dream. Schnitt: John Carnochan. Ausstattung: David Nichols. Besetzung: Peter Coyote, Nick Mancuso, Carole Laure, Max Gail.

After Hours (Die Zeit nach Mitternacht)
USA 1984. 97 Minuten.
Produktion: Warner/Double Play/The Geffen Company. Regie: Martin Scorsese. Buch: Joseph Minion. Kamera: Michael Ballhaus. Musik: Howard Shore. Schnitt: Thelma Schoonmaker. Ausstattung: Jeffrey Townsend. Besetzung: Griffin Dunne, Rosanna Arquette, Linda Fiorentino, John Heard.

Death of a Salesman (Tod eines Handlungsreisenden)
USA/BRD 1985. 134 Minuten.
Produktion: Roxbury & Punch/Bioskop. Regie: Volker Schlöndorff. Buch: Volker Schlöndorff; nach einem Theaterstück von Arthur Miller. Kamera: Michael Ballhaus. Musik: Alex North; Schnitt: David Ray. Ausstattung: Tony Walton. Besetzung: Dustin Hoffman, Kate Reid, John Malkovich, Stephen Lang.

Under the Cherry Moon (Under the Cherry Moon – Unter dem Kirschmond)
USA 1985. 99 Minuten.
Produktion: Cavallo/Ruffalo/Fargnoli (für Warner). Regie: Prince. Buch: Becky Johnston. Kamera: Michael Ballhaus. Musik: Prince. Schnitt: Eva Gardos, Rebecca Ross. Ausstattung: Richard Sylbert. Besetzung: Prince, Jerome Benton, Steven Berkoff, Kristin Scott Thomas.

The Color of Money (Die Farbe des Geldes)
USA 1986. 119 Minuten.
Produktion: Touchstone. Regie: Martin Scorsese. Buch: Richard Price; nach einem Roman von Walter Tevis. Kamera: Michael Ballhaus. Musik: Robbie Robertson. Schnitt: Thelma Schoonmaker. Ausstattung: Boris Leven. Besetzung: Paul Newman, Tom Cruise, Mary Elizabeth Mastrantonio, Helen Shaver.

The House on Carroll Street (Das Haus in der Carroll Street)
USA 1986. 101 Minuten.
Produktion: Orion Pictures/Robert F. Colesberry/Peter Yates. Regie: Peter Yates. Buch: Walter Bernstein. Kamera: Michael Ballhaus. Musik: Georges Delerue. Schnitt: Ray Lovejoy. Ausstattung: Stuart Wurtzel. Besetzung: Kelly McGillis, Jeff Daniels, Mandy Patinkin, Jessica Tandy.

The Glass Menagerie (Die Glasmenagerie)
USA 1986. 134 Minuten.
Produktion: Cineplex Odeon (für Columbia). Regie: Paul Newman. Buch: Paul Newman; nach dem Theaterstück von Tennessee Williams. Kamera: Michael Ballhaus. Musik: Henry Mancini. Schnitt: David Ray. Ausstattung: Tony Walton. Besetzung: Joanne Woodward, John Malkovich, Karen Allen, James Naughton.

Broadcast News (Nachrichtenfieber – Broadcast News)
USA 1987. 128 Minuten.
Produktion: Fox/American Entertainment Partners/James L. Brooks. Regie: James L. Brooks. Buch: James L. Brooks. Kamera: Michael Ballhaus. Musik: Bill Conti. Schnitt: Richard Marks. Ausstattung: Charles Rosen. Besetzung: William Hurt, Albert Brooks, Holly Hunter, Robert Prosky.

Baja Oklahoma (Liebe auf Texanisch)
USA 1987. 105 Minuten.
Produktion: HBO. Regie: Bobby Roth. Buch: Bobby Roth, Dan Jenkins; nach einem Roman von Jenkins. Kamera: Michael Ballhaus. Musik: Stanley Myers. Schnitt: John Carnochan. Ausstattung: David M. Haber. Besetzung: Lesley Ann Warren, Peter Coyote, Swoosie Kurtz, Julia Roberts.

The Last Temptation of Christ (Die letzte Versuchung Christi)
USA 1987. 164 Minuten. Produktion: Universal. Regie: Martin Scorsese. Buch: Paul Schrader; nach einem Roman von Nikos Kazantzakis. Kamera: Michael Ballhaus. Musik: Peter Gabriel. Schnitt: Thelma Schoonmaker. Ausstattung: John Beard. Besetzung: Willem Dafoe, Harvey Keitel, Barbara Hershey, Harry Dean Stanton.

Working Girl (Die Waffen der Frauen)
USA 1988. 113 Minuten.
Produktion: Fox. Regie: Mike Nichols. Buch: Kevin Wade. Kamera: Michael Ballhaus. Musik: Carly Simon. Schnitt: Sam O'Steen. Ausstattung: Patrizia von Brandenstein. Besetzung: Harrison Ford, Sigourney Weaver, Melanie Griffith, Alec Baldwin.

Dirty Rotten Scoundrels (Zwei hinreißend verdorbene Schurken)
USA 1988. 107 Minuten.
Produktion: Orion. Regie: Frank Oz. Buch: Dale Launer, Stanley Shapiro, Paul Henning. Kamera: Michael Ballhaus. Musik: Miles Goodman. Schnitt: Stephen A. Rotter, William S. Scharf. Ausstattung: Roy Walker. Besetzung: Steve Martin, Michael Caine, Glenne Headly, Anton Rodgers.

The Fabulous Baker Boys (Die fabelhaften Baker Boys)
USA 1988/89. 114 Minuten.
Produktion: Fox/Mirage. Regie: Steve Kloves. Buch: Steve Kloves. Kamera: Michael Ballhaus. Musik: Dave Grusin. Schnitt: William Steinkamp. Ausstattung: Jeffrey Townsend. Besetzung: Jeff Bridges, Michelle Pfeiffer, Beau Bridges, Jennifer Tilly.

GoodFellas (GoodFellas – Drei Jahrzehnte in der Mafia)
USA 1989. 135 Minuten.
Produktion: Warner. Regie: Martin Scorsese. Buch: Nicholas Pileggi, Martin Scorsese; nach einem Roman von Nicholas Pileggi. Kamera: Michael Ballhaus. Schnitt: Thelma Schoonmaker. Ausstattung: Kristi Zea. Besetzung: Ray Liotta, Robert De Niro, Joe Pesci, Lorraine Bracco.

Postcards from the Edge (Grüße aus Hollywood)

USA 1989. 101 Minuten.

Produktion: Columbia. Regie: Mike Nichols. Buch: Carrie Fisher; nach dem Roman von Carrie Fisher. Kamera: Michael Ballhaus. Musik: Carly Simon. Schnitt: Sam O'Steen. Ausstattung: Patrizia von Brandenstein. Besetzung: Meryl Streep, Shirley MacLaine, Dennis Quaid, Gene Hackman.

Guilty by Suspicion (Schuldig bei Verdacht)

USA 1990. 105 Minuten.

Produktion: Warner/Arnon Milchan Productions. Regie: Irwin Winkler. Buch: Irwin Winkler. Kamera: Michael Ballhaus. Musik: James Newton Howard. Schnitt: Priscilla Nedd. Ausstattung: Leslie Dilley. Besetzung: Robert De Niro, Annette Bening, George Wendt, Patricia Wettig.

What About Bob? (Was ist mit Bob?)

USA 1990. 99 Minuten.

Produktion: Touchstone/Touchwood Pacific Partners. Regie: Frank Oz. Buch: Tom Schulman. Kamera: Michael Ballhaus. Musik: Miles Goodman. Schnitt: Anne V. Coates. Ausstattung: Leslie Dilley. Besetzung: Bill Murray, Richard Dreyfuss, Julie Hagerty, Charlie Korsmo.

The Mambo Kings (Mambo Kings)

USA 1991. 104 Minuten.

Produktion: Warner/New Regency/V.O.F./Le Studio Canal+. Regie: Arne Glimcher. Buch: Cynthia Cidre; nach einem Roman von Oscar Hijuelos. Kamera: Michael Ballhaus. Musik: Arturo Sandoval, Celia Cruz, Mambo All-Stars, Tito Puente, Linda Ronstadt. Schnitt: Claire Simpson. Ausstattung: Stuart Wurtzel. Besetzung: Armand Assante, Antonio Banderas, Cathy Moriarty, Maruschka Detmers.

Bram Stoker's Dracula (Dracula)

USA 1991/92. 130 Minuten.

Produktion: American Zoetrope/Osiris. Regie: Francis Ford Coppola. Buch: James V. Hart; nach dem Roman von Bram Stoker. Kamera: Michael Ballhaus. Musik: Wojciech Kilar. Schnitt: Nicholas C. Smith, Glen Scantlebury, Anne Goursaud. Ausstattung: Thomas E. Sanders. Besetzung: Gary Oldman, Winona Ryder, Anthony Hopkins, Keanu Reeves.

The Age of Innocence (Zeit der Unschuld)

USA 1992. 138 Minuten.

Produktion: Cappa/De Fina. Regie: Martin Scorsese. Buch: Jay Cocks, Martin Scorsese; nach einem Roman von Edith Wharton. Kamera: Michael Ballhaus. Musik: Elmer Bernstein. Schnitt: Thelma Schoonmaker. Ausstattung: Dante Ferretti. Besetzung: Daniel Day-Lewis, Michelle Pfeiffer, Winona Ryder, Miriam Margolyes.

I'll Do Anything (I'll Do Anything oder: Geht's hier nach Hollywood?)
USA 1992/93. 111 Minuten.
Produktion: Columbia Pictures. Regie: James L. Brooks. Buch: James L. Brooks. Kamera: Michael Ballhaus. Musik: Hans Zimmer. Schnitt: Richard Marks. Ausstattung: Stephen J. Lineweaver. Besetzung: Nick Nolte, Whittni Wright, Joely Richardson, Albert Brooks.

Quiz Show
USA 1993. 132 Minuten.
Produktion: Wildwood Enterprises/Baltimore Pictures. Regie: Robert Redford. Buch: Paul Attanasio; nach dem Roman von Richard N. Goodwin. Kamera: Michael Ballhaus. Musik: Mark Isham. Schnitt: Stu Linder. Ausstattung: Jon Hutman. Besetzung: John Turturro, Rob Morrow, Ralph Fiennes, Paul Scofield.

Outbreak (Outbreak – Lautlose Killer)
USA 1994. 128 Minuten.
Produktion: Warner. Regie: Wolfgang Petersen. Buch: Laurence Dworet, Robert Roy Pool. Kamera: Michael Ballhaus. Musik: James Newton Howard. Schnitt: Neil Travis, Lynzee Klingman, William Hoy. Ausstattung: William Sandell. Besetzung: Dustin Hoffman, Rene Russo, Morgan Freeman, Kevin Spacey.

Sleepers
USA 1995. 147 Minuten.
Produktion: Baltimore Pictures/PolyGram/Propaganda Films. Regie: Barry Levinson. Buch: Barry Levinson; nach einem Roman von Lorenzo Carcaterra. Kamera: Michael Ballhaus. Musik: John Williams. Schnitt: Stu Linder. Ausstattung: Kristi Zea. Besetzung: Kevin Bacon, Billy Crudup, Robert De Niro, Ron Eldard.

Air Force One
USA/D 1996. 124 Minuten.
Produktion: Beacon Communications/Columbia/Radiant. Regie: Wolfgang Petersen. Buch: Andrew W. Marlowe. Kamera: Michael Ballhaus. Musik: Jerry Goldsmith, Joel McNeely. Schnitt: Richard Francis-Bruce. Ausstattung: William Sandell. Besetzung: Harrison Ford, Gary Oldman, Glenn Close, Wendy Crewson.

Primary Colors (Mit aller Macht)
F/D/Japan/UK/USA 1997. 143 Minuten.
Produktion: Award Entertainment/BBC/Icarus Films/Marubeni Corporation/Mutual Film Company/Tele-München/Toho-Towa/U.G.C. PH/Universal. Regie: Mike Nichols. Buch: Elaine May; nach

einer Erzählung von Joe Klein. Kamera: Michael Ballhaus. Musik: Ry Cooder, Charly Simon, Joachim Cooder. Schnitt: Arthur Schmidt. Ausstattung: Bo Welch. Besetzung: John Travolta, Emma Thompson, Billy Bob Thornton, Kathy Bates.

Wild Wild West
USA 1998. 107 Minuten.
Produktion: Peters Entertainment/Sonnenfeld Josephson Worldwide Entertainment/Warner. Regie: Barry Sonnenfeld. Buch: S. S. Wilson, Brent Maddock, Jeffrey Price, Peter S. Seaman; nach einer Erzählung von Jim Thomas und John Thomas. Kamera: Michael Ballhaus. Musik: Elmer Bernstein. Schnitt: Jim Miller. Ausstattung: Bo Welch. Besetzung: Will Smith, Kevin Kline, Kenneth Branagh, Salma Hayek.

What Planet Are You From? (Good Vibrations – Sex vom andern Stern)
USA 1999. 104 Minuten.
Produktion: Brillstein Grey Entertainment/Columbia/What Planet are You From? Productions. Regie: Mike Nichols. Buch: Garry Shandling, Michael Leeson, Ed Solomon, Peter Tolan; nach einer Erzählung von Garry Shandling und Michael Leeson. Kamera: Michael Ballhaus. Musik: Carter Burwell. Schnitt: Richard Marks. Ausstattung: Bo Welch. Besetzung: Garry Shandling, Annete Bening, John Goodman, Greg Kinnear.

The Legend of Bagger Vance (Die Legende von Bagger Vance)
USA 1999. 125 Minuten.
Produktion: Allied Filmmakers/Wildwood Enterprises. Regie: Robert Redford. Buch: Jeremy Leven; nach einer Erzählung von Steven Pressfield. Kamera: Michael Ballhaus. Musik: Rachel Portman. Schnitt: Hank Corwin. Ausstattung: Stuart Craig. Besetzung: Will Smith, Matt Damon, Charlize Theron, Jack Lemmon.

Gangs of New York
D/Italien/USA 2000/01. 160 Minuten.
Produktion: Cappa Production/Incorporated Television Company/Initial Entertainment Group/Meespierson/Miramax/Q&Q/Splendid. Regie: Martin Scorsese. Buch: Jay Cocks, Kenneth Lonergan, Steven Zaillian; nach einem Roman von Herbert Asbury. Kamera: Michael Ballhaus. Musik: Elmer Bernstein. Schnitt: Thelma Schoonmaker. Ausstattung: Dante Ferretti. Besetzung: Leonardo DiCaprio, Daniel Day-Lewis, Cameron Diaz, Jim Broadbent.

Molly Gun
USA 2002.
Regie: Boaz Yakin. Kamera: Michael Ballhaus.

Musikvideos:

Glory Days (Bruce Springsteen)
I'm on Fire (Bruce Springsteen)
Born in the U.S.A (Bruce Springsteen)
Papa Don't Preach (Madonna)
True Blue (Madonna)
Some Times u. a. (Prince)

Werbespots:

Yoplait
Armani (Armani Parfüm)
The Crows (Coca Cola)
Nie wieder Gabi (Holsten)
Business Talk (Holsten)
Blind Date (Holsten)
Omega Teaser (Opel)
Omega Launch (Opel)
Wir gehören zur Familie (Siemens)
Kuppelfilm 360 Grad (VW)

Preise und Auszeichnungen:

Academy Awards Nomination für
    Broadcast News
    The Fabulous Baker Boys
The British Academy Awards Nomination für
    The Age of Innocence
Deutscher Kamerapreis für
    Die bitteren Tränen der Petra von Kant
    Despair
Bundesfilmpreis für
    Die Ehe der Maria Braun
American Video Award für
    I'm On Fire (Bruce Springsteen)
Critics Awards für
    After Hours
    The Color of Money
    Working Girl
    The Fabulous Baker Boys
        The National Society of Film Critics

Boston Society of Film Critics
    L. A. Critics Award
GoodFellas
    L. A. Critics Award
    Chicago Critics Award
Dracula
    Chicago Critics Award
The Age of Innocence

BZ-Kulturpreis, 1993
Deutscher Videopreis, 1994
Ehrenkameramann, Deutscher Kamerapreis, 1996
Goldene Leinwand
Bundesverdienstkreuz 1. Klasse, 1997
Goldene Kamera, 1999

Preisträger des von der Raymond Loewy Foundation vergebenen Lucky Strike Designer Award 2001. Das Preisgeld in Höhe von 100 000 DM wurde umgewandelt in eine Stiftung für Kamerastudenten der dffb Berlin.

Mitgliedschaften:

ASC – American Society of Cinematographers
Academy of Motion Picture Arts and Sciences
ITSE
Akademie der Künste Berlin
Akademie der Künste Hamburg
EFA – European Film Academy

Lehrtätigkeit:

Columbia University NY
N.Y.U., NY
dffb Berlin
Professor am Filminstitut Hamburg
Honorarprofessor an der Film-Fernseh-Akademie München
Filmschule Ludwigsburg
HFF Potsdam-Babelsberg

■ ■

Bildnachweis

Filmregister

255

Personenregister